Forschung und Praxis an der FHWien der WKW

FHWien der WKW
Wien, Österreich

Die Schriftenreihe der FHWien der WKW richtet sich an Fach- und Führungskräfte in Unternehmen, an Experten und Expertinnen aus Wissenschaft und Wirtschaft sowie an Studierende und Lehrende. Zu den vorrangigen Themengebieten zählen Unternehmensführung, Finanzwirtschaft, Immobilienwirtschaft, Journalismus und Medien, Kommunikationsmanagement, Marketing und Sales, Personal und Organisation ebenso wie Unternehmensethik und Hochschuldidaktik. In den einzelnen Bänden werden neue Entwicklungen und Herausforderungen der wirtschaftlichen Praxis mit innovativen Ansätzen untersucht. Aufbauend auf den Ergebnissen der vielfältigen Forschungs- und Entwicklungsaktivitäten werden wissenschaftlich fundierte Handlungsempfehlungen und Werkzeuge für die Praxis vorgestellt. Durch die systematische Verbindung von Wissenschaft und Praxis unterstützt die Reihe die Leser und Leserinnen in der fundierten Erweiterung ihres Wissens und ihrer Kompetenzen in aktuellen Handlungsfeldern der Wirtschaftspraxis.

Weitere Informationen zu dieser Reihe finden Sie unter
http://www.springer.com/series/13442

Nicole Gonser • Uta Rußmann
(Hrsg.)

Verschwimmende Grenzen zwischen Journalismus, Public Relations, Werbung und Marketing

Aktuelle Befunde aus Theorie und Praxis

Herausgeber
Nicole Gonser
Institut für Journalismus & Medienmanagement
FHWien der WKW
Wien, Österreich

Uta Rußmann
Institut für Kommunikation, Marketing & Sales
FHWien der WKW
Wien, Österreich

Forschung und Praxis an der FHWien der WKW
ISBN 978-3-658-13577-5   ISBN 978-3-658-13578-2 (eBook)
DOI 10.1007/978-3-658-13578-2

Die Deutsche Nationalbibliothek verzeichnet diese Publikation in der Deutschen National-bibliografie; detail-lierte bibliografische Daten sind im Internet über http://dnb.d-nb.de abrufbar

Springer VS

Gedruckt auf säurefreiem und chlorfrei gebleichtem Papier

Springer VS ist Teil von Springer Nature
Die eingetragene Gesellschaft ist Springer Fachmedien Wiesbaden GmbH
Die Anschrift der Gesellschaft ist: Abraham-Lincoln-Strasse 46, 65189 Wiesbaden, Deutschland

Inhaltsverzeichnis

Verzeichnis der AutorInnen

Stefan Böck Chefredakteur von „Der Wirtschaftsverlag"/Österreichischer Wirtschaftsverlag GmbH, Grünbergstraße 15/Stiege 1, 1120 Wien, Österreich
E-Mail: s.boeck@wirtschaftsverlag.at

Gerhard Brenner Fachhochschule Wiener Neustadt, Johannes Gutenberg-Str. 3, 2700 Wiener Neustadt, Österreich
E-Mail: gerhard.brenner@fhwn.ac.at

Diana Danbauer Redakteurin „Der Wirtschaftsverlag"/Österreichischer Wirtschaftsverlag GmbH, Grünbergstraße 15/Stiege 1, 1120 Wien, Österreich
E-Mail: d.danbauer@wirtschaftsverlag.at

Beatrice Dernbach Fakultät Angewandte Mathematik, Physik und Allgemeinwissenschaften der Technischen Hochschule Nürnberg Georg Simon Ohm, Keßlerplatz 12, 90489 Nürnberg, Deutschland
E-Mail: beatrice.dernbach@th-nuernberg.de

Silvia Ettl-Huber Forschungsleitung und Geschäftsführung Forschung an der FH-Burgenland, Campus 1, 7000 Eisenstadt, Österreich
E-Mail: silvia.ettl-huber@forschung-burgenland.at

Harald Fidler Ressortleiter Medien „Der Standard" und „derStandard.at/Etat". Lehrbeauftragter am Institut für Journalismus & Medienmanagement an der FHWien der WKW, Vordere Zollamtsstr. 13, 1030 Wien, Österreich
E-Mail: fid@diemedien.at

Nicole Gonser Institut für Journalismus & Medienmanagement an der FHWien der WKW, Währinger Gürtel 97, 1180 Wien, Österreich
E-Mail: nicole.gonser@fh-wien.ac.at

Johann Gründl Institut für Journalismus & Medienmanagement an der FHWien der WKW, Währinger Gürtel 97, 1180 Wien, Österreich
E-Mail: johannn.gruendl@fh-wien.ac.at

Holger Kellermann Institut für Kommunikationswissenschaft an der Otto-Friedrich-Universität Bamberg, An der Weberei 5, 96047 Bamberg, Deutschland
E-Mail: holger.kellermann@uni-bamberg.de

Juliane Kiesenbauer Institut für Kommunikations- und Medienwissenschaft der Universität Leipzig, Burgstr. 21, 04109 Leipzig, Deutschland
E-Mail: kiesenbauer@uni-leipzig.de

Nina Köberer Fachbereich Medienbildung Niedersächsisches Landesinstitut für schulische Qualitätsentwicklung, Richthofenstr. 29, 31137 Hildesheim, Deutschland
E-Mail: koeberer@nlq.nibis.de

Maike Lehnhoff Communication Management an der Universität Leipzig, Burgstr. 21, 04109 Leipzig, Deutschland
E-Mail: maike.lehnhoff@hotmail.de

Dominik Pietzcker Macromedia Hochschule Campus Hamburg und am Campus Berlin, Mehringdamm 33, 10961 Berlin, Deutschland
E-Mail: dominik@dominik-pietzcker.com

Wolfram Rinke Institut für Informationstechnologie und -management der FH-Burgenland, Campus 1, 7000 Eisenstadt, Österreich
E-Mail: wolfram.rinke@fh-burgenland.at

Uta Rußmann Institut für Kommunikation, Marketing & Sales an der FHWien der WKW, Währinger Gürtel 97, 1180 Wien, Österreich
E-Mail: uta.russmann@fh-wien.ac.at

Stephan Ruß-Mohl Direttore Istituto Media e Giornalismo (IMeG) Università della Svizzera italiana Lugano, Via Buffi 13, 6904 Lugano, Schweiz
E-Mail: stephan.russ-mohl@usi.ch

Anna M. Theis-Berglmair Institut für Kommunikationswissenschaft an der Otto-Friedrich-Universität Bamberg, An der Weberei 5, 96047 Bamberg, Deutschland
E-Mail: anna-maria.theis-berglmair@uni-bamberg.de

Michael Zeiller Institut für Informationstechnologie und -management der FH-Burgenland, Campus 1, 7000 Eisenstadt, Österreich
E-Mail: michael.zeiller@fh-burgenland.at

Teil I

Einleitung

Verschwimmende Grenzen – Abgrenzung zwischen Journalismus, Public Relations, Werbung und Marketing

Nicole Gonser und Uta Rußmann

Der Grundgedanke, journalistische Inhalte von Inhalten der Public Relations, der Werbung und des Marketings zu trennen, zielt auf das Publikum solcher Angebote. Es geht darum, dass Mediennutzerinnen und -nutzer auf eine verlässliche Zuordnung setzen können, die umfasst, dass journalistische Inhalte tatsächlich unabhängig sind, pluralistische Argumente einbeziehen und nicht einseitige, interessensgesteuerte und damit ggf. manipulierende Informationen weitergeben. Dieser Vertrauensvorschuss, den das Publikum den Medien gibt, begründet sich auch darin, dass man üblicherweise für die Medienangebote bezahlt, damit die Inhalte durch umfassende und kritische Recherche erarbeitet werden können. Andere bezahlte werbliche Inhalte wiederum sind als solche erkennbar zu kennzeichnen, damit jedem klar ist, dass hier andere Spielregeln gelten.

N. Gonser (✉)
Institut für Journalismus & Medienmanagement, FHWien der WKW,
Währinger Gürtel 97, 1180 Wien, Österreich
E-Mail: nicole.gonser@fh-wien.ac.at

U. Rußmann
Institut für Kommunikation, Marketing & Sales, FHWien der WKW,
Währinger Gürtel 97, 1180 Wien, Österreich
E-Mail: uta.russmann@fh-wien.ac.at

© Springer Fachmedien Wiesbaden GmbH 2017
N. Gonser, U. Rußmann (Hrsg.), *Verschwimmende Grenzen zwischen Journalismus, Public Relations, Werbung und Marketing*, Forschung und Praxis an der FHWien der WKW,
DOI 10.1007/978-3-658-13578-2_1

1 Auflagen

Die Bestimmungen zum sogenannten Trennungsgrundsatz sind in Deutschland, Österreich und der Schweiz in allen unterschiedlichen Regelungen für die verschiedenen Mediengattungen zu finden. Die deutsche Presse hat sich bereits 1973 im Pressekodex in Ziffer 7 zur Trennung von Werbung und Redaktion verpflichtet:

> „Die Verantwortung der Presse gegenüber der Öffentlichkeit gebietet, dass redaktionelle Veröf-
> fentlichungen nicht durch private oder geschäftliche Interessen Dritter oder durch persönliche
> wirtschaftliche Interessen der Journalistinnen und Journalisten beeinflusst werden. Verleger und
> Redakteure wehren derartige Versuche ab und achten auf eine klare Trennung zwischen redak-
> tionellem Text und Veröffentlichungen zu werblichen Zwecken. Bei Veröffentlichungen, die ein
> Eigeninteresse des Verlages betreffen, muss dieses erkennbar sein" (Der Pressekodex, Fassung
> vom 13. September 2006).

Ähnliches ist es für den Rundfunk in Deutschland formuliert, indem im Rundfunkstaatsvertrag gefordert ist, dass Werbung von redaktionellen Inhalten unterscheidbar ist bzw. entspre-chend zu kennzeichnen ist (§ 7 RStV). Im österreichischen Mediengesetz beispielsweise ist die Kennzeichnung entgeltlicher Veröffentlichungen wie folgt beschrieben: „An-kündigungen, Empfehlungen sowie sonstige Beiträge und Berichte, für deren Veröf-fentlichung ein Entgelt geleistet wird, müssen in periodischen Medien als ‚Anzeige‘, ‚entgeltliche Einschaltung‘ oder ‚Werbung‘ gekennzeichnet sein, es sei denn, dass Zweifel über die Entgeltlichkeit durch Gestaltung oder Anordnung ausgeschlossen werden kön-nen" (§ 26 Medien-G). Der Schweizer Presserat weist in seiner Richtlinie 10.1 zudem ausdrücklich auf einen der hinter dem Trennungsgrundsatz liegenden Hauptgründe hin und zwar auf die Sicherung bzw. Einhaltung von Glaubwürdigkeit: „Die deutliche Trennung zwischen redaktionellem Teil bzw. Programm und Werbung ist für die Glaubwürdigkeit der Medien unabdingbar. Inserate und Werbesendungen sind gestalte-risch von redaktionellen Beiträgen klar abzuheben." Und auch hier wird die Kennzeichnung explizit: „Sofern sie nicht optisch/akustisch eindeutig als solche erkennbar sind, müssen sie explizit als „Anzeigen", „Werbung", „Werbereportagen", „Werbespots" oder durch andere dem Publikum geläufige vergleichbare Begriffe deklariert werden. Journalistinnen und Journalisten dürfen diese Abgrenzung nicht durch Einfügen von Schleichwerbung in der redaktionellen Berichterstattung unterlaufen." Damit werden auch noch einmal die beiden Bezugsgruppen deutlich: Die Mediennutzerinnen und Mediennutzer, die sich auf eindeutige Zuordnungen verlassen können sollen, und die Journalistinnen und Journalis-ten, für die die redaktionelle Unabhängigkeit gesichert werden soll.

2 Selbstkontrolle: Presse-, Werbe- und Ethikräte

Damit dies noch deutlicher als bedeutsame Verantwortung bestimmt ist, haben sich die Professionen, nämlich Journalismus, Public Relations, Marketing und Werbung, zudem auf freiwillige ethische Verhaltensrichtlinien verständigt. Dies beinhaltet auch, dass eben zur Aufdeckung von Verstößen selbstkontrollierend und selbstkritisch vorgegangen werden soll. Für den Großteil der Medienschaffenden ist das journalistische Arbeiten entsprechend über das ethische Regelwerk des Pressekodex angeleitet. Hierin haben der Deutsche, der Österreichische sowie der Schweizer Presserat jeweils Regeln für eine verantwortungsvolle Berichterstattung und eine angemessene journalistische Haltung festgelegt, etwa auch in Bezug auf unzulässige Einflussnahme auf redaktionelle Inhalte. Diese Räte fungieren zudem als Beschwerdeinstanzen, an die sich das Publikum und Medienschaffende richten können, wenn vermeintliche Verfehlungen identifiziert werden. In Deutschland und der Schweiz sind die Presseräte seit Jahrzehnten aktiv. Österreich hat hier eine Zäsur zu verzeichnen, denn uneinige Medienverbände führten zu einer zeitweiligen Auflösung des Vereins (Presserat Österreich o. J.). Die Wiedergründung 2010 war für die Verständigung ethischer Grundsätze wichtig. Allerdings sind drei der vier reichweitenstärksten landesweiten Tageszeitungen nicht Mitglied des österreichischen Presserats: Die Gratiszeitung „Heute" sowie die Boulevardzeitungen „Kronen Zeitung" und „Österreich" zählen bis heute nicht zu den Mitgliedern des Presserats (Österreichischer Presserat o. J.). Allerdings entfielen auf sie im Jahr 2014 32 der insgesamt 35 identifizierten Verstöße gegen den Ehrenkodex der österreichischen Presse (OTS 2015).

Um die Einhaltung des Trennungsgrundsatzes kümmern sich zudem auch Werberäte und PR-Ethikräte. Beispielsweise wurde bereits 1966 in der Schweiz die Schweizerische Lauterkeitskommission gegründet. Die Selbstkontrollorganisation der Kommunikationsbranche erlässt Empfehlungen und Aufforderungen hinsichtlich kommerzieller Kommunikation (sämtliche Formen von Werbung, Direktmarketing, Sponsoring, Verkaufsförderung und Öffentlichkeitsarbeit), die ihrer Meinung nach unlauter ist. In Deutschland wurde 1987 der Deutsche Rat für Public Relations (DRPR) gegründet. Nach eigenen Angaben ist der DRPR „das freiwillige Organ der Selbstkontrolle des PR-Berufsfeldes. Unsere primäre Aufgabe ist es, Missstände und Fehlverhalten bei der Kommunikation von Organisationen mit Öffentlichkeiten zu benennen und gegebenenfalls zu rügen" (DRPR o. J.). Der österreichische PR-Ethik-Rat ist hingegen erst seit 2008 aktiv, verfolgt allerdings die gleiche Aufgabe:

> „Die Tätigkeit des Rates ist nicht auf Mitglieder der Berufsverbände der PR-Branche beschränkt, sondern bezieht sich auf das gesamte Feld der heimischen Öffentlichkeitsarbeit. Die elf Ratsmitglieder kommen aus allen Bereichen der Gesellschaft. Aufgabe des Ethik-Rates ist es, die Einhaltung ethischer Grundsätze in der Öffentlichkeitsarbeit und den Diskurs darüber zu fördern, Streitfälle zu untersuchen, Missstände zu benennen sowie Fehlverhalten aufzuzeigen" (PR-Ethikrat o. J.).

2.1   Verschwimmende Grenzen

Soweit das Konzept und die Idee der Wahrung von Grenzen. Für die Praxis der heutigen Kommunikationswelt ist festzustellen, dass zwischen Journalismus, Public Relations, Marketing und Werbung nicht immer, wie gefordert, auf die klare Linie geachtet wird. Denn PR-Arbeit, Anzeigen, Werbespots, Content-Marketing etc. werden nicht immer als solche etikettiert und halten zudem Einzug in redaktionelle Teile der Medien. Dies hat unterschiedliche Ursachen wie sich verschlechternde Marktbedingungen, knappe Ressourcen und Medienentwicklungen wie Social Media, die z. B. den Bürgerjournalismus forcieren und mit dem die Profession Journalismus um die Aufmerksamkeit des Publikums buhlt. So werden die unterschiedlichsten Formen eingesetzt, um Werbung, PR und Marketing wie journalistische Berichterstattung aussehen zu lassen: Schleichwerbung, Advertorials und Product Placement sind hier besonders gängig. Bei Schleichwerbung geht es um „die Erwähnung oder Darstellung von Waren, eines Herstellers von Waren oder eines Erbringers von Dienstleistungen in Programmen, wenn sie vom Veranstalter absichtlich zu Werbezwecken vorgesehen ist und mangels Kennzeichnung die Allgemeinheit hinsichtlich des eigentlichen Zwecks dieser Erwähnung oder Darstellung irreführen kann" (ORF-Gesetz und deutscher Rundfunkstaatsvertrag). Bei Advertorials handelt es sich um die redaktionelle Aufbereitung von Werbeanzeigen (advertisment und editorial (Leitartikel)). Product placement findet zumeist in Film und Fernsehen durch die unentgeltliche Zurverfügungstellung von Produkten wie Autos und Softdrinks etc. statt (Produktbereitstellung). Doch auch in den Printmedien, offline wie online, ist Product Placement vor allem in Ressorts wie Reisen sowie Auto, Motor & Sport häufig zu finden (vgl. u. a. Gradinger et al. 2012).

Verstöße gegen den sogenannten Trennungsgrundsatz sind also gang und gäbe. So hat beispielsweise der Deutsche Presserat auf seinen Beschwerdeausschuss-Sitzungen im September 2015 zehn öffentliche Rügen gegen schwere Verstöße ausgesprochen (Deutscher Presserat 18.09.2015). Bemängelt wurde hier u. a. die ausschließlich positive und völlig unkritische Berichterstattung über ein Kreditangebot einer Bank in der „Rheinischen Post" und „RHEINISCHE POST ONLINE". Die Grenzen der Schleichwerbung nach Richtlinie 7.2 des Pressekodex seien hier zudem deutlich überschritten worden, da dem Beitrag ein Foto, auf dem ein Bankmitarbeiter mit einem großen Werbeplakat für das Angebot zu sehen ist, beigestellt war. Eine weitere Rüge ging an FOCUS Online, denn das Magazin veröffentlichte ein ursprünglich zu Werbezwecken erstelltes Video als Nachrichtenbeitrag. „Unter der Überschrift ‚Das muss passieren, wenn man kein Bußgeld zahlen will' ist in dem Video zu sehen, wie ein russischer Polizist während einer Verkehrskontrolle vor einem Rudel Wölfe in das kontrollierte Auto flüchten muss. Die Betrachter erfuhren weder im Begleittext noch bei Abspielen des Videos oder im Anschluss, dass die Wölfe computergeneriert sind und dass es sich um eine Wodka-Werbung handelt. Darin sieht der Presserat einen schwerwiegenden Verstoß gegen das in Ziffer 1 des Pressekodex festgeschriebene Gebot zur wahrhaftigen Unterrichtung der Öffentlichkeit." (Deutscher Presserat 18.09.2015) Insgesamt zieht der Deutsche Presserat im Herbst 2015 den Schluss, dass der Trennungsgrundsatz nach Ziffer 7 häufig missachtet wird.

Auch in der österreichischen Medienlandschaft ist die Anpassung von redaktionellen Anzeigen an das journalistische Umfeld ein weitverbreitetes Problem. Im Jahr 2010 hat der österreichische Ethik-Rat für Public Relations eine Studie zu Schleichwerbung in Österreich in Auftrag gegebenen (Horninger et al. 2011). Insgesamt wurden 550 Beträge in „Die Presse", „Der Standard", „Kronen Zeitung", „Heute", „Österreich", „Kleine

Zeitung", „Vorarlberger Nachrichten", „Oberösterreichische Nachrichten", „Tiroler Ta-geszeitung", „Niederösterreichische Nachrichten", „profil", „Format" und „Woman" ge-sichtet (Erhebungszeitraum Oktober 2010), von denen 325 Beiträge als kritisch eingestuft wurden. Zwar sind zwei Drittel der kritischen Beiträge in zulässiger Form gekennzeichnet, doch „lassen sie sich aufgrund der gestalterischen Ähnlichkeit kaum von regulären jour-nalistischen Beiträgen unterscheiden. Diese Ähnlichkeit wird über Schriftgröße, -farbe und -art hergestellt, auch verwendete grafische Elemente stammen aus dem redaktionellen Layout. Die Kennzeichnungen sind oft sehr klein und durch die Positionierung an den Rändern oder am Ende des Textes kaum sichtbar" (Horninger et al. 2011). Der Ethik-Rat forderte daraufhin eine Erweiterung des § 26 Medien-G im Sinne einer „deutlichen" und „gut sichtbaren" Kennzeichnung von bezahlten Einschaltungen, „eine eigene Regelung für Medienkooperationen sowie einen erhöhten Strafrahmen für nicht deklarierte Werbung". Dies ist bis heute allerdings nicht der Fall.

Vor allem im Online-Bereich kommt es mittlerweile recht häufig zu einer Überschreitung der Grenzen ethischen korrekten Verhaltens durch die planmäßige Täuschung von Userinnen und Usern. Ende 2014 berichtete das Magazin DATUM („Die Netzflüsterer", 11/2014; www.datum.at/artikel/die-netzfluesterer) wie eine Wiener PR-Agentur für Parteien, Banken, Pharmakonzerne und Staatsunternehmen Postings in verschiedenen Online-Medien und Online-Foren manipulierte. Mit falschen Identitäten wie „Therealrobbie", „roisin" und „Alexander Mader" versuchte die PR-Agentur laufende Diskussionen über das Image von Unternehmen oder Themen im Sinne ihrer Auftraggeberinnen und Auftraggeber zu beein-flussen. Der österreichische PR-Ethik-Rat untersuchte diese Vorwürfe und sprach sich ge-gen die Beeinflussung öffentlicher Meinung durch gefälschte Postings aus. Denn „das verdeckte Auftreten von Unternehmen und Parteien als Konsumenten und Bürger sind mit den ethischen Prinzipien von Public Relations nicht vereinbar und daher strikt abzulehnen. Eine solche Praxis untergräbt das Vertrauen in öffentliche Kommunikation als transparenter Wettstreit um Meinungen und Ansichten und damit ein Fundament der (Medien-)Demo-kratie" (PR-Ethikrat 2014). Letztlich hatte die Aufdeckung der User/innen-Täuschung durch Unternehmen allerdings primär Konsequenzen für das Magazin „Datum". Anzei-genrückzug und Stornos von gebuchten Aufträgen waren die Folge.

Doch nicht nur in den Massenmedien geht es regelmäßig um die Vorspiegelung fal-scher Tatsachen. Irreführende Angaben sind in der Kommunikationsbranche wie in der Werbung weit verbreitet. Beispielsweise forderte die Schweizerische Lauterkeitskom-mission im Sommer 2014 ein Reisebüro dazu auf, für klare Angaben auf seiner Website hinsichtlich des tatsächlichen Preises einer Flugreise zu sorgen (vgl. Schweizerische Lau-terkeitskommission 2015). Immerhin sind Unternehmen gemäß den Artikeln 13 Abs. 1, Art. 11c Abs. 2 und Art. 3 Abs. 1 der Schweizer Preisbekanntgabeverordnung (PBV) dazu verpflichtet, den effektiven Preis inklusive Gebühren anzugeben. Doch unter «Tarif» lis-tete das Reisebüro lediglich die reinen Flugkosten auf und erst weit unten auf der Website war für die Konsumentinnen und Konsumenten der tatsächlich zu bezahlende Preis er-sichtlich. Allerdings – und hier noch ein Verstoß gegen die PBV – ohne detailliert aufge-schlüsselte Gebühren.

Sind dies Einzelbefunde oder liegt dem ein systematisches Problem zugrunde? Bedeutsam ist sicher u. a. die ökonomische Entwicklung im Journalismus, die auch einige Beiträge des Bandes thematisieren und mit der Aspekte, wie knappe personelle und zeitliche Ressourcen, verbunden sind. Dies führt wiederum dazu, dass die Grenzen im oben beschriebenen Sinne bisweilen, ggf. immer häufiger verschwimmen oder gar verschwinden. Dreh- und Angelpunkt für diese Situation ist aber wieder das Publikum, dessen Zahlungsbereitschaft für Medienangebote zunehmend schwindet (vgl. u. a. Institut für Demoskopie Allensbach 2004). Hier sind mindestens zwei Gegenmaßnahmen zu ergreifen: Erstens braucht es eine grundlegende und ausreichende Finanzierung von Medien. Öffentlich-rechtliche Medien, für die das Publikum grundsätzlich eine Gebühr entrichtet, sollen verlässlichen Public Value anbieten können. Und selbst hier gibt es bzw. gab es immer wieder Verletzungen des Trennungsgrundsatzes wie z. B. beim sogenannten „Marienhof"-Skandal (vgl. Lilienthal 2005). Zweitens braucht es umso mehr Medienkompetenz beim Publikum, das Bescheid wissen muss über das Zusammenspiel zwischen redaktionellen und bezahlten Inhalten, finanziellem und zeitlichem Druck gerade im Bereich digitaler Medien. Und das deswegen, um die Wichtigkeit für sich selbst als Teil der Gesellschaft weiß sowie erkennt, dass journalistische Angebote ihren Preis haben. Da trotz rechtlicher Auflagen und Selbstkontrolle der Professionen immer noch bzw. weiterhin die Grenzen zwischen Journalismus, Public Relations, Werbung und Marketing verletzt werden, aber nicht alle Teile der Gesellschaft über die nötige Medienkompetenz verfügen, ist da Thema wichtiger denn je. Der Diskurs darüber ist öffentlich zu führen, um Ansatzpunkte, die bereits identifiziert sind, umzusetzen und Veränderungen im Sinne von eindeutigen Grenzziehungen zu bewirken. Einen Beitrag hierzu liefert der vorliegende Sammelband.

2.2   Zum Inhalt des Bandes

Der Band geht zurück auf eine gleichnamige Fachkonferenz, die im März 2015 an der FHWien der WKW stattfand. Der damalige Call der Konferenz richtete sich explizit an alle beteiligten Gruppen bzw. an diejenigen, die sich aus wissenschaftlicher wie praktischer Perspektive mit dem Themenfeld der Grenzziehung zwischen Journalismus, Public Relations, Marketing und Werbung beschäftigen. Dies hat zu einer gewissen Heterogenität der Beiträge geführt, die aber dazu beiträgt, sich in einem Sammelband eben auch mit der jeweils „anderen Seite" auseinanderzusetzen. Geordnet sind die Beiträge nun in drei größere Abschnitte: 1. Berufsbilder, 2. Berufspraxis und 3. Berufsethik.

Der erste Abschnitt des Bandes befasst sich mit Selbst- bzw. Fremdbildern im Journalismus und Public Relations bzw. Marketing. Den Auftakt bildet der Beitrag von *Nicole Gonser* und *Johann Gründl*. Die Autorin und Autor stellen eine Studie vor, die Studierende von Journalismus-Studiengängen in den Blick nimmt und deren Sichtweise auf Public Relations beleuchtet. Zentrales Ergebnis der Befragung ist die Abgrenzung von der anderen Seite bei gleichzeitiger Erkenntnis, von dieser zunehmend abhängig zu sein.

Anschließend beschäftigen sich *Silvia Ettl-Huber*, *Wolfram Rinke* und *Michael Zeiller* mit berufsbegleitend Studierenden von Kommunikationsstudiengängen und deren Bedarf nach journalistischen Kompetenzen. Ihre Online-Befragung weist nach, dass mehr journalistische Skills, aber vor allem IT-Kompetenzen benötigt werden. Im letzten Beitrag des Abschnitts *Berufsbilder* hat *Dominik Pietzcker* wiederum Leitfadeninterviews mit Medienschaffenden geführt. Sein Beitrag greift dabei veränderte berufliche Anforderungen auf, die sich durch die Digitalisierung im Bereich Medien ergeben. Dabei identifiziert er neben ökonomischen Herausforderungen vor allem Veränderungen des Zeitmanagements im Zuge von Echtzeitanforderungen und plädiert für ein souveränes Selbstbild des Journalismus, der sich gegenüber solchen Anforderungen behauptet.

Im zweiten Abschnitt *Berufspraxis* geht es *Beatrice Dernbach*, *Juliane Kiesenbauer* und *Maike Lehnhoff* um Vorbilder in Journalismus und der Public Relations und damit um wichtige Instanzen bei der Berufssozialisation. Ihre Ergebnisse aus zwei Online-Befragungen belegen einen deutlichen Unterschied zwischen Journalistinnen und Journalisten, die große Ideale und Wertevermittlerinnen und -vermittler als Vorbilder wählen, und PRlerinnen und PRlern, die anwendungsbezogene praktische Vorbilder auch aus dem beruflichen Umfeld haben. Der Beitrag von *Anna M. Theis-Berglmair* und *Holger Kellermann* wiederum beschäftigt sich mit den geschaffenen Inhalten von Journalismus und PR. Vor dem Hintergrund verschwimmender Grenzen gehen die Autorin und Autor der Frage nach, wie sich Journalismus auf der Output-Ebene überhaupt (noch) von PR unterscheiden lässt. Sie stellen Ansätze eines textanalytischen Verfahrens vor, das journalistische und PR-Texte über bestimmte linguistische Konstrukte identifiziert, die üblicherweise den jeweiligen Textarten anhaften. Ihre Idee dabei ist, dass dies leichter operationalisierbar ist als andere (gängige) qualitative Kategorien. Im Zentrum des Beitrags von *Gerhard Brenner* steht schließlich die Auseinandersetzung mit Medienangeboten im Fernsehen und verschwimmenden Grenzen beim Wirkungspotenzial von fiktiven und nicht-fiktiven Inhalten. In einem Experiment werden Veränderungen auf die unbewusste Einstellung zu einer Marke, hier der Polizei, gemessen.

Schließlich werden im dritten Abschnitt des Bandes Aspekte der *Berufsethik* aufgegriffen, die vor allem im Zusammenhang mit verschwimmenden Grenzen zwischen Journalismus und Werbung auftreten. *Nina Köberer* konzentriert sich in ihrem Beitrag auf die sensible Gruppe von jungen Mediennutzerinnen und -nutzern. Die Befunde ihrer Studie, die die Werbewahrnehmung von Jugendlichen bei der Rezeption von Jugendzeitschriften untersuchte, belegen, dass Werbung häufig nicht als solche erkannt wird. Entsprechend verweist auch sie darauf, wie wichtig der Erwerb spezifischer Kompetenzen auf Seiten der Jugendlichen ist. Sie leitet zudem ab, mit welchen Verhaltensweisen auch die Medienpraxis zu einer besseren Transparenz beitragen kann. Im anschließenden Beitrag berichten *Stefan Böck* und *Diana Danbauer* aus der eigenen Branchenmagazinpraxis. Ihr Verlag (Österreichische Wirtschaftsverlag) hat sich mit der Stärkung des Trennungsgrundsatzes beim eigenen Tun auseinandergesetzt und eine entsprechende Selbstverpflichtung entwickelt. Der Beitrag stellt diesen mehrjährigen Prozess vor.

Darüber hinaus startet der Band mit einer wissenschaftlichen Eröffnung und schließt mit einem Praktiker-Nachwort. *Stephan Ruß-Mohl*, der neben seiner Wissenschaftskarriere immer wieder auch journalistisch tätig ist, eröffnet mit kritischen Worten, die er nicht nur an Journalistinnen und Journalisten richtet, sondern indem er alle vor Folgen warnt, die aufgrund von „digitalisierungsbedingten Machtverschiebungen" zwischen Journalismus, Public Relations und Werbung entstehen. Der Wissenschaftler in ihm verweist auf wichtige Forschung mit Bezug zur Verhaltensökonomie, die verdeutlichen könnte, warum welche Beteiligten wie agieren und in welchem Verhältnis sie zueinander stehen. *Harald Fidler*, Ressortleiter für den Bereich Medien bei der österreichischen Tageszeitung „Der Standard" und ihres Medienportals, beschließt den Sammelband mit einem Trostwort. Zwar diagnostiziert er verschwimmende Grenzen zwischen Journalismus, Public Relations und Werbung eher schon als chronischen Befund. Ein Lichtblick für ihn bezieht sich auf traditionelle und bisweilen abgeschriebene Medien, deren Stellenwert er dadurch erkennt, dass sie merkwürdigerweise gerne als Plattform für werbliche Inhalte aufgesucht werden.

Literatur

Der Pressekodex (o. J.). Ziffer 7 – Trennung von Werbung und Redaktion. Fassung vom 13. September 2006. Abgerufen unter: http://www.presserat.de/pressekodex/pressekodex/#panel-ziffer_7____trennung_von_werbung_und_redaktion [25.02.2016].

Deutscher Presserat (18.09.2015). Trennungsgrundsatz nach Ziffer 7 häufig missachtet. Abgerufen unter: http://www.presserat.de/presserat/news/pressemitteilungen [25.02.2016].

DRPR (o. J.). Abgerufen unter: http://drpr-online.de/ [15.02.2016].

Gradinger, Stefan, Kweton, Sabrina, Trappel, Josef & Vieth, Teresa (2012). *Journalismus und Werbung. Kommerzielle Grenzen der redaktionellen Autonomie.* Wiesbaden: Springer VS.

Horninger, Katja, Pavlova, Zlatka & Seethaler, Ursula (2011). Zukunftstauglichkeit des Trennungsgrundsatzes im Sinne des § 26 MG. Abgerufen unter: http://kiercc.at/fsDownload/110418v2%20 PREthik-Rat%20Endbericht%20Schleichwerbung.pdf?directdownload=1&id=10103672&-v=1&forumid=344 [15.02.2016].

Institut für Demoskopie Allensbach (Hrsg.) (2004). *Kein Ende der Ära Gutenberg. Erkenntnisse aus über 50 Jahren Allensbacher Zeitungsleserforschung.* Allensbach.

Lilienthal, Volker (2005). Die Bavaria-Connection. Zehn Jahre Schleichwerbung im ARD-„Marienhof" & Co. *epd Medien, 42*, 3–15. Wiederabgedruckt und abgerufen unter: http://www.stern.de/nannen/ beste-investigative-leistung-die-bavaria-connection-557825.html [15.02.2016].

Österreichisches Mediengesetz [Medien-G]. Kennzeichnung entgeltlicher Veröffentlichungen § 26 Medien-G (BGBl. Nr. 314/1981). Abgerufen unter: https://www.ris.bka.gv.at/Dokument.wxe?-Abfrage=Bundesnormen&Dokumentnummer=NOR12010106 [15.04.2016].

Österreichischer Presserat (o. J.). Liste teilnehmender Medien (A-Z). Abgerufen unter: http://www. presserat.at/show_content.php?sid=38 [25.04.2016].

OTS (2015). OTS0086: Presserat präsentiert Fallstatistik für 2014 und bekommt dritten Senat Abgerufen unter: http://www.ots.at/presseaussendung/OTS_20150312_OTS0086/presserat-praesentiert-fallstatistik-fuer-2014-und-bekommt-dritten-senat [15.02.2016].

Presserat Österreich (o. J.). Abgerufen unter: http://www.wien-konkret.at/wirtschaft/medien/presserat/ [25.02.2016].

PR-Ethikrat (2014). PR-Ethik-Rat verurteilt Täuschung durch gefälschte Postings – Stellungnahme des PR-Ethik-Rats zum DATUM Artikel „Die Netzflüsterer" (Presseinformation vom 7.

November 2014). Abgerufen unter: www.prethikrat.at/wp-content/uploads/2015/09/20141107_PA_verurteilt_Taeuschung_durch_gefaelschte_Postings.pdf [25.04.2016].

PR-Ethikrat (o. J.). Abgerufen unter: http://www.prethikrat.at/pr-ethik-rat/ [25.02.2016].

Rundfunkstaatsvertrag [RStV]. Staatsvertrag für Rundfunk und Telemedien(Rundfunkstaatsvertrag) vom 31. August 1991, zuletzt geändert durch den Achtzehnten Rundfunkänderungsstaatsvertrag vom 9. bis 28. September 2015. Abgerufen unter: http://www.ard.de/download/2456334/Staatsvertrag_fuer_Rundfunk_und_Telemedien__vom_31__August_1991__zuletzt_geaendert_durch_den_Achtzehnten_Rundfunkaenderungsstaatsvertrag_vom_9__bis_28__September_2015.pdf [15.04.2016].

Schweizerische Lauterkeitskommission (2015). Dritte Kammer/Troisième Chambre 21.1.2015. Abgerufen unter: http://www.faire-werbung.ch/wordpress/wp-content/uploads/2015/03/LK3210115.pdf [15.02.2016].

Nicole Gonser Institut für Journalismus & Medienmanagement an der FHWien der WKW, Währinger Gürtel 97, 1180 Wien, Österreich
E-Mail: nicole.gonser@fh-wien.ac.at

Uta Rußmann Institut für Kommunikation, Marketing & Sales an der FHWien der WKW, Währinger Gürtel 97, 1180 Wien, Österreich
E-Mail: uta.russmann@fh-wien.ac.at

Wie sich die Machtbalance zwischen Journalismus und PR verschiebt. Die „antagonistische Partnerschaft" in der digitalen Aufmerksamkeitsökonomie – eine verhaltensökonomische Analyse

Stephan Ruß-Mohl

Zusammenfassung

Anhand vielfältiger Studien wird in diesem Beitrag das Zustandekommen des Verhältnisses zwischen Journalismus und PR aktuell geschildert. Der Beitrag plädiert bei einer Analyse dieser Entwicklung für die Einbeziehung einer verhaltensökonomischen Perspektive, die nachvollziehbar beschreibt, was beide Gruppen voneinander erwarten, wie sie die jeweils andere einschätzen und gerade auch, wie wiederum diese Einschätzungen selbst zu bewerten sind. Denn hieraus lässt sich ableiten, wo die wirklichen potenziellen Reibungspunkte liegen und wie sich die Machtverhältnisse zwischen Journalismus und PR verändern.

1 Einführung: Die Bullshit-Woge

Jacob Harris, einer der Software-Architekten der „New York Times", die viele für die „beste Zeitung der Welt" halten, hat aus seinem Herzen keine Mördergrube gemacht. In einem Beitrag für das Nieman Journalism Lab der Universität Harvard beschreibt er ebenso vulgär wie zutreffend, wie sich das Machtverhältnis zwischen PR und Journalismus verschiebt: „Die Bullshit-Daten-Woge nimmt überhand, und jetzt ist es an uns, herauszufinden, wie wir nicht von ihr fortgeschwemmt werden." (Harris 2014) Der Chefredakteur

S. Ruß-Mohl (✉)
Direktor des European Journalism Observatory (EJO),
Università della Svizzera italiana Lugano, Via Buffi 13, 6904, Lugano, Schweiz
E-Mail: stephan.russ-mohl@usi.ch

© Springer Fachmedien Wiesbaden GmbH 2017   13
N. Gonser, U. Rußmann (Hrsg.), *Verschwimmende Grenzen zwischen Journalismus, Public Relations, Werbung und Marketing*, Forschung und Praxis an der FHWien der WKW,
DOI 10.1007/978-3-658-13578-2_2

des Branchenblatts „Wirtschaftsjournalist", Markus Wiegand bezeichnete PR-Leute als „Parasiten vom Dienst", weil Unternehmen ihre Werbeetats kürzten und ihre PR-Stäbe ausbauten, um kostenlos in der Presse aufzutauchen (Turi 2015). Das freche, aber sachlich zutreffende Statement wurde von einem humorlosen PR-Chef mit Anzeigenentzug geahndet, dem mittelständischen Oberauer-Verlag entgingen so rund 20.000 Euro Werbeerlöse. Aber auch von der „anderen Seite" gibt es Deftiges, was sich zur Einrahmung dieses Beitrags eignet. Als Rudolf Farner 1954 in Zürich die erste PR-Agentur der Schweiz gründete, soll er gesagt haben: „Gebt mir eine Million, und ich mache aus einem Kartoffelsack einen Bundesrat" (zit. n. Zimmermann 2015), um die Segnungen der Öffentlichkeitsarbeit, aber auch die Verführbarkeit von Journalisten zu illustrieren. Die Million würde heute nicht mehr ganz ausreichen, aber ansonsten ist das Statement sechs Jahrzehnte später gewiss aktueller denn je. Der Kommunikationsberater Klaus Kocks, vormals für die Corporate Communication bei Volkswagen verantwortlich, bringt es so auf den Punkt: Der Einfluss von PR habe eine Dimension erreicht, wo es im Hinblick auf den Journalismus angezeigt wäre, von „Systemversagen" zu sprechen. Und dann sein Blick hinter die Kulissen: „Redaktionen kosten Geld. PR gibt es umsonst, und das ist der Gospel der Verleger." (Kocks 2013, S. 95)

Womit wir mitten im Thema wären, mit dem allerdings das Reuters Institute for the Study of Journalism in Oxford ein wenig zurückhaltender umgeht als Harris, Wiegand, Farner und Kocks. Öffentlichkeitsarbeit, zu Neudeutsch: Public Relations (PR), „wird vom Journalismus unabhängiger, während der Journalismus immer mehr in die Abhängigkeit von PR gerät", fassen John Lloyd, Senior Research Fellow am Reuters Institute, und Laura Toogood (Lloyd und Toogood 2014: VII), die bei einer PR-Firma in London arbeitet, die Ergebnisse ihrer Studie zusammen. Zwar brauche die PR den Journalismus weiterhin, um ihren Botschaften „von dritter Seite" Glaubwürdigkeit zu verleihen. Sie hat inzwischen aber auch andere, oftmals „mächtigere Bundesgenossen" im Kampf um die Kommunikationshoheit im öffentlichen Raum (Lloyd und Toogood 2014: VII). Neueren Statistiken des United States Department of Labour zufolge sind übrigens PR-Leute in den USA gegenüber den Journalisten inzwischen in einer vier- bis fünffachen Übermacht (Greenslade 2014).

2   Theorieentwicklung: Auf den Schultern anderer Riesen

Um genauer und mithilfe der Verhaltensökonomie auszuloten, wie sich in diesem digitalen Zeitalter des „Anything goes" das Verhältnis von Journalismus und PR verändert, bedarf es allerdings einiger theoretischer Vorüberlegungen. Zunächst gilt weiterhin Robert K. Mertons (1983) Feststellung, dass wir als Forscher stets auf den Schultern von Riesen sitzen. Meist sind das die Vordenker des eigenen Fachs. Über Jahrzehnte hinweg waren vor allem Habermas, Luhmann und Noelle-Neumann in der deutschen Kommunikationswissenschaft die drei prägenden Säulenheiligen (vgl. Weischenberg 2012, 2014, der allerdings Noelle-Neumann ausblendet; dazu kritisch: Ruß-Mohl 2014). Auch die bedeutendsten PR- und Journalismus-Forscher lassen sich im Großen und Ganzen den von ihnen begründeten drei Schulen zuordnen. Zu ihren durchaus spannenden Erkenntnissen der letzten Jahrzehnte zählt wahlweise, dass Öffentlichkeitsarbeit den Journalismus im Blick auf Themensetzung und Timing dominiert, ja determiniert (Baerns 1985, 2013 sowie Haller 2005), dass die wechselseitige Beziehung von „Intereffikation" (Bentele et al. 1997), Parasitismus (Westerbarkey 1995; Kocks 1998) oder reversivem Parasitismus (Ruß-Mohl 2009) geprägt ist und eben, dass es sich um eine „antagonistische Partnerschaft" (Rolke 1999) handelt.

Wer es sich indes stets auf den Schultern derselben Riesen bequem macht, sollte sich klarmachen, dass auch in lichter Höhe die Sicht begrenzt ist und durch den Aktionsradius des jeweiligen Riesen eingeschränkt bleibt. Interdisziplinäre Forschung ist deshalb nicht zuletzt wichtig, weil sich neue Horizonte erschließen, wenn man von den Schultern des einen auf die anderer Riesen wechselt. Dies haben wir im Blick auf die Ökonomik (Fengler und Ruß-Mohl 2005; Ruß-Mohl 1994) und die Verhaltensökonomie (Fengler und Ruß-Mohl 2014; Ruß-Mohl 2010a, b) wiederholt getan (selbstreflexiv dazu: Ruß-Mohl 2012), und dieser Schultersprung soll auch Ausgangsbasis der folgenden Überlegungen zum Wandel der Beziehung zwischen PR und Journalismus sein: Wer in der Tradition von Ökonomen und Sozialpsychologen gesellschaftliche Entwicklungen primär als kumulatives Ergebnis mehr oder weniger rationaler und auch mehr oder weniger eigeninteressierter Entscheidungen und Verhaltensmuster zu begreifen versucht, dem erschließen sich andere Einsichten als beispielsweise Systemtheoretikern.

Die verhaltensökonomische Perspektive ergänzt dabei allerdings sinnvoll jene der traditionellen neoklassischen Ökonomik, welche als Ausgangspunkt für realistischere Modellentwicklung weiterhin ihren Stellenwert behält (Thaler 2015, S. 7). Und in ähnlicher Weise sollte unser Versuch, Ökonomik und Verhaltensökonomie in den Theorienfundus der Kommunikationswissenschaft einzubringen, nicht als „Kriegserklärung" an die Systemtheoretiker verstanden werden, sondern als eine horizonterweiternde Zusatzperspektive (Fengler und Ruß-Mohl, 2014; Ruß-Mohl 2012).

Wir haben frühzeitig darauf hingewiesen, dass das Verhältnis von PR-Experten und Journalisten auch als Prinzipal-Agenten-Beziehung (Fengler und Ruß-Mohl 2005; Ruß-Mohl 2006) zu sehen ist, in der die PR-Seite über Informationsvorsprünge verfügt. Zudem hatten wir dafür plädiert, Günter Benteles Intereffikations-Modell (Bentele et al. 1997) auf seine ökonomische Kernsubstanz zu reduzieren und die Beziehungen zwischen Journalisten und PR-Experten im Rahmen eines Marktmodells der Aufmerksamkeitsökonomie (Ruß-Mohl 2004; Hamilton 2004; zur Aufmerksamkeitsökonomie vgl. Franck 1998; Davenport und Beck 2001) zu deuten. PR-Abteilungen stehen dabei untereinander im Wettbewerb um die Aufmerksamkeit der Redaktionen und um öffentliche Wahrnehmung – aber auch die Redaktionen konkurrieren untereinander um Inhalte, welche die Öffentlichkeitsarbeiter bestmöglich platzieren möchten. Getauscht wird nicht Geld gegen Ware, sondern eben Information gegen Aufmerksamkeit – aber viel Geld ist natürlich trotzdem im Spiel, weil sich die jeweiligen Auftraggeber Öffentlichkeitsarbeit viel kosten lassen.

Einerseits werden von der PR-Seite mit ihren Gratiszulieferungen, sprich: Pressemeldungen, hinter den Kulissen Redaktionen quersubventioniert. Andererseits entzieht
dies denselben Redaktionen immer dann Ressourcen, wenn erfolgreiche PR, die von
Redakteuren in glaubwürdigen „Journalismus" verwandelt wird, teurere und meist weniger glaubwürdige Werbung ersetzt (Ries und Ries 2004). Redaktionen, die allzu be-
reitwillig PR in Journalismus verwandeln, schneiden sich so womöglich ins eigene
Fleisch. Doch dieses Bild bliebe unvollständig, würden wir uns bei der ökonomischen
Analyse der Entscheidungen, die auf PR-Seite und in den Redaktionen getroffen werden, allein auf die Rational-Choice-Theorie verlassen, die auf beiden Seiten rationales,
eigeninteressiertes Verhalten unterstellt. Zwar zeichnet sich Professionalität nicht zuletzt dadurch aus, dass im Berufsalltag im Blick auf zu erreichende Ziele (Effektivität)
sowie auf Kosten und Nutzen (Effizienz) rational entschieden wird und dass dabei realistischerweise weder die institutionellen noch die persönlichen Eigeninteressen aus dem
Blickfeld geraten (Kirchgässner 1991, S. 12 ff.).

Andererseits haben Sozialpsychologen und in den letzten Jahrzehnten vermehrt auch
Verhaltensökonomen darauf aufmerksam gemacht, wie häufig selbst erfahrene Entscheider
Heuristiken benutzen und Denkfehler begehen (Kahnemann und Tversky 2000; Ariely
2008; Akerlof und Shiller 2009; Beck 2015; Kahnemann 2011; Thaler 2015; zusammenfassend und populärwissenschaftlich: Dobelli 2011, 2013). Das gilt selbstredend auch für
PR-Leute und Journalisten. Die Fallstricke, in denen sie sich verheddern können, sind
zahlreich. Wer zumindest einige von ihnen kennt, dürfte nicht nur die weiterhin schwierige Beziehung zwischen beiden Berufsgruppen besser verstehen, sondern auch für den
Berufsalltag besser gewappnet sein, einfach weil er eigene Fehler wie auch die der Gegen-
seite antizipieren kann.

3   Selbstwahrnehmung: Overconfidence und Kontrollillusion

Lothar Rolke (1999) hat, wie oben genannt, die Beziehung zwischen PR-Experten und
Journalisten als „antagonistische Partnerschaft" beschrieben. Diese Charakterisierung erscheint weiterhin tragfähig, wenn man die jüngsten Befunde von Lloyd und Toogood
(2014) zur Kenntnis nimmt. Die beiden Medienexperten haben mit circa 40 Kommuni-
kationsprofis und Journalisten vor allem im angelsächsischen Raum Expertengespräche
geführt. Herausgekommen ist dabei etwas, was kaum den Peer Review wissenschaftlicher
Fachzeitschriften passieren würde – und doch nützlicher ist als das meiste, was solche
Journals an „empirisch gesättigten" Studien publizieren. Statt blindlings Daten zu sam-
meln und sie in oftmals vorhersehbaren Balkendiagrammen zu präsentieren, verdichten
die beiden Autoren ihre Gesprächsergebnisse zu einem spannenden Überblick, wie PR-
Strategen Einfluss nehmen.

Zum „conventional wisdom" gehört weiterhin, dass PR-Leute gegenüber Journalisten
möglichst nicht die Unwahrheit sagen sollten, sie aber meist nur jene Hälfte der Wahrheit
freiwillig herausrücken, welche ihre Auftraggeber in der Öffentlichkeit vorteilhaft
erscheinen lässt. Das war für die Gesellschaft und für die Mediennutzer unproblematisch,

solange auf der Journalistenseite genügend Recherchekapazität vorhanden war, um die andere Hälfte der Wahrheit herauszufinden. Es wird aber in Zeiten drastisch schrumpfender Redaktionen zunehmend zu einem Problem, es sei denn, eine konkurrierende PR-Agentur „ersetzt" die journalistische Recherche und sorgt für die nötige „Aufklärung". Auf diese Weise ist zwar weiterhin halbwegs Verlass darauf, dass sich etablierte politische Parteien gegenseitig kontrollieren, dass die Gewerkschaften der Öffentlichkeit liefern, was die Arbeitgeber verschweigen, oder dass Greenpeace auf Entwicklungen aufmerksam macht, die der agro-industrielle Komplex am liebsten unter den Teppich kehren möchte. Nicht alle Interessen in der Gesellschaft sind indes so gut organisiert und so zahlungskräftig, dass sie durch professionelle PR hinreichend repräsentiert wären. Und außerdem zerfällt die Öffentlichkeit längst in unzählig viele Teilöffentlichkeiten, die sich wechselseitig nur noch partiell, gar nicht oder – derzeit eben zunehmend – extrem feindselig wahrnehmen. Keine guten Voraussetzungen also für einen „herrschaftsfreien" deliberativen Diskurs, bei dem alle von allen lernen und sich durch gemeinsames Räsonnement schließlich der bestmögliche Kompromiss als Lösung durchsetzt.

„Die halbe Wahrheit ist die beste Lüge" – man könnte fast meinen, der Verhaltensökonom Dan Ariely (2012) habe ein Buch über PR und Journalismus geschrieben. Auch wenn das nicht der Fall ist, kann das, was er und andere Verhaltensökonomen (z. B. Gerschlager 2005) über Unehrlichkeit herausgefunden haben, mithelfen, jahrelange Kontroversen in der PR-Community zu entschärfen – übrigens eher zugunsten der Außenseiter und der „Kunst des Lügens" (Merten 2006; Kocks 2007) als zugunsten des PR-Mainstreams.

Dabei beginnt Unehrlichkeit mit der Unehrlichkeit sich selbst gegenüber – soll heißen damit, wie Journalisten und PR-Experten sich gegenseitig wahrnehmen und wie wenig sie sich offenbar der digitalisierungsbedingten Machtverschiebungen zwischen den beiden Professionen bewusst sind. Die Münchner Medienforscher Thomas Koch et al. (2014) haben dazu eine Studie vorgelegt, die im deutschen Sprachraum beide Berufsgruppen untersucht. Ihre Befunde sind nicht wirklich atemberaubend – es überrascht aber dann doch, wie krass sich die wechselseitige Wahrnehmung unterscheidet. So empfindet nur rund ein Viertel der Journalisten die Beziehung zu den PR-Profis als „eng" und knapp 40 Prozent von ihnen als „vertrauenswürdig", während jeweils fast doppelt so viele PR-Praktiker diese Prädikate vergeben. Knapp 50 Prozent der PR-Experten glauben (wohl realistischerweise), dass sie einen großen Einfluss auf journalistische Arbeit haben, aber nur knapp 20 Prozent der Journalisten wollen das wahrhaben. Noch nicht einmal ein Drittel der Journalisten konzedierte, dass ihre Arbeit „viel schwieriger" wäre ohne PR-Zulieferungen, während diese Wahrnehmung von den PR-Leuten mit einer satten Zweidrittelmehrheit bestätigt wird.

Auf beiden Seiten besonders gefährlich sind somit Overconfidence und Kontrollillusion (vgl. Vallone et al. 1990; Dobelli 2011, S. 13 ff. und 65 ff.). Journalisten haben noch immer wenig Ahnung davon, wie professionelle PR-Arbeit funktioniert, und geben deshalb Jahr um Jahr in Umfragen neuerlich zu Protokoll, dass sie sich der Beeinflussungsversuche vonseiten der Öffentlichkeitsarbeit bewusst seien, diese aber voll unter Kontrolle hätten (Marr et al. 2008; Weischenberg et al. 2006, S. 122 ff.). Sind freie Journalisten auch im PR-Sektor unterwegs, unterschätzen sie – auch das ist eine Spielart von Kontrollillusion – meist die Risiken von Rollenkonflikten (Koch et al. 2012).

4   Confirmation Bias in der Krisenkommunikation

Umgekehrt leben ganze Heerscharen von PR-Leuten von Krisenkommunikation und Issue-Management. Auf der Meta-Ebene gehören dazu inzwischen auch viele Dozenten, welche PR-Praktiker auf den Ernstfall vorbereiten. Kommt dann tatsächlich der Tsunami in den Mainstream-Medien (Kepplinger 2012) und/oder der Shitstorm in den sozialen Netzwerken (Pörksen und Detel 2012), wird schnell erfahrbar, wie gering die tatsächlichen Einflussmöglichkeiten sind, wenn der eigene Auftraggeber erst einmal auf der Anklagebank sitzt und skandalisiert wird. Hunger (Der vormalige Wirtschaftsjournalist und Kommunikationschef von Porsche, Anton) thematisiert in geradezu verblüffender Offenheit diese Grenzen von Krisen-PR. Wer erst einmal von den Medien skandalisiert werde, dem sei kaum mehr „aus der medialen Patsche" zu helfen: „Der Verdächtige ist nackt, das Guckloch in der Peepshow offen und der den Verdächtigen schützende Spin Doctor ein zahnloser Tiger" (Hunger 2014). Der deutsche Bundespräsident Christian Wulff, der TV-Wetterfrosch Jörg Kachelmann und der FC Bayern-Präsident Uli Hoeness lassen grüßen – ebenso der Schweizer Grünen-Politiker Geri Müller und der Ex-Nationalbankpräsident Philipp Hildebrand.

Dass dies so ist und die mediale Skandalisierungsmaschinerie oftmals so unbarmherzig alles plattwalzt, hat wiederum auch mit dem Confirmation Bias zu tun: Menschen neigen dazu, sich ihre vorgefertigten Ansichten bestätigen zu lassen, sind also besonders offen für Informationen, die ihre Sichtweisen bestätigen, und in latenter Abwehrhaltung gegenüber irritierenden Informationen (Dobelli 2011). Das gilt leider auch für Journalisten, selbst wenn ihnen in jedem Journalismuslehrbuch Unvoreingenommenheit als professionelle Tugend abverlangt und während ihrer Ausbildung antrainiert wird.

Haben sie obendrein Sendungsbewusstsein, weitet sich die menschliche Schwäche des Confirmation Bias oftmals zu einem Fehlverhalten aus, das Hans Mathias Kepplinger (1989) als instrumentelle Aktualisierung gebrandmarkt hat: Journalisten suchen gezielt nach Quellen bzw. Informanten, die ihre Thesen bestätigen – und werden angesichts der überbordenden Vielzahl von PR-Leuten, die nur auf solch eine Publizitätschance warten, in der Regel schnell fündig.

5   Intermezzo: Versagen des Wissenschaftsjournalismus und neuerliche Kontrollillusion

Wie wir wissen, taugen auch Wissenschaftler inzwischen nur noch bedingt als Schiedsrichter in solchen Situationen. Seit sie unter massivem Druck stehen, aus der Wirtschaft Drittmittel einzuwerben, sind sie auch immer öfter Sprachrohre bestimmter Interessen statt unbestechliche Wahrheitsuchende geworden. Leider versagt genau an diesem heiklen Punkt auch weithin der Wissenschaftsjournalismus. Nach seiner kurzen Blütezeit gewinnt im öffentlichen Raum allenthalben die Wissenschaftskommunikation, also die Darstellung von Forschungsleistungen durch Universitäten und Forschungseinrichtungen selbst, an Bedeutung – sei es, dass Letztere die ausgedünnten Redaktionen mit Medienmitteilungen versorgen und so die journalistische Berichterstattung mehr denn je „fernsteuern", sei es, dass die Forscher und Forschungsstätten über Blogs und soziale Netzwerke selbst direkt mit ihren Zielgruppen kommunizieren.

So haben unseren Recherchen zufolge sieben der zwölf Schweizer Universitäten in den letzten Jahren ihre Kommunikationsabteilungen weiter ausgebaut. Die Zahl der Medienmitteilungen, die jährlich von den Schweizer Universitäten insgesamt versendet werden, hat sich zwar nur unwesentlich erhöht: 2008 waren es 671, im Jahr 2014 dagegen 684 Pressemeldungen. Inhaltlich werden heute jedoch ganz andere Akzente gesetzt: 2008 widmeten sich noch rund zwei Drittel aller Meldungen der institutionellen Kommunikation – von der Hochschulpolitik über neue Studienangebote bis hin zu Pensionierungen von Professoren. Sechs Jahre später befassten sich sechs von zehn Meldungen mit Forschung und Forschungsergebnissen; der Anteil der institutionellen Kommunikation ist auf etwas mehr als ein Drittel geschrumpft. Für den Kommunikationsverantwortlichen der Universität St. Gallen, Marius Hasenböhler (2015), ist das „wenig erstaunlich": Forschungsthemen und Experten seien nun einmal für die Medien „von viel größerem Interesse als institutionelle Nachrichten", und so sei es schon seit Jahren Teil der Kommunikationsstrategie, die „Universität als Denkplatz" zu positionieren, insbesondere durch Verweise auf „gesellschaftlich relevante Forschungsresultate".

Nicht nur die Schweizer Universitäten machen außerdem mit einer bunten Palette eigener Hochglanzmagazine, die gratis gestreut werden, den wenigen populärwissenschaftlichen Zeitschriften wie „bild der wissenschaft" Konkurrenz, die sich weiterhin am Kiosk verkaufen müssen. Letztere könnten potenziell einen kritischeren, weniger vom Bedürfnis nach positiver Selbstdarstellung geprägten Blick auf Forschungsleistungen werfen – doch daran scheinen immer weniger Menschen interessiert.

Im Blick auf bedrohte journalistische Unabhängigkeit besonders heikel ist, dass die Schweizerische Depeschen-Agentur (sda) sich ihre Wissenschaftsredaktion weiterhin von Swissuniversities, der Nachfolgeorganisation der Schweizer Rektorenkonferenz, und von der ETH Zürich finanzieren lässt. Der stellvertretende sda-Chefredaktor Winfried Kösters betont, die redaktionelle Unabhängigkeit der sda sei „gewahrt und in den Verträgen festgeschrieben", und diese Förderung sei auch „kein generelles Modell für die zukünftige Journalismus-Finanzierung". Das lasst immerhin hoffen, dass weder die Schweizer Nationalbank noch Banken wie die UBS oder die Credit Suisse in Zukunft die Wirtschafts- und Finanzberichterstattung der Schweizer Nachrichtenagentur sponsern werden.

Aber der Glaubwürdigkeit des Wissenschaftsjournalismus ist all das nicht zuträglich. Womöglich haben wir es auch hier mit einem Fall von Kontrollillusion zu tun: Kurzfristig mag es ja nett sein, den Journalismus mit hoher Erfolgsaussicht nach eigenen Vorstellungen formen und beeinflussen zu können. Langfristig merkt das aber der klügere Teil des Publikums, es entstehen genau die nachhaltigen Vertrauensverluste für den Journalismus selbst, die inzwischen allerorten zu beklagen sind. (Ruß-Mohl 2015)

6 Neglect of Probability und die Angst vor Skandalisierung

Das Geschäft mit der Angst vor medialer Skandalisierung wiederum floriert nicht zuletzt deshalb, weil auch PR-Experten und ihre Auftraggeber nicht gegen einen anderen häufigen Denkfehler gefeit sind: den Neglect of Probability. Auch wenn die Medien tagtäglich eine neue Sau durchs Dorf jagen – dass außerhalb der Politik die eigene Firma, Organisation oder gar man selbst skandalisiert wird, wenn man nicht wirklich Dreck am Stecken hat, ist relativ unwahrscheinlich. Die Wahrscheinlichkeit von Shitstorms und Skandalisierung wird einfach deshalb überschätzt, weil die Medien ständig neue Opfer suchen, finden und damit auch das Bewusstsein wachhalten, dass man selbst Opfer werden könnte und sich vor den möglichen Konsequenzen schützen sollte. Es hat allerdings auch mit Neglect of Probability zu tun – und nicht nur, siehe oben, neuerlich mit Overconfidence –, wenn die Wahrscheinlichkeit krass überschätzt wird, als skandalisierte Organisation die Medienberichterstattung im Moment der Skandalisierung aktiv steuern zu können.

7 Journalisten als Opfer von Herdentrieb und Victims of Groupthink

Bei aller Abgeklärtheit und auch Abgebrühtheit, die sich nach einer längeren Berufstätigkeit im Mediengeschäft – eigentlich egal, auf welcher der beiden Seiten – nahezu zwangsläufig einstellt, werden Medienschaffende auch ständig neu zu Victims of Groupthink (Janis 1972), also zu Gefangenen von Gruppendenken, von Social Proof und damit – ähnlich den Teilnehmern an Finanzmärkten (Cipriani und Guarino 2008) – zu Opfern des Herdentriebs: Ohne dieses sehr menschliche, oftmals wenig rationale Verhalten auf Journalistenseite gäbe es viel weniger Medienhypes.

So haben Kepplinger und Lemke (2012) zeigen können, dass der Reaktorunfall in Fukushima in Deutschland und der Schweiz mit dem Ausstieg aus der Kernenergie ganz andere Folgen gezeitigt hat als in Großbritannien und Frankreich – was die beiden gestandenen Empiriker anhand von Inhaltsanalysen auf die gänzlich unterschiedliche Thematisierung des Unglücks durch die Medien zurückführen. Bei einer tiefergehenden Analyse der Zulieferungen, welche die Redaktionen in den vier Ländern erreicht haben, ließe sich mit hoher Wahrscheinlichkeit zeigen, dass auch das jeweilige Spoonfeeding, die Fütterung der Medien durch PR, stark differiert hat.

Ähnlich lässt sich in der PR die Verlagerung der Prioritäten in Richtung auf interne Kommunikation, also weg von der Medien- und Pressearbeit, als ein Herdentriebphänomen deuten: Da mag es Branchen geben, wo diese Neuausrichtung sinnvoll ist, aber es gibt eben auch Bereiche in Wirtschaft und Verwaltung, wo die eigenen Mitarbeiter kaum als „Botschafter" der jeweiligen Organisation taugen. Interne Kommunikation ist allemal wichtig – aber vielleicht sollte sie eben nicht die Medienarbeit verdrängen. Und während Medienarbeit fraglos von einer Stabsstelle gesteuert werden muss, bleibt die interne Kommunikation eben doch eher eine zentrale Herausforderung auf allen Ebenen und

Strängen der Linienorganisation, die sich allenfalls flankierend durch Kommunikationsabteilungen verbessern lässt.

Ein weiterer Herdentriebbefund: In der Medienarbeit wurden die Zügel angezogen. Während in der „guten alten Zeit" bei fehlerhaften Darstellungen Pressereferenten meist auf Berichtigungen verzichtet haben (Baerns 1997), klagen heute viele, vor allem leitende Redakteure über wachsenden Druck seitens der PR-Abteilungen. Diese spannen auch immer häufiger Rechtsanwälte ein, um bei missliebiger Medienberichterstattung Drohkulissen aufzubauen (Föderl-Schmid 2013). Weshalb die Journalisten ihrerseits so selten von ihrer Möglichkeit Gebrauch machen, solche Einschüchterungsversuche öffentlich zu machen, bleibt ihr wohlgehütetes Geheimnis. Mutmaßlich ist neuerlich Overconfidence im Spiel – die Bagatellisierung solcher Vorfälle, weil sie ins Konzept der eigenen Selbstwahrnehmung nicht passen mögen, die Unabhängigkeit suggeriert, wo längst die Schere im Kopf Regie führt.

Auch Wissenschaftler können sich dem Herdentrieb nicht entziehen. Am Beispiel der Finanz- und Bankenkrise haben Medienforscher und Ökonomen dieses verhängnisvolle Zusammenspiel von Wissenschaft, PR und Journalismus bereits erstaunlich präzise nachgewiesen (Stiglitz 2011). Die Klimaforschung und die Berichterstattung der Medien zum Klimawandel wären wohl ein weiteres geeignetes Thema, um ähnliche Zusammenhänge darzustellen.

8 Zero Cost Craze versus Sensus für Fairness

Die Journalismusforschung selbst unterliegt ebenfalls Moden: Als ich 2008 ein halbes Jahr lang zum Niedergang des amerikanischen Zeitungsjournalismus recherchiert habe, traf ich in den USA keinen einzigen Medienforscher, der die Einführung von Online-Bezahlmodellen für möglich gehalten hätte (Ruß-Mohl 2009). Inzwischen werden sie offenbar mit mehr oder minder großem Erfolg implementiert (Selva und Ruß-Mohl 2013); allein der Bundesverband Deutscher Zeitungsverleger listet inzwischen 107 solcher Angebote auf (BDZV 2015).

Miriam Meckel (2010) hat im Übrigen in diesem Zusammenhang Quellenforschung betrieben. Sie erinnert an den Satz von Stewart Brand auf der ersten Hackers' Conference 1984, der sich dann zum geflügelten Branchen-Credo verselbstständigte: „Information wants to be free, because the cost of getting it out is getting lower and lower all the time." Der Satz habe aber noch einen zweiten Teil, der ganz selten mitzitiert werde, und der laute: „Information wants to be expensive, because it's so valuable. The right information in the right place just changes your life."

Hätten sich Verlagsmanager und Journalisten einerseits mit Verhaltensökonomie beschäftigt und somit rechtzeitig über die „richtige Information am richtigen Platz" verfügt, statt den Internetgurus hinterherzulaufen, hätten sie sich im Rückblick womöglich ihren größten strategischen Fehler erspart. Sie hätten zwei Dinge lernen und somit wissen können: Erstens ist „gratis" eine unwiderstehliche Offerte, die vorhersehbar irrationales

Konsumverhalten stimuliert (Ariely 2008, S. 49 ff.). Deshalb würde es sehr schwer werden, Gratisangebote zurückzunehmen, wenn sie und der damit einhergehende Zero Cost Craze, der Tanz ums scheinbar goldene Gratis-Kalb, sich erst einmal flächendeckend durchgesetzt hätten.

Wie Experimente von Verhaltensökonomen immer wieder bestätigen, haben die Menschen allerdings auch einen ausgeprägten Sinn für Fairness: Hätten Medienunternehmen zweitens – statt alles gratis ins Netz zu stellen, was sie gedruckt gerne noch verkaufen wollten – ähnlich mit ihren Publika kommuniziert wie der niederländische Kaffeeanbieter Max Havelaar oder die Teekampagne mit ihren Kunden, wenn es darum geht, für die Landarbeiter auf Bananen, Kaffee- oder Teeplantagen „gerechtere" Entlohnung durchzusetzen, wäre es heute vielleicht besser um die Leserbindung und auch um die Zahlungsbereitschaft der Mediennutzer bestellt.

Andererseits sind Journalisten und Verleger längst selbst dem Faszinosum von „Alles gratis" erlegen: Zum Mantra journalistischer Ethik-Kodices gehört es merkwürdigerweise, dass es unethisch sei, wenn Redaktionen Informanten bezahlen. Deshalb erwarten sie von ihren Quellen und selbstredend von Öffentlichkeitsarbeitern „Alles gratis". Dabei haben sie bis heute nicht so richtig gemerkt, wie sie mit ihrer wachsenden Bereitschaft, PR-Botschaften mit einem Mouseclick in „Journalismus" zu verwandeln, ihr eigenes Geschäftsmodell gleich doppelt ruinieren: Zum einen, weil der intelligente Teil des Publikums eben doch merkt, wenn „Journalismus" draufsteht, aber eben nur „PR" und die halbe Wahrheit drin ist. Zum anderen, weil so vermutlich zusammen mit der Glaubwürdigkeit der Medien auch die Zahlungsmoral der Publika sinkt, jedenfalls derjenigen, die von Medien nicht nur unterhalten, sondern auch verlässlich informiert werden möchten.

9   PR statt Werbung

Zum Ruin des alten verlegerischen Geschäftsmodells tragen andererseits weit geöffnete Schleusen für PR aber auch deshalb bei, weil es unter den veränderten Rahmenbedingungen immer häufiger gelingt, hohen Werbeaufwand durch kostengünstigere Öffentlichkeitsarbeit zu ersetzen, dann jedenfalls, wenn sich PR-Botschaften in Geschichten transportieren lassen, die journalistischen Nachrichtenwert haben. Klaus Schönbach hat einmal – in einer persönlichen E-Mail an den Verfasser – PR als „Werbung ohne Vorankündigungseffekt" bezeichnet und sich dabei auf Eva Heller bezogen. Sie schrieb in ihrer Dissertation, dass es Werbung unter anderem deshalb schwer habe, weil sie sich leider ankündigen müsse, im Print etwa als „Anzeige" oder durch den Trenner für den Werbeblock im Fernsehen (Heller 1984). PR muss das Schönbach zufolge nicht. Weil sie sich als „Journalismus" tarnen kann, ist sie meist glaubwürdiger als Werbung (Ries und Ries 2004).

Am extremsten geschieht dies im Corporate Publishing: Red Bull, aber auch Airlines und Autohersteller bis hin zu Universitäten (Ruß-Mohl 2015) machen vor, dass es offenbar kostengünstiger und werbewirksamer ist, hauseigene Hochglanzmagazine zu produzieren, bei denen man die gedruckten Inhalte zu 100 Prozent kontrolliert, statt teuer bei „Spiegel", „Stern", „Geo" oder bei „bild der wissenschaft" zu inserieren und zum Dank dafür Gefahr zu laufen, von Journalisten ans Bein gepinkelt zu bekommen.

Inzwischen haben viele Großunternehmen solche Corporate-Publishing-Projekte an Verlage wie Gruner + Jahr oder Holtzbrinck outgesourct. Der Deal ist offensichtlich: Die Unternehmen haben bei solchen Publikationen von den Verlagen journalistisch nichts mehr zu befürchten, und die Verlage verdienen mit ihrer publizistischen Kompetenz weiterhin Geld.

In dieser „Gratiskultur" ist beim näheren Hinsehen natürlich nichts gratis. Milton Friedmans (1975) geflügeltes Wort gilt auch hier: „There is no such thing as a free lunch. "Es gibt beim Zero-Cost-Programm aber sehr wohl Gewinner und Verlierer. Die Verlierer sind all diejenigen, die sich vom unabhängigen Journalismus ungefilterte und intelligent gebündelte Information erwarten – und das demokratische Gemeinwesen, weil sich ohne kritische Watchdogs in den Medien (Starkman 2014) schleichend Korruption und mafiöse Strukturen in Politik, Verwaltung, Wirtschaft und auch im Kulturleben ausbreiten.

10   Reziprozität

Wie du mir, so ich dir – dass wir aus Dankbarkeit oder auch aus Rachegelüsten häufig irrational entscheiden (Dobelli 2011, S. 25 ff.; Falk 2003; Trivers 1971), gehört zu weiteren Grundeinsichten der Verhaltensökonomie. PR-Leute versuchen immer wieder, durch kleine und größere Aufmerksamkeiten bei Journalisten Abhängigkeiten entstehen zu lassen, die diese selbst ebenso hartnäckig leugnen. Auch Journalistenrabatte und -geschenke sind nicht „umsonst" – im journalistischen Alltagsgeschäft erzeugen sie sicherlich Beißhemmung.

Erfahrene PR-Leute wissen allerdings, dass auch solche geschmierten Beziehungen nicht „in extremis" belastbar sind. Kommt der Skandalisierungstsunami, kann der bestochene Journalist nicht gegen das Rudel der anderen mit Erfolgsaussicht anschreiben. Der Schweizer Medien-Kolumnist Kurt W. Zimmermann (2014) hat recht: „Die meisten Medien und Journalisten ( ) sind notorisch treulos und notorisch illoyal. Die große Stärke der Medien ist ihre Illoyalität gegenüber Interessenbindungen."

Soll heißen: Reziprozität mag in der Politik und auch sonst im Leben oftmals funktionieren, im Verhältnis von Journalisten und PR-Leuten ist auf sie nur bedingt Verlass. Beide Seiten wissen immerhin, dass sie wechselseitig aufeinander angewiesen sind. Es will deshalb gut überlegt sein, ob man die Zusammenarbeit aufkündigt, wenn man vielleicht schon übermorgen wieder beim Tauschgeschäft zwischen Information und Aufmerksamkeit auf die Kooperationsbereitschaft der anderen Seite angewiesen ist (Fengler und Ruß-Mohl 2005, S. 142 ff.).

Daran knüpft nahtlos neuerlich Hunger als wortgewaltiger Kommunikationsexperte an, der sich bereits seit Jahren mit der PR-Branche und ihrem Einfluss auf den Journalismus auseinandersetzt. Die „Crux am PR-Job" sei es, und das deckt sich wunderbar mit den oben zitierten Münchner Befunden, dass „diejenigen, die berufsmäßig Pressesprecher kontaktieren", Beeinflussungsversuche ganz und gar nicht mögen. „Sie sind ja die Helden der vierten Gewalt, unterliegen der Wahnvorstellung einer vorurteilslosen Aufklärung und ignorieren dabei geflissentlich ihre eigene Selbstüberhöhung in diesem Geschäft." Umgekehrt hätten die Pressesprecher „zwar auch einen öffentlichen Auftrag", sie „müssen schlechte Zahlen genauso kommunizieren wie gute, Entlassungen genauso wie Neueinstellungen, Niederlagen genauso wie Erfolge". Ihr „stattliches Salär" erhielten sie aber dafür, „dass sie ihrem Auftraggeber Glanz auf seinen Pelz zaubern" und „die Medienmeute instrumentalisieren", so Hunger (2014, S. 29).

Vergnüglicher und schnoddriger geht es kaum. Ein paar Mal vergaloppiert sich Hunger dann allerdings doch – wenn er etwa pauschal PR-Leute zu „Spin Doctors" umdefiniert, um dann zu verkünden, dass man sie „nach der Moral ihres Tuns" nicht fragen dürfe – was aber offenbar halb so schlimm ist, denn „moralisch ist auch das Verhalten der Ratingagenturen und Banken nicht". Oder wenn er die Offenlegung, wer teure Einladungen zu Journalistenreisen finanziert, für überflüssig erklärt, weil „korrumpierbare" Journalisten so oder so bestechlich seien, „ob mit oder ohne Transparenzregeln".

11   Bypassing

Beispiele dafür, wie PR-Leute heutzutage den Journalismus gänzlich umgehen und in den sozialen Netzwerken selbst Geschichten viral verbreiten, liefert dann wiederum Harris. Zwei besonders eindrückliche und schlüpfrige: Die US-Demokraten würden „mehr Pornografie konsumieren als die Republikaner", vermeldete etwa das Porno-Webportal Pornhub. Oder: „Die Mexikaner und die Nigerianer sind im Sex am besten" – einem Ranking zufolge, das der Kondomhersteller Durex in Umlauf gebracht hatte. Solcher „Datenjournalismus", gezielt von der PR-Branche platziert, um ihren Kunden zu öffentlicher Aufmerksamkeit zu verhelfen, werde dann, so Harris (2014), gerade von Onlinemedien begierig aufgegriffen: „Wenn du ein Reporter bei einem Nachrichten-Start-up bist, der ununterbrochen für Nachschub beim Posten suchen muss, warum solltest du auf solche Stories verzichten? Alle sind glücklich, auch wenn die Daten nicht stimmen."

Vor allem Suchmaschinen und eben die sozialen Netzwerke sind zu mächtigen neuen Kommunikationsinstrumenten geworden. Sie erlauben es Unternehmen, Regierungsapparaten und Non-Profit-Organisationen, um Journalisten einen Bogen zu machen und direkt mit ihren Zielgruppen zu kommunizieren.

Wie das über die beiden bereits genannten Beispiele hinaus passiert und wie dabei Google und Facebook, Twitter und Instagram ihren Reibach machen, wird sehr detailliert von Toogood (Lloyd und Toogood 2014: IV) beschrieben. Dort findet sich zwar kein „Howto-Guide" für jene PR-Praktiker, die sich in der digitalen Welt noch zu rechtfinden müssen. Aber die skizzierten Praktiken reichen voll und ganz, um all jene das Gruseln zu lehren, die sich um die Zukunft unserer demokratischen Gesellschaften sorgen: Wenn die Mächtigen dieser Welt ihre Erfüllungsgehilfen, darunter auch ihre Trolls, strategisch einsetzen, aber Journalisten immer seltener halbwegs verlässlich den Wahrheitsgehalt von Botschaften, die im Netz zirkulieren, prüfen können, dann entstehen Parallelwelten und bizarre Glaubensgemeinschaften in sozialen Netzwerken. Last not least tragen deren Betreiber wie Facebook und Twitter mit ihren Algorithmen, die zunehmend bestimmen, was wir zu sehen bekommen und was nicht, zusätzlich dazu bei, dass sogenannte „Filter Bubbels" entstehen: Ohne es zu merken, wird jeder in seinen Kokon eingesponnen und lässt sich von seinen „Freunden" die eigenen Vorurteile und Ansichten bestätigen (Pariser 2011).

Der rationale, auf Fakten bauende Diskurs hat dann kaum noch eine Chance, wie auch jüngste Forschungsergebnisse aus Italien bestätigen. Medienforscher haben dort analysiert, wie sich Nonsense und Verschwörungstheorien im Vergleich zu halbwegs verlässlicher oder gar wissenschaftlich „geprüfter" Information in sozialen Netzwerken wie Facebook ausbreiten. Ein Forscherteam um Walter Quattrociocchi (Bessi et al. 2015) hat zu diesem Zweck einen Korpus von über 270.000 Postings auf 73 Facebook-Seiten untersucht. Das ernüchternde Fazit: Offenbar haben gegen gezielte oder geschrotete Desinformation jene Forscher und Journalisten, die altmodisch als Aufklärer unterwegs sind, kaum eine Chance. Unfug wird schlichtweg schneller und intensiver „geliked" und „geshared" als seriöse Information.

12 Conclusio: Chancen, Risiken und Nebenwirkungen der Verhaltensökonomie

Der ökonomische und verhaltensökonomische Blick auf Journalismus und PR wirkt vor allem denen entgegen, die es sich im Umgang mit beiden Berufsgruppen allzu einfach machen. Wer gerne schwarz-weiß malt, also „hier" die „guten" Journalisten wähnt, die „im öffentlichen Interesse" agieren, und „dort" die PR-Leute, die als schwarze Schafe „nur" schnöde Eigeninteressen verfolgen, wird mit den Erkenntnissen der Ökonomen wenig anzufangen wissen, weil die den eigenen Confirmation bias nicht bedienen.

Die realistischere Annahme besagt, dass sowohl Journalisten als auch PR-Leute im Berufsalltag eigeninteressiert handeln und dabei meist rational agieren – dass ihnen aber eben als Menschen auch oftmals Denkfehler und Kurzschlüsse unterlaufen, die angesichts von Wiederholungsgefahr „berechenbar irrational" (Ariely 2008) sein können.

Damit wir selbst im Umgang mit der Verhaltensökonomie nicht solche Denkfehler begehen, ist abschließend darauf hinzuweisen, dass die meisten ihrer Erkenntnisse bislang auf Experimenten basieren, die mit dem „richtigen Leben" nur bedingt vergleichbar sind, und dass die Probanden meist Studierende waren – also weder Journalisten noch PR-Leute noch Medienmanager. Ein nächster Schritt für die Forschung könnte es also sein, genauer empirisch zu überprüfen, inwieweit die skizzierten Erkenntnisse auf die Medienbranche anwendbar sind. Außerdem wäre gezielt und systematisch zu analysieren, was sich aus den Forschungsergebnissen zum Herdentrieb, die sich auf die Finanzmärkte beziehen

(Shiller 2006), im Blick auf mediale „Blasenbildung", sprich: Medienhypes, lernen lässt (als erste Ansätze: Stiglitz 2011; Sutter 2001). Bis das geschehen sein wird, dürften allerdings weitere Jahrzehnte wissenschaftlicher Arbeit verstreichen.

Kennen PR-Leute und Journalisten indes die von den Verhaltensökonomen identifizierten Fallstricke, werden sich schon heute nicht mehr ganz so leicht in ihnen verheddern. Gleichwohl ist niemand davor gewappnet, in die eine oder andere der Fallen zu tappen – zumal sich die skizzierten Schwächen im menschlichen Denkvermögen auch gezielt nutzen lassen, um den Gegenspieler oder Dritte in die Falle zu locken. Insoweit ist Aufklärung allemal „gefährlich". Auch Verhaltensforscher und -ökonomen können leider nicht steuern, wer die von ihnen gewonnenen Erkenntnisse wie anwendet.

Literatur

Akerlof, George A. & Shiller, Robert A. (2009). *Animal Spirits*. Princeton/Oxford: Princeton University Press.

Ariely, Dan (2008). *Predictably Irrational. The Hidden Forces That Shape Our Decisions*. New York: Harper Collins.

Ariely, Dan (2012). *Die halbe Wahrheit ist die beste Lüge*. München: Droemer.

Baerns, Barbara (1985). *Öffentlichkeitsarbeit oder Journalismus?* Köln: Verlag Wissenschaft und Politik.

Baerns, Barbara (1997). Das mündige Publikum wird ausgeschaltet. *PR-Forum, 3*, 33–36.

Baerns, Barbara (2013). A changing interplay? Public relations and journalism in a converging media world. In Heinz-Werner Nienstedt, Stephan Ruß-Mohl& Bartosz Wilczek (Hrsg.), *Journalism and Media Convergence* (S. 101–110). Berlin: de Gruyter.

BDZV (2015). *Paid Content-Angebote deutscher Zeitungen*. Abgerufen unter: http://www.bdzv.de/maerkte-und-daten/digitales/paidcontent/ [30.07.2015].

Beck, Hanno (2015). *Behavioral Economics*. Wiesbaden: Springer Gabler.

Bentele, Günter, Liebert, Tobias & Seeling, Stefan (1997). Von der Determination zur Intereffikation. In Günter Bentele& Michael Haller (Hrsg.), *Aktuelle Entstehung von Öffentlichkeit. Akteure – Strukturen – Veränderungen* (S. 225–250). Konstanz: UVK.

Bessi, Alessandro, Coletto, Mauro, Davidescu, George Alexandru, Scala, Antonio, Caldarelli, Guido &Quattrociocchi, Walter (2015). Science vs Conspiracy: Collective Narratives in the Age of Misinformation. *PLoS ONE*, 1–17. Abgerufen unter: http://www.plosone.org/article/fetchObject.action?uri=info:doi/10.1371/journal.pone.0118093&representation=PDF [30.07.2015].

Cipriani, Marco &Guarino, Antonio (2008). Herd Behavior and Contagion in Financial Markets. The B.E. *Journal of Theoretical Economics, 8*(1), Article 24. Abgerufen unter: http://discovery.ucl.ac.uk/16558/1/16558.pdf [30.07.2015].

Davenport, Thomas H. & Beck, John C. (2001). *The Attention Economy. Understanding the New Currency of Business*. Boston: Harvard Business School Press.

Dobelli, Rolf (2011). *Die Kunst des klaren Denkens*. München: Hanser.

Dobelli, Rolf (2013). *Die Kunst des klugen Handelns*. München: Hanser.

Falk, Armin (2003). Homo Oeconomicus versus Homo Reciprocans: Ansätze für ein neues wirtschaftspolitisches Leitbild? *Perspektiven der Wirtschaftspolitik, 4*(1), 141–172.

Fengler, Susanne & Ruß-Mohl, Stephan (2005). *Der Journalist als „Homo oeconomicus"*. Konstanz: UVK.

Fengler, Susanne & Ruß-Mohl, Stephan (2014). The (Behavioral) Economics of Media Accountability. In Susanne Fengler, Tobias Eberwein, Gianpietro Mazzoleni, Colin Porlezza & Stephan Ruß-Mohl (Hrsg.), *Journalists and Media Accountability: An International Study of News People in the Digital Age* (S. 213–230). New York: Peter Lang.

Föderl-Schmid (2013). *Journalisten müssen sauber sein*. Wien: Picus.

Franck, Georg (1998). *Ökonomie der Aufmerksamkeit. Ein Entwurf*. München, Wien: Edition Hanser.

Friedman, Milton (1975). *There's No Such Thing as a Free Lunch*. Chicago: Open Court Publishing Co.

Gerschlager, Caroline (2005). *Deception in Markets. An Economic Analysis*. Houndsmills/New York: Palgrave-MacMillan.

Greenslade, Roy (2014). *PRs outnumber journalists in the US by a ratio of 4.6 to 1*. The Guardian (14.04.2014). Abgerufen unter: http://www.theguardian.com/media/greenslade/2014/apr/14/marketingandpr-usa [30.07.2015].

Haller, Michael (2005). Regionalzeitungen. Wie groß der Einfluss von Public-Relations auf deutsche Tageszeitungen wirklich ist. *Message, 3*, 14–19.

Hamilton, James T. (2004). *All The News That's Fit to Sell: How the Market Transforms Information Into News*. Princeton (NJ): Princeton University Press.

Harris, Jacob (2014). *A wave of P.R. Data. Nieman Journalism Lab* (17.12.2014) Abgerufen unter: http://www.niemanlab.org/2014/12/a-wave-of-p-r-data/ [30.07.2015].

Hasenböhler, Marius (2015). E-Mail an den Verfasser vom 07.07.2015.

Heller, Eva (1984). *Wie Werbung wirkt. Theorien und Tatsachen*. Frankfurt a. M.: Fischer Taschenbuch.

Hunger, Anton (2014). *Die Wahrheit liegt auf dem Platz. Journalisten und PR-Leute inszenieren gemeinsam die mediale Welt – auch wenn sie ihre gegenseitige Abneigung lustvoll pflegen*. Salzburg: Edition Oberauer.

Janis, Irving L. (1972). *Victims of Groupthink*. Boston: Houghton Mifflin.

Kahnemann, Daniel (2011). *Thinking fast and slow*. New York: Farrar, Straus and Giroux.

Kahneman, Daniel & Tversky, Amos (Hrsg.) (2000). *Choices, Values, and Frames*. Cambridge/New York: Cambridge University Press.

Kepplinger, Hans Mathias in Zusammenarbeit mit Brosius, Hans-Bernd, Staab, Joachim Friedrich & Linke & Günter (1989). Instrumentelle Aktualisierung. Grundlagen einer Theorie publizistischer Konflikte. In Max Kaase & Winfried Schulz (Hrsg.), Massenkommunikation. Theorien, Methoden, Befunde. *Kölner Zeitschrift für Soziologie und Sozialpsychologie, Sonderheft 30*, 199–220.

Kepplinger, Hans Mathias (2012). *Die Mechanismen der Skandalisierung. Zu Guttenberg, Kachelmann, Sarrazin & Co. Warum einige öffentlich untergehen – und andere nicht*. München: Olzog.

Kepplinger, Hans-Mathias & Lemke, Richard (2012). *Augen zu und durch*. Die Welt (13.08.2012).

Kirchgässner, Gebhard (1991). *Homo oeconomicus*. Tübingen: Mohr Siebeck.

Koch, Thomas, Fröhlich, Romy & Obermaier, Magdalena (2012). Tanz auf zwei Hochzeiten. Rollenkonflikte freier Journalisten mit Nebentätigkeiten im PR-Bereich. *Medien- und Kommunikationswissenschaft, 60*(4), 520–535.

Koch, Thomas, Obermaier, Magdalena & Riesmeyer, Claudia (2014). *Friend orFoeor In-between? A Quantitative Survey on the Relationship between Journalists and Public Relations Practitioners in Germany*. Presentation, Lisbon: ECREA Conference (12.–15.11.2014).

Kocks, Klaus (1998). *Schöne neue Medienwelt und häßliche alte Regeln – Plädoyer gegen die Deregulierung der Publizistik*. Manuskript eines Vortrags vor dem Journalisten-Verband Berlin (25.05.1998).

Kocks, Klaus (2007). The Case of Business Communication, The Pursuit and the Art of Lying. In Bernd Merkel, Stephan Ruß-Mohl& Giovanni Zavaritt (Hrsg.), *A Complicated, Antagonistic & Symbiotic Affair, Journalism, Public Relations and their Struggle for Public Attention* (S. 21–26). Lugano: Giampiero Casagrandeeditore.

Kocks, Klaus (2013). Exercising public influence. The interdependent system of public relations and journalism. In Heinz-Werner Nienstedt, Stephan Ruß-Mohl& Bartosz Wilczek (Hrsg.), *Journalism and Media Convergence* (S. 93–100). Berlin: de Gruyter.

Lloyd, John & Toogood, Laura (2014). *Journalism and PR. News Media in the Digital Age*. London: I.B. Tauris & Co.

Marr, Mirko, Wyss, Vinzenz, Blum, Roger & Bonfadelli, Heinz (2008). *Journalisten in der Schweiz*. Konstanz: UVK.

Meckel, Miriam (2010). *Information muss frei sein – und teuer*. Handelsblatt (08/09.10.2010). Abgerufen unter: http://de.ejo-online.eu/digitales/information-muss-frei-sein-und-teuer [30.07.2015].

Merten, Klaus (2006). Lug und Trug in der PR? In Klaus Merten & Elke Neujahr (Hrsg.), *Handbuch der Unternehmenskommunikation 2006*. Münster: Lit-Verlag.

Merton, Robert K. (1983). *Auf den Schultern von Riesen* (Originalausgabe von 1965). Frankfurt a. M.: Suhrkamp.

Pariser, Eli (2011). *The Filter Bubble*. New York: Penguin.

Pörksen, Bernhard & Detel, Hanne (2012). *Der entfesselte Skandal. Das Ende der Kontrolle im digitalen Zeitalter*. Köln: Herbert von Halem Verlag.

Ries, Al &Ries, Laura (2004). *The Fall of Advertising and the Rise of PR*. New York: Harper Collins.

Rolke, Lothar (1999). Journalisten und PR-Manager – eine antagonistische Partnerschaft mit offener Zukunft. In Lothar Rolke& Volker Wolff (Hrsg.), *Wie die Medien Wirklichkeit steuern und selbst gesteuert werden* (S. 223–247). Wiesbaden: Westdeutscher Verlag.

Ruß-Mohl, Stephan (1994). *Der I-Faktor. Qualitätssicherung im amerikanischen Journalismus – Modell für Europa?* Osnabrück/Zürich: Edition Interfrom.

Ruß-Mohl, Stephan (2004). PR in der Aufmerksamkeitsökonomie. Zur Machtbalance zwischen Öffentlichkeitsarbeit und Journalismus – eine ökonomische Analyse. *pr-Magazin, 4*, 43–48.

Ruß-Mohl, Stephan (2006). Voodoo-Zauber, Prinzipale und Agenten. Zur Interaktion von Journalismus und PR – eine ökonomische Analyse. *pr-Magazin, 11*, 55–62.

Ruß-Mohl, Stephan (2009). *Kreative Zerstörung. Niedergang und Neuerfindung des Zeitungsjournalismus in den USA*. Konstanz: UVK.

Ruß-Mohl, Stephan (2010a). Was Journalisten und Verleger von der Verhaltensökonomie lernen können. In Hubert Burda, Mathias Döpfner, Bodo Hombach & Jürgen Rüttgers (Hrsg.), *2020 – Gedanken zur Zukunft des Internets* (S. 171–176). Essen: Klartext Medienwerkstatt.

Ruß-Mohl, Stephan (2010b). „Fair trade" in the news business: What journalists and publishers could learn from behavioral economics. *Ethical Space, 7*(4), 9–12.

Ruß-Mohl, Stephan (2012). Grenzgänge mit Hindernissen. Ein sehr persönlicher Rückblick auf Journalismusforschung und Ökonomik. *Gegenworte 28*. Heft/Herbst 2012, 76–78.

Ruß-Mohl, Stephan (2014). *Max Weber als Mediensoziologe*. Neue Zürcher Zeitung (30.12.2014).

Ruß-Mohl, Stephan (2015). *Entdecke Neues und rede darüber*. Neue Züricher Zeitung (28.11.2015).

Ruß-Mohl, Stephan, Nienstedt, Werner & Wilczek, Bartosz (2013). Journalism and media convergence. An introduction. In Heinz-Werner Nienstedt, Stephan Ruß-Mohl& Bartosz Wilczek (Hrsg.), *Journalism and Media Convergence* (S. 3–17). Berlin: de Gruyter.

Schönbach, Klaus (2009). *Verkaufen, Flirten, Führen. Persuasive Kommunikation – ein Überblick*. Wiesbaden: VS.

Selva, Meera & Ruß-Mohl, Stephan (2013). *Geschäftsmodelle für den Online-Journalismus. Erst zahlen, dann lesen*. Neue Zürcher Zeitung (13.11.2013).

Shiller, Robert J. (2006). *Irrational Exuberance*. New York: Crown Business.

Starkman, Dean (2014). *The Watchdog That Didn't Bark*. New York: Columbia University Press.

Stiglitz, Joseph. E. (2011). The Media and the Crisis: An Information Theoretic Approach In Anya Schiffrin, (Hrsg.), *Bad News: How America's Business Press Missed the Story of the Century* (S. 22–36). New York/London: The New Press.

Sutter, Daniel (2001). The social costs of media frenzies. *International Journal of Social Economics, 28*(9), 742–751.

Thaler, Richard H. (2015*). Misbehaving. The Making of Behavioral Economics*. New York/London: Norton.

Trivers, Robert L. (1971). The Evolution of Reciprocal Altruism. *Quarterly Review of Biology,* *46*(1), 35–57. Abgerufen unter: http://ggsc-web02.ist.berkeley.edu/images/uploads/Trivers-EvolutionReciprocalAltruism.pdf [30.07.2015].

Turi, Peter (2015*). „Wirtschaftsjournalist" beklagt Anzeigenentzug.* turi 2 (14.07.2015). Abgerufen unter: http://www.turi2.de/aktuell/wirtschaftsjournalist-beklagt-anzeigenentzug/ [30.07.2015].

Vallone, Robert P., Griffin, Dale W., Lin, Sabrina & Ross, Lee (1990). Overconfident prediction of future actions and outcomes by self and others. *Journal of Personality and Social Psychology,* *58*(4), 582–592.

Weischenberg, Siegfried (2012). *Max Weber und die Entzauberung der Medienwelt. Theorien und Querelen – eine andere Fachgeschichte.* Wiesbaden: Springer VS.

Weischenberg, Siegfried (2014). *Max Weber und die Vermessung der Medienwelt. Empirie und Ethik des Journalismus – eine Spurenlese.* Wiesbaden: Springer VS.

Weischenberg, Siegfried, Malik, Maja & Scholl, Armin (2006). *Die Souffleure der Mediengesellschaft: Report über die Journalisten in Deutschland.* Konstanz: UVK.

Westerbarkey, Joachim (1995). Journalismus und Öffentlichkeit. Aspekte publizistischer Inter- dependenz und Interpenetration. *Publizistik, 40*(2), 152–162.

Zimmermann, Kurt W. (2014). *Wir hatten Zeit und wir hatten Geld. Medienwoche – das digitale Medienmagazin* (01.01.2014). Abgerufen unter: http://medienwoche.ch/2014/01/01/wir-hatten-zeit-und-wir-hatten-geld/ [30.07.2015].

Zimmermann, Kurt W. (2015). *Das Duell der Kartoffelsäcke.* Die Weltwoche (06.07.2015).

Stephan Ruß-Mohl Direttore Istituto Media e Giornalismo (IMeG) Università della Svizzera ita- liana Lugano, Via Buffi 13, 6904 Lugano, Schweiz
E-Mail: stephan.russ-mohl@usi.ch

Teil II

Berufsbilder

Die andere Seite – Public Relations aus der Sicht von Journalismus-Studierenden

Nicole Gonser und Johann Gründl

Zusammenfassung

Die aktuellen Anforderungen an Einsteigerinnen und Einsteiger in den Journalismus sind hoch, sie sollen viele Tätigkeiten in einer Person vereinen: Recherchieren, Schreiben, Bebildern und die Aufbereitung von Inhalten für unterschiedliche multimediale Kanäle. Zu befürchten ist, dass Journalistinnen und Journalisten aufgrund des hohen Zeitdrucks und des wachsenden Angebots an verfügbarem Public-Relations-Material zukünftig kaum noch in der Lage sein werden, eigenständig zu recherchieren und daher zunehmend auf Public-Relations-Inhalte zurückgreifen müssen und werden. Gleichzeitig kann der Public-Relations-Sektor aufgrund der schwierigen Wirtschaftslage im Journalismus auch eine Alternative am Stellenmarkt für den journalistischen Nachwuchs darstellen. Auch für journalistische Ausbildungsstätten ist diese Situation eine besondere Herausforderung, zumal es in ihrer Verantwortung liegt, die Studierenden so gut wie möglich auf dieses schwierige Umfeld vorzubereiten. Die vorliegende Studie, die auf einer längsschnittlichen Befragung basiert, analysiert das Verhältnis von Journalismus-Studierenden zu Medien, den Einfluss von wirtschaftlichen oder politischen Interessen auf die journalistische Arbeit und die Rolle von Public Relations in der täglichen journalistischen Arbeit.

N. Gonser (✉) • J. Gründl
Institut für Journalismus & Medienmanagement,
FHWien der WKW, Währinger Gürtel 197, 1180 Wien, Österreich
E-Mail: nicole.gonser@fh-wien.ac.at; johannn.gruendl@fh-wien.ac.at

© Springer Fachmedien Wiesbaden GmbH 2017
N. Gonser, U. Rußmann (Hrsg.), *Verschwimmende Grenzen zwischen Journalismus, Public Relations, Werbung und Marketing*, Forschung und Praxis an der FHWien der WKW,
DOI 10.1007/978-3-658-13578-2_3

33

1 Einführung: Zum Verhältnis von Journalismus und Public Relations

Das Verhältnis, das der Journalismus zu Public Relations hat, ist kein einfaches, sondern vielfach von Spannungen geprägt (vgl. für einen Überblick etwa Altmeppen et al. 2004; Hoffjann 2007). Dies liegt nachvollziehbar an den unterschiedlichen Funktionen, Aufgaben und Zielen beider Disziplinen, aber eben genau auch an den fachlichen Überschneidungen und gegenseitigen Abhängigkeiten: Während der Journalismus zuständig ist für eine umfassende Bereitstellung und Einordnung von objektiven, unabhängigen und gesellschaftlich relevanten Informationen, geht es in den Public Relations meist um die initiierte Weitergabe von selbstdarstellenden Informationen einzelner Unternehmen, Verbände etc. (vgl. Meier 2007, S. 198). Journalismus trifft auf Public Relations vor allem dort, wo Journalistinnen und Journalisten Informationen von Public-Relations-Schaffenden bekommen und diese für ihre Arbeit nutzen.

Die angespannte Situation entsteht vor allem vor dem Hintergrund zweier Entwicklungen: Festzustellen ist zum einen, dass die Berufsgruppe Public Relations in den letzten Jahrzehnten im Vergleich zum Journalismus gewachsen ist und sich zudem auffallend professionalisiert hat (vgl. z. B. Röttger et al. 2014). Zum anderen durchlebt der Journalismus seit Jahren eine ökonomisch angespannte Situation (vgl. Beck et al. 2010). Hier sind es stagnierende oder gar sinkende Werbeeinnahmen (vgl. ZAW 2014) mit entsprechenden Folgen, die im Zusammenhang mit einem Umfeld für Medienhäuser und Verlage zu betrachten sind, das sich durch das Internet radikal verändert hat und sich permanent weiter wandelt (vgl. Stark und Magin 2009; Beck et al. 2010; Bernau et al. 2014).

Die skizzierten derzeitigen Rahmenbedingungen stellen den Journalismus mehr denn je vor ganz praktische und vor allem auch ethische Herausforderungen (vgl. Weischenberg et al. 2006, S. 121 ff. vgl. hierzu auch für die Wahrnehmung von journalistischer Ethik allgemein Detenber et al. 2012; Reinardy und Moore 2007). Ein solches Szenario ließe sich wie folgt ausmalen und ist grundsätzlich im Intereffikationsmodell beschrieben (vgl. Bentele und Nothaft 2004): PR-Schaffende kennen die Mechanismen und Arbeitsweisen des Journalismus immer besser und können ihre weiterzugebenden Informationen genau anpassen. Journalistinnen und Journalisten wiederum sind zunehmend in Zeit- und Ressourcennot, die sie immer häufiger dazu verleitet, PR-Informationen mehr oder weniger unbearbeitet oder ungeprüft zu übernehmen.

2 Fokus: Journalistischer Nachwuchs in schwierigen Zeiten

Die gezeichnete Situation könnte bzw. wird insbesondere den journalistischen Nachwuchs betreffen, um den es im vorliegenden Beitrag geht. Journalismus-Studierende streben eine Karriere in einem schwierigen Umfeld an. Das Sparen in Medienunternehmen bedeutet für viele angehende Journalistinnen und Journalisten, dass sie unter prekären Bedingungen in ihren Beruf starten, also gering entlohnt werden und in unsicheren Beschäftigungsverhältnissen arbeiten (vgl. Weischenberg et al. 2006, S. 59 ff. Kaltenbrunner et al. 2008, S. 86;

Hummel et al. 2013, S. 16). Gleichzeitig sind die an sie gestellten Anforderungen hoch (vgl. Mast 2004; Harnischmacher 2010). Einsteigerinnen und Einsteiger sollen viele Tätigkeiten in einer Person vereinen und entsprechend recherchieren, schreiben, bebildern und die Inhalte passend für crossmediale Kanäle aufbereiten (vgl. auch Prummer 2012, S. 37 ff.). Dies geschieht unter hohem Zeitdruck, der sich bei der Produktion digitaler Medien weiter verschärft. Damit ist zu befürchten, dass insbesondere künftige Journalistinnen und Journalisten immer weniger in der Lage sein werden, ihren originären journalistischen Aufgaben gerecht zu werden: Die eigenständige Recherche oder das genaue Prüfen von Informationen unterbleibt, während verstärkt auf das wachsende Angebot an verfügbarem Public-Relations-Material zurückgegriffen wird. Umgekehrt ist auch zu erwarten, dass der Public-Relations-Sektor aufgrund der schwierigen Wirtschaftslage im Journalismus eine Alternative am Stellenmarkt für den journalistischen Nachwuchs darstellt bzw. zum Zusatzjob wird, der den Alltag finanziert (vgl. Weischenberg et al. bereits 2006, S. 132). Zu mutmaßen ist, dass dies einerseits zur journalistischen Anpassung von PR-Informationen beiträgt, da hier zunehmend ausgebildete Journalistinnen und Journalisten arbeiten. Andererseits ist auch zu vermuten, dass jene Entwicklung zu unerwünschten Überschneidungen der Felder führt bzw. auf Seite der Ausübenden Rollenkonflikte aufwirft – beides mit möglicherweise negativen Effekten auf die journalistische Qualität.

Für journalistische Ausbildungsstätten stellt diese Situation eine besondere Herausforderung dar (Abb. 1). In ihrer Verantwortung liegt es, die angehenden Journalistinnen und Journalisten so gut wie möglich auf dieses schwierige Umfeld vorzubereiten. Entsprechende Daten über die Studierenden können hierbei hilfreich sein. Ziel der im Folgenden skizzierten Studie ist es daher, zu analysieren, wie Journalismus-Studierende ihr berufliches Selbstverständnis begreifen, hierbei das Verhältnis zwischen Journalismus und Public Relations sehen und welche möglichen Einflüsse sie auf die journalistische Arbeit erkennen.

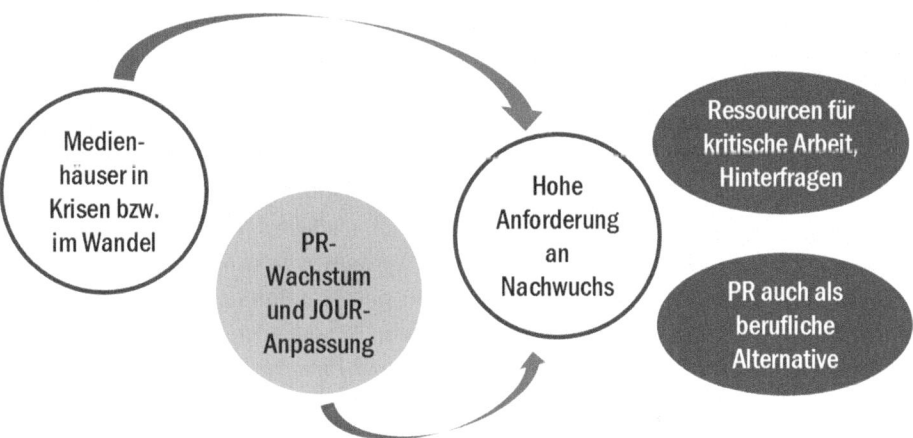

Abb. 1 Journalistischer Nachwuchs – Berufskarriere in schwierigem Umfeld. (Quelle: Eigene Darstellung)

3   Forschungsstand: Grundlegende Studien

Für die Einordnung und methodische Orientierung der für diesen Beitrag maßgeblichen Untersuchung sind zwei Forschungsbereiche relevant. Zum einen sind Befragungen von Journalistinnen und Journalisten bedeutsam, die Aufschluss darüber geben, wie sich diese Berufsgruppe sieht, wie sie ihre berufliche Situation einschätzt, was sie über ihre Profession denkt und wie sie sich gegenüber anderen abgrenzt. Zum anderen sind natürlich genau solche Studien interessant, die sich auf Nachwuchsjournalistinnen und -journalisten konzentrieren und hier Motivation, Erwartungshaltungen, normative Vorstellungen etc. erfassen.

Zum Berufsverständnis und zu Rollenbildern für den Journalismus gibt es in den USA schon länger, im deutschsprachigen Raum erst seit Beginn der 1990er-Jahre repräsentative Erhebungen unter etablierten Journalistinnen und Journalisten. Aktuelle Daten stammen in den USA aus dem Jahr 2013 (Willnat und Weaver 2014; vgl. auch früher Weaver et al. 2007) oder aus anderen europäischen Ländern (vgl. Sanders et al. 2008). Die umfangreichste Studie aus Deutschland stammt aus 2006 (Weischenberg et al. 2006); kleinere Ad-hoc-Untersuchungen und aktuelle Ergebnisse bieten auch deutsche (Ecco/newsroom. de 2015) bzw. deutsch-österreichische Branchenstudien (marketagent.com 2016). In Österreich liegt zudem eine Studie aus dem Jahr 2008 vor (Kaltenbrunner et al. 2008), die sich aus Vergleichsgründen methodisch an Weischenberg et al. (2006) anlehnt. Aufgrund des Österreichbezugs des vorliegenden Beitrags soll zunächst diese Studie stellvertretend für andere kurz vorgestellt werden.

Befragt wurden hier 500 Journalistinnen und Journalisten, die quotiert nach Geschlecht, Medium (Print, Radio, TV, Online, Agentur) und Dienstverhältnis (angestellt, frei) zufällig aus einem Grundsample von 7.100 hauptberuflichen Journalistinnen und Journalisten ausgewählt wurden. Die im Mittel 15-minütigen CATI-Interviews wurden im Frühsommer 2008 realisiert (Kaltenbrunner et al. 2008, S. 132 ff.). Gefragt nach Karriereveränderungen in den nächsten Jahren, sieht die Hälfte der Befragten für sich keine Veränderungen. Etwa ein Fünftel strebt eine höhere Position an, etwa ein Zehntel den Wechsel zu einem anderen Typ von Medium oder zu einem Medium desselben Typs, sechs Prozent wünschen einen Ressortwechsel. Elf Prozent sehen sich in fünf Jahren in einer anderen, nicht-journalistischen Tätigkeit und vier Prozent im PR-Bereich (Kaltenbrunner et al. 2008, S. 92 und 160). Über die Analyse von Items zum beruflichen Selbstverständnis[1] (Kaltenbrunner et al. 2008, S. 161) gelangt die Studie zu vier Rollenbildern von Journalistinnen und Journalisten, zu denen die Befragten unterschiedlich tendieren bzw. sich teils mehrfach zuschreiben. Die objektiven Vermittlerinnen und Vermittler, zu denen sich knapp 70 Prozent der Befragten zählen, möchten neutral und präzise informieren, ohne die eigene Meinung einfließen zu lassen. Etwa ein Viertel schreibt sich auch dem Typus der Entertainerinnen und Entertainer zu, die Unterhaltung und Entspannung bieten möchten. 16 Prozent sehen sich als Ratgeberinnen und Ratgeber, die Lebenshilfe leisten wollen, indem

---

[1] Z. B. „Mir geht es im Beruf darum, komplexe Sachverhalte zu erklären und zu vermitteln", „positive Ideale zu vermitteln" etc.

sie neue Trends und Ideen vermitteln. Als Kritikerinnen und Kritiker betrachten sich 13 Prozent. Sie wollen Missstände aufdecken, sich für Benachteiligte einsetzen und wichtige Bereiche von Politik und Wirtschaft kontrollieren bzw. beeinflussen (Kaltenbrunner et al. 2008, S. 21 f. und 136 f.).

In der österreichischen Replikationsstudie wurde aus Überlegungen zum Zeitaufwand bei der Beantwortung der Fragen und zur davon abhängigen Teilnahmebereitschaft der Ursprungsfragebogen um einige Bereiche gekürzt (Kaltenbrunner et al. 2008, S. 134). Weischenberg et al. (2006) fragten in Deutschland zuvor ausführlicher. Unter anderem wurde auch nach externen Einflüssen auf die journalistische Arbeit durch verschiedene Gruppen und Institutionen gefragt. Große Bedeutung haben hier direkte Bezugsgrößen wie die Vorgesetzten (32%), die Kolleginnen und Kollegen (23%) oder das Publikum (23%). Aus der Liste der externen Einflussgrößen attestiert immerhin auch knapp ein Fünftel (17% der 1.536 Befragten) der Öffentlichkeitsarbeit große Bedeutung. Zum Vergleich: Zehn Prozent messen Unternehmen und Wirtschaftsverbänden Bedeutung als Einflussgröße auf journalistische Arbeit bei, neun Prozent Freunden und Bekannten, drei Prozent den politischen Parteien (Weischenberg et al. 2006, S. 292). Pressemitteilungen sind eines der zentralen Instrumente in der täglichen interessengeleiteten Kommunikation durch die Öffentlichkeitsarbeit. Der Frage, wie Pressemitteilungen aus journalistischer Sicht beurteilt werden, kommt eine wichtige Rolle zu, wenn Öffentlichkeitsarbeit sogar von Journalistinnen und Journalisten selbst als wichtiger Einflussfaktor gesehen wird. Hierzu nutzt die Studie von Weischenberg et al. (2006, S. 286 ff.) Items, die sowohl die Einschätzung der Qualität von PR-Informationen abbilden (z. B. „Informationen sind zuverlässig") als auch das eigene Tun bei der Nutzung von PR-Informationen hinterfragen (z. B. „verführen zu unkritischer Berichterstattung"). Die Einschätzungen fallen ambivalent aus: Die Mehrheit urteilt, dass zu viele Pressemitteilungen produziert werden (60%) – nur knapp ein Viertel schätzt die Information als zuverlässig ein (24%), noch weniger erkennen eine gute Aufbereitung an (17%). Fast die Hälfte wiederum stimmt zu, dass Pressemitteilungen notwendige Informationen bereitstellen (46%) oder Anregungen für Berichte bieten (44%). Fast ein Drittel schätzt an Pressemitteilungen die Zeitersparnis (31%), ähnlich viele reflektieren, dass dies zu unkritischer Berichterstattung verführe (27%), ein Fünftel gibt zu, dass diese Beiträge zunehmend solche ersetzen, die früher von Journalistinnen und Journalisten recherchiert wurden (20%) (Weischenberg et al. 2006, S. 286). In der Gesamtschau der Befragten zeigen sich wiederum vier Typen unterschiedlichen Umgangs mit bzw. Selbsteinschätzung gegenüber Pressemitteilungen: Speziell sind Politikjournalistinnen und -journalisten, die wenig Einfluss durch Pressemitteilungen auf ihre Arbeit sehen, obwohl sie mit vielen Informationen von dieser Seite konfrontiert werden. Gegenüber PR-Material aufgeschlossenere und unkritischere Journalistinnen und Journalisten sind vor allem solche, die sich eher mit Gesellschaftsthemen befassen. Kritische Journalistinnen und Journalisten stammen vor allem aus dem Wirtschaftsressort. Bei ambivalent urteilenden Journalistinnen und Journalisten fallen vor allem Agenturjournalistinnen und -journalisten auf, die häufiger PR-Material aus Zeitersparnisgründen nutzen (Weischenberg et al. 2006, S. 129 f.).

Eine aktuelle Online-Befragung (Ecco/newsroom.de 2015) zeichnet dieses Bild für etablierte hauptberufliche Journalistinnen und Journalisten in Deutschland in ähnlicher Weise: Etwa die Hälfte der 442 Befragten sagt, dass Pressemitteilungen als Informationsquelle wichtiger geworden sind und PR-Agenturen bzw. PR-Leute für die eigene Arbeit an Bedeutung gewonnen haben. Über vier Fünftel stimmen zu, dass der Einfluss seitens der PR-Leute auf Medien zugenommen hat (Ecco/newsroom.de 2015, S. 11 ff.). Einer weiteren, länderübergreifenden übergreifenden Studie zufolge nutzen 70 Prozent von 883 befragten deutschen und österreichischen Journalistinnen und Journalisten als Informationsquelle Pressesprecherinnen und Pressesprecher bzw. Pressemitteilungen, fast die Hälfte auch PR-Agenturen (marketagent.com 2016). Diese Studie kommt darüber hinaus zu dem Ergebnis, dass die Befragten ihre Arbeitsbedingungen im Vergleich zu früher kritisch beurteilen.

Die genannten Studien belegen insgesamt eine ambivalente Haltung seitens der Journalistinnen und Journalisten gegenüber PR-Leuten bzw. PR-Materialien, die einerseits im beruflichen Alltag genutzt werden, andererseits als Quellen kritisch gesehen werden.

4   Studiendesign: Schriftliche Befragung von Studienanfängerinnen und -anfängern

Der hier vorliegende Beitrag basiert auf einer Zusatzwelle einer langfristig angelegten Studie, die sich mit Motiven und Zielen für eine Karriere im Journalismus beschäftigt.[2] Regelmäßig werden hier Journalismus-Studierende zu Berufsvorstellungen, Wertvorstellungen sowie die Sicht auf Medien allgemein und auf ethische Aspekte des Berufs befragt. Zwei Wellen wurden bereits 2011 und 2013 als Online-Befragungen durchgeführt, die vergleichend herangezogen werden können. Im Mittelpunkt des vorliegenden Beitrags steht allerdings eine außerplanmäßige Welle aus dem Herbst 2014 zum Start des neuen, dritten Studiengangs „Content-Produktion & digitales Medienmanagement", einem berufsbegleitenden Bachelor-Programm, dessen Studierende zum Studienbeginn befragt werden sollten. Der verwendete Fragebogen knüpft an die Inhalte der Wellen aus den Vorjahren an, wurde jedoch um Aspekte ergänzt, die die Sicht auf die Rolle von Public Relations für den eigenen Beruf betreffen.

Die Befragung wurde einmalig schriftlich per Paper-Pencil-Methode durchgeführt. Einbezogen waren neben dem neuen Studiengang auch die bereits bestehenden Studiengänge „Journalismus & Medienmanagement" (Vollzeit-Bachelorstudium) und „Journalismus & Neue Medien" (berufsbegleitendes Masterstudium). Insgesamt nahmen 2014 146 Studierende an der Befragung teil, was einer Ausschöpfung von 75 Prozent entspricht; in den Jahren davor waren es mit 39 Prozent (für 2013, 76 Befragte) bzw. 41 Prozent (für 2011, 67 Befragte) deutlich weniger.

---

[2] Die Befragungen wurden am Institut für Journalismus & Medienmanagement an der FHWien der WKW durchgeführt.

Tab. 1 Befragte Nachwuchsjournalistinnen und -journalisten – Stichprobe 2014 (N = 146). (Quelle: Eigene Darstellung)

	Bachelor Journalismus & Medienmanagement N = 58	Bachelor Content-Produktion & Digitales Medienmanagement N = 29	Master Journalismus & Neue Medien N = 59	Gesamt N = 146
Ø-Alter in Jahren	22	25	26	24
SD MW	2,7	8,6	4,1	5,4
Anteil Frauen in %	44	72	64	58
Anteil Männer in %	56	28	36	42
JOUR-Berufserfahrung in %	69	41	83	69

Für die Stichprobe 2014 ergibt sich folgendes Bild (siehe Tab. 1): Das Durchschnittsalter der Befragten der beiden berufsbegleitenden Studiengänge ist mit 25 bzw. 26 Jahren höher als das der Befragten des Vollzeit-Studiengangs mit 22 Jahren, wobei insbesondere das 1. Semester des neuen Studiengangs „Content-Produktion & digitales Medienmanagement" in der Altersstruktur weiter streut (SD 8,6) als die beiden anderen Studiengänge (SD 2,7 und 4,1). Während das Geschlechterverhältnis der Befragten des Vollzeit-Bachelors fast ausgewogen ist (44 % Frauen zu 56 % Männern), ist mit einem Verhältnis von etwa zwei zu eins der Anteil an Frauen unter den Befragten der beiden berufsbegleitenden Studienprogramme (ein Bachelor-und ein Masterstudium) deutlich größer. Über journalistische Berufserfahrungen verfügen insbesondere die Vollzeit-Bachelor- (69 %) sowie die berufsbegleitend Master-Studierenden (83 %); bei den Befragten des neuen berufsbegleitenden Bachelorstudiums sind es deutlich weniger als die Hälfte (43 %).

5 Ergebnisse: Journalistische Profession & Haltung gegenüber Public Relations

Es ist nur natürlich, dass Journalismus-Studierende nach ihren späteren Berufswünschen gefragt entsprechende journalistische Medienbereiche angeben (siehe Tab. 2). Angesichts digitaler Medienentwicklungen und der befragten Nachwuchsgeneration, die mit Sicherheit den sogenannten Digital Natives zugerechnet werden kann, erstaunt es, dass Berufswünsche in traditionellen Medien weiterhin dominieren: Je ein Drittel der Befragten würde am liebsten für das Fernsehen oder Magazine arbeiten, noch vor Online-Medien, für die zwölf Prozent votieren oder der Tageszeitung (9 %) oder dem Radio (6 %). Ein wenig überraschend oder zumindest ungewöhnlich erscheint es auch, dass die Auswahlmöglichkeit, später im Bereich Public Relations und Unternehmenskommunikation arbeiten zu wollen, von durchschnittlich sechs Prozent aller Befragten, beim neuen Studiengang „Content-Produktion & digitales Medienmanagement" sogar von knapp zehn Prozent der

Tab. 2 Berufswünsche der Nachwuchsjournalistinnen und -journalisten (N = 146, in %). (Quelle: Eigene Darstellung)

in %	Bachelor Journalismus & Medienmanagement N = 58	Bachelor Content-Produktion & Digitales Medienmanagement N = 29	Master Journalismus & Neue Medien N = 59	Gesamt N = 146
für das Fernsehen	29	41	30	32
für ein Magazin	25	27	35	29
für ein Online-Medium	13	14	9	12
für eine Tageszeitung	12	0	11	9
für das Radio	6	5	7	6
für PR/UK	6	9	4	6
für Sonstiges/ weiß nicht	10	5	4	7

*26 Studierende gaben keine Antwort | Frage: „Für welches Medium bzw. welchen Sektor möchten Sie nach dem Studium am liebsten arbeiten?"
Differenzen zu 100 Prozent sind rundungsbedingt.

Befragten, angekreuzt wurde. Dieser Wert ist gegenüber den früheren Messzeitpunkten leicht gestiegen (2011: 2 %; 2013: 4 %) und kann möglicherweise als eine Tendenz interpretiert werden, dass ein – zugegeben immer noch kleiner Teil des Nachwuchses – Public Relations als Job-Alternative erwägt bzw. eine journalistische Ausbildung für den PR-Beruf schätzt. In Ergänzung ist aber auch die Gegenfrage zu betrachten, die in den ersten beiden Wellen 2011 und 2013 online gestellt wurde, jedoch 2014 aus pragmatischen Gründen entfallen musste: Gefragt, in welchen Bereichen man später auf keinen Fall arbeiten wolle, war es zu beiden Erhebungszeitpunkten etwa ein Drittel der Befragten, das Public Relations bzw. Unternehmenskommunikation für sich kategorisch ausschloss. Diese Befunde belegen also für einen größeren Teil des journalistischen Nachwuchses eine starke Abgrenzung von Berufen in Public Relations und Unternehmenskommunikation.

Was nun die Einschätzungen zur Unabhängigkeit des Journalismus generell und gegenüber dem Verhältnis zwischen Journalismus und PR insbesondere betrifft, zeigt sich der journalistische Nachwuchs kritisch-skeptisch (siehe Abb. 2). Zwei Drittel sehen Abhängigkeiten von politischen Interessensgruppen oder der Wirtschaft, die die journalistische Arbeit beeinflussen. Dies ist ein eher zweiflerischer Zugang zum angehenden Beruf bzw. zeugt von eher pessimistischen Erwartungen hinsichtlich der Rahmenbedingungen des zukünftigen Arbeitsfelds. Einschätzungen zu Public Relations und Pressemitteilungen gehen in eine ähnliche Richtung: 70 Prozent befinden, dass sich in den Medien zunehmend journalistische Inhalte und PR vermischen, ein Viertel ist hier ambivalent und nur fünf Prozent stimmen der Aussage weniger zu – niemand lehnt sie völlig ab. Mehr als die

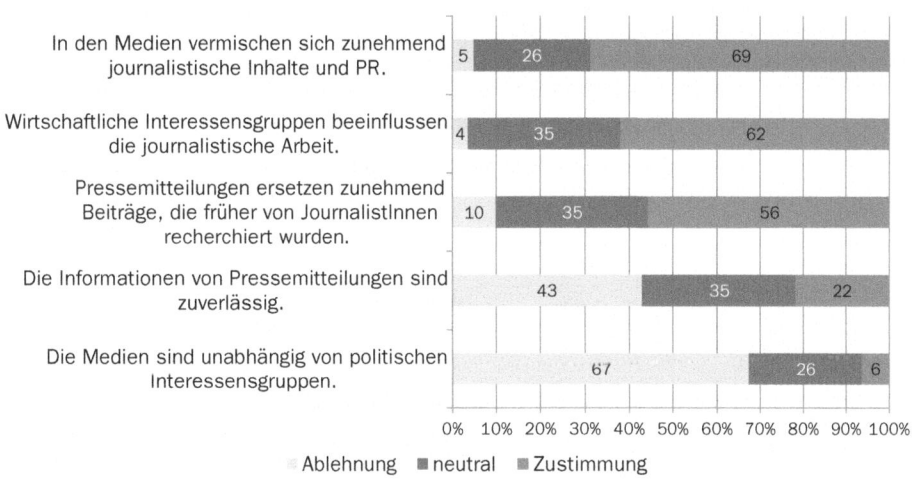

0%   10% 20% 30% 40% 50% 60% 70% 80% 90% 100%

Ablehnung ■ neutral ■ Zustimmung

5er Skala, hier Zusammenfassung Zustimmung (1+2), neutral 3 und Ablehnung (4+5)| Frage: „Und wenn Sie einmal allgemein an die Medienlandschaft Ihres Landes denken: Wie sehr stimmen Sie dahingehend den folgenden Aussagen zu bzw. nicht zu?" Differenzen zu 100 Prozent sind rundungsbedingt.

Abb. 2 Einschätzung Medienunabhängigkeit und Verhältnis Journalismus & PR (N = 146, in %). (Quelle: Eigene Darstellung)

Hälfte pflichtet dem Item bei, dass Pressemitteilungen zunehmend Beiträge ersetzen, die früher von Journalistinnen und Journalisten recherchiert wurden, obschon die Mehrheit (43 %) die Aussage ablehnt, dass die Informationen von Pressemitteilungen zuverlässig sind – ein Drittel urteilt neutral, während ein Fünftel zustimmt und diese Informationen für zuverlässig hält.

Bedeutsam ist nun, vor welchem Hintergrund solche Urteile getroffen werden. Dass Pressemitteilungen zunehmend Beiträge ersetzen, die vormals journalistisch erstellt und bearbeitet wurden, bekräftigen vor allem Master-Studierende (siehe Abb. 3): Zwei Drittel von ihnen sind dieser Meinung; unter den Bachelor-Studierenden ist es knapp die Hälfte, rund 40 Prozent haben eher keinen expliziten Standpunkt dazu. Unterschieden nach Studiendauer zeigt sich, dass auch von Höhersemestrigen ein größerer Einfluss von Pressemitteilungen auf die journalistische Arbeit konstatiert wird. Hinter diesen Einschätzungen zeigt sich eine signifikante Einflussgröße: Es sind Berufserfahrungen, die in der Befragung auch erhoben wurden, die zu diesem kritischen Urteil führen.

Betrachtet man die Einstellungen der befragten Studierenden gegenüber Public Relations nun auch im Zusammenhang mit beruflichen Motiven, ist ein höchst plausibler Zusammenhang erkennbar. So korreliert die Zustimmung zu den Items „In meinem (zukünftigen) Beruf ist es mir wichtig, … Missstände aufzudecken" (r = 0,22; p < 0.01) und „… etwas zu verändern" (r = 0,21; p < 0.01) mit einer kritischen Sicht auf Public Relations. Ein weiterer Befund bezieht die Akzeptanz verschiedener, ethisch möglicherweise bedenklicher, journalistischer Arbeitstechniken ein und überrascht zunächst. Denn hier fällt eine sehr kritische Sicht auf Public Relations nicht mit der Ablehnung dieser mitunter

„Pressemitteilungen ersetzen zunehmend Beiträge die früher
von JournalistInnen recherchiert wurden."

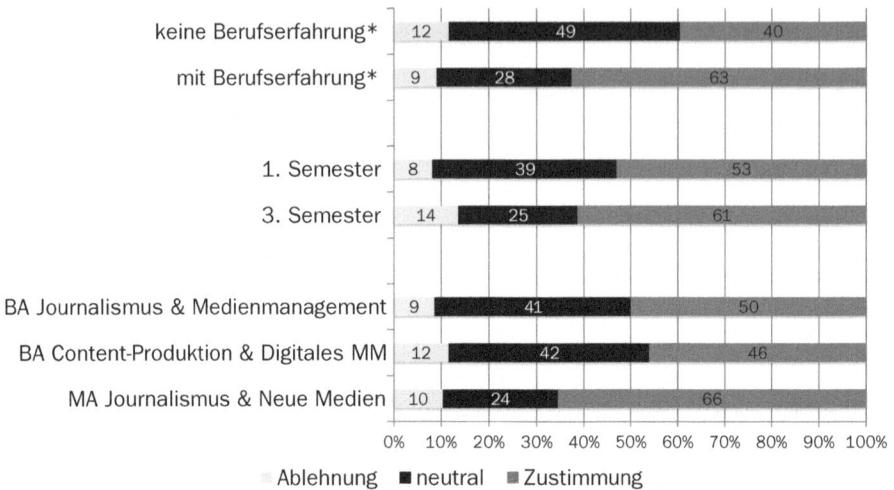

* Unterschied statistisch signifikant, p < 0.05 | 5er Skala, hier Zusammenfassung Zustimmung (1+2), neutral 3 und Ablehnung (4+5)| Frage: „Und wenn
Sie einmal allgemein an die Medienlandschaft Ihres Landes denken: Wie sehr stimmen Sie dahingehend den folgenden Aussagen zu bzw. nicht zu?"
Differenzen zu 100 Prozent sind rundungsbedingt.

Abb. 3 Einschätzung Pressemitteilung nach Studierenden-Gruppen (N = 146, in %). (Quelle:
Eigene Darstellung)

fragwürdigen journalistischen Arbeitstechniken zusammen (r = −0,17; p < 0.05).[3] Die
Ablehnung dieser grenzwertigen Techniken ist jedoch nicht mit einem hohen Ethikverständnis
gleichzusetzen bzw. umgekehrt die Zustimmung, diese Techniken zu gebrauchen, als man-
gelnde journalistische Ethik zu interpretieren. Hinter dem Ergebnis stehen vielmehr journalistische Typen. Diejenigen, die es laut Auskünften zu ihren Berufszielen künftig eher in den
Ratgeber- und Servicejournalismus zieht, lehnen die genannten Techniken, die sie für ihre
zukünftige Tätigkeit auch sicher seltener anwenden müssen, eher ab. Diese Gruppe sieht auch
Public Relations weniger kritisch. Andere wiederum, die sich künftig als Aufklärerinnen und
Aufklärer sehen, die Missstände aufdecken wollen, sind entsprechend eher bereit, sich dafür
in Grauzonen zu begeben. Gleichzeitig sieht dieser Personenkreis PR kritisch.

6   Ausblick

Journalismus-Studierende streben wenig überraschend eher einen Beruf im Journalismus
und nicht im Bereich Public Relations an. Dass im Laufe des Studiums eine geschärfte
kritisch-skeptische Haltung gegenüber dem Bereich Public Relations artikuliert wird, ist
sicher auch mit sozialer Erwünschtheit verknüpft, sich als künftige Journalistin oder als

---

[3] Für diese wurde die Akzeptanz mehrerer Items wie zum Beispiel „vertrauliche Regierungsunterlagen
benutzen, ohne dafür die Genehmigung zu besitzen" oder „versteckte Mikrophone oder Kameras
benutzen" zusammengefasst.

künftiger Journalist von „der anderen Seite" zu distanzieren. Die fast schon resigniert anmutenden Feststellungen der Studierenden, auch im Lichte ihrer ersten beruflichen Erfahrungen, dass sich PR und Journalismus oft vermischen, Pressemitteilungen zunehmend journalistische Beiträge ersetzen und Interessensgruppen Einfluss auf die journalistische Arbeit haben, sind – ohne den Public Relations Schuld zuzuweisen – für das System Journalismus mit seinen gesellschaftlichen Aufgaben ein bedenklicher Befund. Dass Nachwuchsjournalistinnen und -journalisten ihre anfängliche Motivation für den Beruf verlieren, sich für einen weicheren Journalismus entscheiden oder auf die Public-Relations-Seite wechseln, ist verständlich, aber ebenso ernüchternd.

Für eine Ausbildungsstätte bedeutet dies eine noch stärkere Wissensvermittlung über die Berufsfelder und ihre Funktionen, über Grenzziehungen und Strategien. Es verlangt zudem, dass gesellschaftliche Folgen von verschwimmenden Grenzen zwischen Journalismus und Public Relations immer wieder öffentlich thematisiert, eindringlich Veränderungen eingefordert und auch umgesetzt werden.

Literatur

Altmeppen, Klaus-Dieter, Röttger, Ulrike & Bentele, Günter (Hrsg.) (2004). *Schwierige Verhältnisse: Interdependenzen zwischen Journalismus und PR.* Wiesbaden: VS.

Beck, Klaus, Reineck, Dennis & Schubert, Christiane (2010). *Journalistische Qualität in der Wirtschaftskrise.* Konstanz: UVK.

Bentele, Günter & Nothaft, Howard (2004). Das Intereffikationsmodell. Theoretische Weiterentwicklung, empirische Konkretisierung und Desiderate. In Klaus-Dieter Altmeppen, Ulrike Röttger & Günter Bentele (Hrsg.), *Schwierige Verhältnisse. Interdependenzen zwischen Journalismus und PR* (S. 67–104). Wiesbaden: VS.

Bernau, Patrick, Hank, Rainer &von Petersdorff-Campen, Winand (2014). *Zeitungskrise. In eigener Sache* (10.08.2014). Abgerufen unter: http://www.faz.net/-gqi-7sjys [18.03.2016].

Detenber, Benjamin H., Cenite, Mark, Malik, Shelly & Neo, Rachel L. (2012). Examining education and newsroom work experience as predictors of communication students' perceptions of journalism ethics. *Journalism&Mass Communication Educator, 67*(1), 45–69. doi:10.1177/1077695811428884

Ecco/newsroom.de (2015). *Die Tageszeitungen auf der roten Liste: So sehen Journalisten die Medienzukunft.* Abgerufen unter: http://ecco-network.de/blog/files/c2eac87dd1a67a-89c0be218195120adf-24.html [18.03.2016].

Harnischmacher, Michael (2010). *Journalistenausbildung im Umbruch. Zwischen Medienwandel und Hochschulreform: Deutschland und USA im Vergleich.* Konstanz: UVK.

Hoffjann, Olaf (2007). *Journalismus und Public Relations: Ein Theorieentwurf der Intersystembeziehungen in sozialen Konflikten* (2. erw. Aufl.). Wiesbaden: VS.

Hummel, Roman, Kirchhoff, Susanne & Prandner, Dimitri (2013). *Medienkarrieren im Umbruch. Überarbeitete Version des Projektberichts für die KommAustria und GESPU.* Abgerufen unter: http://www.uni-salzburg.at/fileadmin/multimedia/Kommunikationswissenschaft/documents/Aktuelles/PR/MedienkarrierenUmbruch_2013.pdf [18.03.2016].

Kaltenbrunner, Andy, Karmasin, Matthias, Kraus, Daniela & Zimmermann, Astrid (2008). *Der Journalisten-Report II: Österreichs Medienmacher und ihre Motive.* Wien: Facultas.

marketagent.com (2016). *Journalisten-Barometer 2004–2015.* Abgerufen unter: http://www.oejc.at/fileadmin/user_upload/Diverses_gross/Journalisten_Barometer_Jan_2016.pdf [18.03.2016].

Mast, Claudia (2004). Journalismus als Beruf. In Claudia Mast (Hrsg.), *ABC des Journalismus: Ein Handbuch* (S. 103–132). Konstanz: UVK.

Meier, Klaus (2007). *Journalistik*. Konstanz: UVK.

Prummer, Karin (2012). Woher kommen die Journalisten der Zukunft? Stärken, Schwächen, Potentiale – eine Evaluation der überbetrieblichen Journalistenausbildung in Bayern. In Klaus-Dieter Altmeppen & Regina Greck (Hrsg.), *Facetten des Journalismus. Theoretische Analysen und empirische Studien* (S. 29–45). Wiesbaden: Springer VS.

Reinardy, Scott & Moore, Jensen (2007). When do journalists learn about ethics? An examination of introductory and graduating students' ethical perceptions. *Journalism & Mass Communication Educator, 62*(2), 161–175. doi:10.1177/107769580706200204

Röttger, Ulrike, Preusse, Joachim & Schmitt, Jana (2014). *Grundlagen der Public Relations. Eine kommunikationswissenschaftliche Einführung* (2., aktual. Auflage). Wiesbaden: Springer VS.

Sanders, Karen, Hanna, Mark, Berganza, Maria Rosa & Sánchez Aranda, José Javier (2008). Becoming journalists: A comparison of the professional attitudes and values of British and Spanish journalism students. *European Journal of Communication, 23*(2), 133–152. doi:10.1177/0267323108089219

Stark, Birgit & Magin, Melanie (Hrsg.) (2009). *Die österreichische Medienlandschaft im Umbruch* (Relation: Beiträge zur vergleichenden Kommunikationsforschung, Band 3). Wien: Verlag der österreichischen Akademie der Wissenschaften.

Weaver, David H., Beam, Randal A., Brownlee, Bonnie J., Voakes, Paul S. & Wilhoit, G. Cleveland (2007). *The American journalist in the 21st century: U.S. news people at the dawn of a new millennium*. Mahwah: Lawrence Erlbaum.

Weischenberg, Siegfried, Malik, Maja & Scholl, Armin (2006). *Die Souffleure der Mediengesellschaft: Report über die Journalisten in Deutschland*. Konstanz: UVK.

Willnat, Lars & Weaver David H. (2014). *The American Journalist in the digital Age: Key Findings. Bloomington School of Journalism Indiana University*. Abgerufen unter: http://news.indiana.edu/releases/iu/2014/05/2013-american-journalist-key-findings.pdf [18.03.2016].

ZAW. (2014). *Werbeumsätze*. Abgerufen unter: http://www.zaw.de/index.php?menuid=33 [18.03.2016].

Nicole Gonser Institut für Journalismus & Medienmanagement an der FHWien der WKW, Währinger Gürtel 97, 1180 Wien, Österreich
E-Mail: nicole.gonser@fh-wien.ac.at

Johann Gründl Institut für Journalismus & Medienmanagement an der FHWien der WKW, Währinger Gürtel 97, 1180 Wien, Österreich
E-Mail: johann.gruendl@fh-wien.ac.at

Journalistischer Kompetenzbedarf in PR und Online-Marketingkommunikation – Eine ANN-Analyse am Beispiel von Studierenden in onlinefokussierten Kommunikationsstudiengängen

Silvia Ettl-Huber, Wolfram Rinke und Michael Zeiller

Zusammenfassung

In den Akkreditierungsanträgen von Marketingkommunikations- oder Organisations-kommunikations-Studiengängen mit Fokussierung auf Online-Medien tauchen Berufsbezeichnungen wie Content-ManagerIn, InformationsdesignerIn, Kommunikationsmanagerln, Mediengestalterln oder Online-RedakteurIn auf – Berufsbezeichnungen, die auch in Journalismus verortet sein könnten. Provokant lässt sich die Frage formulieren, ob die journalistisch-gestalterischen Skills nun gänzlich auf die Seite der Marketing- und Organisationskommunikation gewandert sind. Für die Aus- und Weiterbildung stellt sich die Frage, inwieweit journalistische Kompetenzen in Berufen der Organisations- und Marketingkommunikation verstärkt benötigt werden. In weiterer Folge ist zu klären, inwieweit die schon seit längerem hybriden Studienrichtungen PR und Journalismus künftig noch stärker Journalismus- und Marketingskills mischen werden.

Untersucht wurde die Fragestellung nach dem journalistischen Kompetenzbedarf mit einer Onlinebefragung unter 274 berufsbegleitenden Studierenden und AbsolventInnen in zwei auf Online-Marketingkommunikation fokussierten Fachhochschulstudiengängen.

S. Ettl-Huber (✉)
Forschungsleitung und Geschäftsführung Forschung Burgenland, Fachhochschule Burgenland,
Campus 1, 7000, Eisenstadt, Österreich
E-Mail: silvia.ettl-huber@forschung-burgenland.at

W. Rinke • M. Zeiller
Institut für Informationstechnologie und -management, Fachhochschule Burgenland,
Campus 1, 7000, Eisenstadt, Österreich
E-Mail: wolfram.rinke@fh-burgenland.at; michael.zeiller@fh-burgenland.at

© Springer Fachmedien Wiesbaden GmbH 2017
N. Gonser, U. Rußmann (Hrsg.), *Verschwimmende Grenzen zwischen Journalismus, Public Relations, Werbung und Marketing*, Forschung und Praxis an der FHWien der WKW,
DOI 10.1007/978-3-658-13578-2_4

Die Daten werden mithilfe „künstlicher neuronaler Netzwerke" (Artificial Neural Networks, ANN) ausgewertet. Die daraus ermittelte Dependency-Matrix gibt Aufschluss über den Zusammenhang zwischen vermittelten und benötigten Fähigkeiten der jeweiligen Berufsgruppen. Grundsätzlich wird erwartet, dass bei PR-lastigeren Kommunikationsberufen die Bedeutung journalistischer Kompetenzen verstärkt zunimmt, aber auch bei marketingbetonten Kommunikationsberufen eine annähernd gleich große Bedeutung erfährt.

1   Problemanriss

In den Akkreditierungsanträgen von PR- oder Marketingkommunikations-Studiengängen mit Fokussierung auf Online-Medien tauchen Berufsbezeichnungen wie Content-ManagerIn, InformationsdesignerIn, InformationsbrokerIn, MediengestalterIn oder Online-RedakteurIn auf. Wenngleich die Curricula auf PR und Marketingkommunikation abzielen, bezeichnen diese Benennungen im Kern journalistische Tätigkeiten.

Ähnliches gilt für die JournalistInnenausbildung. Auch hier steht die technikgetriebene Veränderung des Berufsbildes im Zentrum der Berufsfelddiskussion. Kaltenbrunner und Luef (2015, S. 12) weisen in einer aktuellen Studie darauf hin, dass viele VertreterInnen aus Wissenschaft und Lehre in einer gemeinsamen Grundausbildung von OrganisationskommunikatorInnen und JournalistInnen keine Gefahr mehr für den Qualitätsjournalismus sehen. In den USA werden Journalismusinstitute mit anderen Instituten zusammengelegt, sodass Journalismus neben Werbung, PR, Mediendesign, Telekommunikation, Informatik und Kommunikationswissenschaft nur noch eine Sparte unter mehreren ist (Kaltenbrunner und Luef 2015, S. 23). In Österreich wird an der Fachhochschule Joanneum der Studiengang „Journalismus und Public Relations" angeboten. Nach Angaben des Anbieters ist dies der erste Studiengang an einer österreichischen Fachhochschule, der diese beiden Ausbildungsschienen miteinander verbindet.

Beide Berufsfelder, Journalismus ebenso wie PR und Marketingkommunikation, zeichnen sich durch einen wenig geregelten Berufszugang aus. Die Akademisierung der Berufsfelder war vor einigen Jahrzehnten noch generell strittig. In den letzten Jahren ist das Bildungsniveau der in der Public Relations Tätigen allerdings stetig gestiegen. Die meisten verfügen heute über ein abgeschlossenes Hochschulstudium (vgl. Szyszka et al. 2009; Bentele et al. 2012). Die Relevanz fachspezifischer Ausbildung wird allgemein noch gering geschätzt; trotz eines mittlerweile ausdifferenzierten Studienangebots wird von den Arbeitgebern häufig nur „irgendein Studium" (Röttger et al. 2007, S. 6) gewünscht.

Vor dem Hintergrund des sehr offenen Berufszugangs, der ungeklärten Frage nach dem notwendigen Kompetenzbedarf und der steigenden Bedeutung der Online-Kommunikation beschäftigt sich dieser Beitrag mit dem journalistischen Kompetenzbedarf in der onlinefokussierten PR- und Marketingkommunikation. Die Frage wurde mithilfe einer Online-Befragung unter berufsbegleitend Studierenden untersucht.

Der Ausgangspunkt der Erhebung unter Studierenden von Online-Kommunikation scheint in diesem Zusammenhang besonders günstig. Durch die hohe Bedeutung der Online-Kommunikation in ihrem Studium sind gerade sie es, die einen besonders innovativen Blick auf das Feld haben.

2   Stand der Forschung

Zu den beruflichen Veränderungen für KommunikationsmanagerInnen, die nicht zuletzt durch die Bedeutung der Online-Kommunikation initiiert sind, gibt es bereits empirisches Material (siehe dazu: Bernet ZHAW-Studie 2013; BITKOM-Studie 2012; Zerfass et al. 2014). Ferner gibt es seit Jahren eine intensive Befassung mit der Ausbildungsdiskussion in den Public Relations (siehe dazu: Fröhlich 2008 und 2013; Merten 2008; Röttger et al. 2007; Szyszka et al. 2009 und Bentele et al. 2012). Auch der PR-Journalismus-Diskurs ist fixer Bestandteil der kommunikationswissenschaftlichen Auseinandersetzung (z. B. Hoffjann 2010).

Röttger et al. (2007) haben im Rahmen einer übergreifenden Berufsfeldstudie Veränderungen in den Berufsbildern der Kommunikationsbranche untersucht. Die AutorInnen stellen fest, dass neben der Erhöhung der Komplexität in der Branche zusehends die Grenzen zwischen den Berufsfeldern aufweichen. Wo vor einigen Jahren die Berufsverbände und Aus- bzw. Weiterbildungsanbieter noch bemüht waren, Unterscheidungskriterien für die einzelnen Berufsbilder zu entwickeln, zeigt sich heute eher die Entwicklung zur/zum UniversalspezialistIn – ein Prozess, den die AutorInnen als „gleichzeitige Entdifferenzierung und Spezialisierung" bezeichnen (vgl. Röttger et al. 2007, S. 2).

Bezogen auf die Verbindung zwischen PR und Journalismus lässt sich auf die starke Verbindung der beiden Felder in den Biografien der PR-Tätigen hinweisen. 26 Prozent der in der PR Tätigen arbeiteten zuvor im Journalismus (vgl. Bentele et al. 2012, S. 43). Bezogen auf die Tätigkeiten der PR-Treibenden steht Medienarbeit im Zentrum (92 %) ihrer Tätigkeiten (Szyszka et al. 2009). Diese kommt noch vor der Betreuung des Internetauftritts (84 %), JournalistInnengesprächen (82,4 %), dem Erstellen des Pressespiegels (80,7 %) und dem Kontakt zur Zielgruppe (77,9 %). Auch Schulte (2011, S. 142 ff.) identifiziert in ihrer Befragung von PR-Tätigen journalistische Kompetenzen von höchster Relevanz.

In Social-Media-Studien wie der Bernet-ZHAW-Studie (2013) werden zukünftige Anforderungen an KommunikationsmanagerInnen mit „den Dialog stärken", „die direkte Ansprache des Publikums über Social Media" oder „Gesprächsführung" benannt. Diese Skills weisen durchaus auf Fähigkeiten zum guten und verständlichen Ausdruck hin, wie er im Journalismus verlangt wird.

Eine Nähe der Berufsfelder PR und Journalismus ist also bereits schon länger gegeben. Für die Marketingkommunikation ist diese noch nicht evident beschrieben. Bei den Branchenmagazinen konnte hier in den letzten Jahren ein steigendes Interesse an den Disziplinen des Content-Marketing und Storytelling beobachtet werden. Diese Disziplinen sind ebenfalls stark mit der Gestaltung von Medieninhalten verbunden.

Die folgende Erhebung thematisiert zum einen den generellen Anstieg der Hybridität der Berufsfelder PR- und Marketingkommunikation gegenüber dem Journalismus. Zum anderen werden aber die beiden Berufsfelder PR- und Marketingkommunikation in ihrer Orientierung in Richtung journalistische Kompetenzen getrennt voneinander betrachtet.

3   Theoretische Anlehnung

Begrifflich orientiert sich dieser Beitrag sowohl an der wirtschaftswissenschaftlich geprägten Bezeichnung „Marketingkommunikation" als auch an dem kommunikationswissenschaftlichen Begriff Diktion der „Public Relations". Marketingkommunikation wird als auf den Markt und Verkauf ausgerichtete Kommunikation verstanden (u. a. Bruhn 2014). Public Relations wird im ursprünglichen Verständnis von Grunig und Hunt (1984, S. 6) als „management of communication between an organisation and its publics" verstanden, also als Kommunikationstätigkeiten, die mehr auf die Interaktion mit Bezugsgruppen und auf den Aufbau von Image ausgerichtet sind.

Im Mittelpunkt dieser Untersuchung steht der Bedarf an Kompetenzen unter in der PR und in der Marketingkommunikation Tätigen. Unter *Kompetenz* wird „die nachgewiesene Fähigkeit, Kenntnisse, Fertigkeiten sowie persönliche, soziale und methodische Fähigkeiten in Arbeits- und Lernsituationen und für die berufliche und/oder persönliche Entwicklung zu nutzen" verstanden (EUR-Lex 2008). Der Kompetenzbegriff unterscheidet sich von *Kenntnissen*, *Fertigkeiten* und *Fähigkeiten*, wird aber im Zuge von Ausbildungsprogrammen mit *Qualifikationszielen* synonym gesetzt (Kopf et al. 2010).

In der Kategorisierung und Benennung von Kompetenzen orientiert sich der Beitrag an dem bereits in den 1990er-Jahren systematisierten Kompetenzraster nach Szyszka (1995, S. 335). Er nimmt eine Unterteilung in Fachkompetenz (Fachwissen Öffentlichkeitsarbeit, allgemeine kommunikationswissenschaftliche Kenntnisse), Realisationskompetenz (Aushandlung und Koordination, Analyse, Umsetzung) und Sachkompetenz (Wissen über den Gegenstandsbereich der Tätigkeit) vor. Die in der vorliegenden Untersuchung abgefragten Kompetenzen beziehen sich vor allem auf Realisationskompetenzen und in geringerem Maße auf Sachkompetenzen. Diese Fokussierung ist auch mit Blick auf die Praxisnähe der hier untersuchten fachhochschulgebundenen Ausbildung gut argumentierbar. Die allgemeine Kritik daran, nur mehr mit Blick auf Handlungskompetenz auszubilden (vgl. Oidtmann und Stadelhofer 2013, S. 1), bleibt bestehen, lässt aber die vorliegende Untersuchung unberührt.

Die im Kompetenzraster ebenfalls geforderten Persönlichkeitsmerkmale wie Fantasie und Kreativität sowie Loyalität und Berufserfahrung können in der hochschulgebundenen Ausbildung nur bedingt ausgebildet und gefördert werden und sind daher auch nicht Teil der vorliegenden Untersuchung. Fachkompetenzen aus dem Bereich der Tätigkeit

(z. B. Wissen über die technische Produktion des Unternehmens) werden aufgrund der zu hohen Spezifizität ausgeschlossen.

In der Kategorisierung und Benennung journalistischer Kompetenzen orientiert sich der Beitrag an Weischenberg. Weischenberg (1990, S. 24) gliedert nach Fachkompetenz (handwerkliche Fähigkeiten wie das Recherchieren sowie medienwissenschaftliche Kenntnisse), Vermittlungskompetenz (Präsentation und Darstellungsformen) und Sachkompetenz (Orientierungswissen, Ressortwissen etc.). Da das Untersuchungsinteresse bei den in PR und Marketingkommunikation Tätigen liegt, fallen die journalistischen Sachkompetenzen hier aus der Untersuchung.

Eine weitere wichtige Unterscheidung betrifft die Frage nach gewünschten Inhalten in der Ausbildung und den in der Praxis benötigten Kompetenzen. In einer rigorosen Orientierung von Ausbildungsinteressen an den Berufsanforderungen könnte hier eine Übereinstimmung unterstellt werden. Da das Untersuchungsfeld berufsbegleitende Fachhochschulstudiengänge sind und der Praxis-Theorie-Transfer ein Schlüsselfaktor für berufsbegleitende universitäre Weiterbildung (Ettl-Huber und Roither 2013) ist, kann auch davon ausgegangen werden, dass hier ein hoher Grad an Übereinstimmung herrscht. Zumal auch ein Anspruch der Ausbildungsstätten besteht, das Berufsbild mit zu prägen. Gerade in Berufsfeldern wie der Marketingkommunikation und PR, die erst in den letzten Jahrzehnten eine zunehmende Professionalisierung erfuhren, spielt die Vorreiterrolle der Ausbildungsstätten eine zentrale Rolle.

In der vorliegenden Untersuchung wurde allerdings die Frage nach den gewünschten Ausbildungsinhalten zurückgestellt. Befragt werden in der Praxis festgestellte und beobachtete Anforderungen sowie die zukünftige Einschätzung der Bedeutung derselben.

4 Methode

Im Zentrum dieser Studie stehen die Fragen, wie stark einzelne journalistische Kompetenzen in Berufen der PR und Marketingkommunikation benötigt werden und wie sich diese Kompetenzen für mehr an PR und mehr an Marketingkommunikation orientierte Berufsgruppen unterscheiden. Für eine Einschätzung der Stärke der Bedeutung wird eine Reihe von Kompetenzen (siehe Tab. 1) abgefragt. Schließlich wird bewertet, wie stark die journalistischen Kompetenzen im Vergleich zu anderen Kompetenzen gefragt sind. Als Annahme formuliert, stehen die beiden Antipoden „Journalistische Kompetenzen sind bereits gänzlich auf die Seite der PR und Marketingkommunikation gewandert" und „Journalistische Kompetenzen haben keinen Platz in der PR und Marketingkommunikation" einander gegenüber.

Die Erwartung hinter dieser Studie ist eine hohe und steigende Bedeutung journalistischer Kompetenzen in den Berufsfeldern PR und Marketingkommunikation sowie die Existenz eines quantifizierbaren Zusammenhangs zwischen Berufsfeldern und benötigten

Tab. 1 Metakompetenzen (Quelle: Eigene Darstellung)

Kurzbezeichnung	Variablen	Beschreibung
MEDORG	V_{80}–V_{85}	Wichtigkeit von Wissen zu Medien (-technik, -recht, -ethik, -management)
JOURMED	V_1, V_3–V_5	Bedeutung von Kompetenzen in Journalismus, Medientechnik, Mediengestaltung
BWL	V_2, V_6, V_{88}, V_{89}	Kompetenzen in BWL, Basiswissen BWL, Vertiefungswissen BWL
IT	V_{70}, V_{72}–V_{74}	Wichtigkeit von Kompetenzen in Konzeption von Medienprodukten, visuelle Gestaltung von Websites, Konfigurieren von CMS, Entwicklung von Apps
MONITORING	V_{75}, V_{76}	Wichtigkeit von Kompetenzen in Media-Monitoring allgemein und besonders Social Media-Monitoring
TXTRECH	V_7–V_{11}	aktuell benötigte Kompetenzen zu Beobachten/Lesen von Medien/Texten, Recherchieren, Informationsauswahl und Informationsbewertung
AUDVID	V_{19}, V_{21}–V_{24}	aktuell benötigte Kompetenzen zu Fotografieren, Audio- und Video-Aufnahme & -Bearbeitung
INTERAKTION	V_{27}, V_{28}	aktuell benötigte Kompetenzen zu Interaktion mit KundInnen, Entscheidung über Distributionskanäle
MULMED	V_{25}, V_{26}	aktuell benötigte Kompetenzen zu multimedialem Arbeiten, multimedialer Aufbereitung von Info
TEXT	V_{13}–V_{16}	aktuell benötigte Kompetenzen zu Texte schreiben, redigieren, auswählen; journ. Darstellungsformen
BILD	V_{17}, V_{18}, V_{19}	aktuell benötigte Kompetenzen zu grafischer Aufbereitung, Layout, Fotografieren

Kompetenzen. Wie ausgeprägt diese Beziehung ist, ist allerdings unklar. Da dieser Zusammenhang nicht direkt messbar ist, erfolgt eine Erhebung mittels Online-Fragebogen und eine anschließende Auswertung mithilfe einer Abhängigkeitsmatrix (Dependency-Matrix) (Rinke 2015).

Der Beitrag stellt die Ergebnisse einer Online-Befragung unter 274 berufsbegleitend Studierenden und AbsolventInnen in zwei auf Online-Marketingkommunikation fokussierten Fachhochschulstudiengängen (Bachelor- und Master-Studiengang Information Medien Kommunikation an der Fachhochschule Burgenland) vor. Von den versandten Fragebögen wurden 131 Fragebögen vollständig beantwortet. Die Umfrage wurde von Master-Studierenden (65) und von Studierenden und AbsolventInnen der Bachelorstudiengangs (66, vor allem aktive Studierende) zu gleichen Teilen beantwortet. Die Untersuchung fand von 20. Februar 2015 bis 9. März 2015 statt. Der Fragebogen bestand aus 76 Einzelfragen, zumeist mit Likert-Skalen, geteilt in sechs Sektionen („Entwicklungen in der Kommunikationsbranche", „Aktuelle Kompetenzen", „Zukünftige Kompetenzen", „Meinung zur Zukunft", „Kompetenzen in der Online-Kommunikation", „Wichtiges Wissen in der Organisationskommunikation"). Ergänzt wurden diese Fragen durch einen Fragenblock zur beruflichen Tätigkeit. Die Beantwortung dauerte im Schnitt zwölf Minuten.

Die Studierenden stammen selbst aus den Bereichen der PR, der Marketingkommunikation und zu einem vernachlässigbar geringen Teil auch aus dem Journalismus. Die abhängigen Systemparameter entsprechen den sechs Berufsfeldern, die auf einem Kontinuum zu verstehen sind:

- Marketingkommunikation (verrichten ausschließlich Marketingaufgaben)
- Mehrheitlich Marketingkommunikation (verrichten überwiegend Marketingaufgaben)
- Ausgewogen Marketingkommunikation und Public Relations (Marketing- und PR-Aufgaben sind gleich verteilt)
- Mehrheitlich Public Relations (verrichten überwiegend PR-Aufgaben)
- Public Relations (verrichten ausschließlich PR-Aufgaben)

Darüber hinaus gab es das Berufsfeld „Sonstiges" für im Journalismus und in anderen Medienberufen Tätige. Diese Gruppe wurde dazu aufgefordert, aus ihrer Branchenbeobachtung heraus an der Befragung teilzunehmen. Ihre Expertise wurde nur im Bereich der kumulierten Einschätzung der Bedeutungssteigerung journalistischer Kompetenzen (siehe „Kompetenzdreieck", Abb. 2) mit in die Auswertung aufgenommen.

Eine Modellierung des funktionalen Zusammenhangs zwischen Fachkompetenzen und Berufsgruppen mithilfe klassischer Statistik erscheint uns aufgrund der Nichtlinearität des beobachteten Systems (Tätigkeitsfeld und erforderliche Kompetenzen), bedingt durch die subjektive Einschätzung der Befragten, als ungeeignet. Die Nichtlinearität lässt sich durch ein besseres Instrumentarium modellieren. Dieses sind Algorithmen zur Bildung von „künstlichen neuronalen Netzwerken" (*Artificial Neural Networks*, ANN). Die in dieser Studie verwendeten künstlichen neuronalen Netzwerke (ANN) gehen zurück auf Arbeiten, die 1950 ihren Ausgang nahmen und sich im Rahmen der Forschungsgebiete der Mustererkennung, des maschinellen Lernens und übergeordnet aus dem Forschungsgebiet der künstlichen Intelligenz entwickelt haben (Pao 1989).

Eine Vielzahl von Algorithmen und Netzwerkarchitekturen haben sich entwickelt, die zum großen Teil anwendungsspezifisch sind. Eine besondere Form dieser ANN-Architekturen stellt die Multilayer-Perzeptron-Architektur dar, die von Rumelhart, Hinton und Williams (Swingler 1996) gemeinsam mit einem entsprechenden Lernalgorithmus präsentiert wurde. Ein typisches Mehrebenen, vorwärts gerichtetes ANN ist in Abb. 1 zu sehen. Das Multilayer-ANN besteht aus einer Eingangsschicht (Input Layer), einer oder mehreren Verarbeitungsschichten (Hidden Layer) und einer Ausgabeschicht (Output Layer). Jedem Element der Eingangsschicht ist ein unabhängiger Parameter zugeordnet und jedem Element der Ausgangsschicht ist ein abhängiger Parameter des zu beschreibenden Systems zugeordnet. Die Elemente der Zwischenschicht sind mit allen Elementen der Eingangsschicht und der Ausgangsschicht verbunden und bilden die eigentliche Verarbeitungsschicht. Die Verbindungen zwischen den Elementen sind gewichtet und die jeweiligen Kantengewichte werden durch einen iterativen Algorithmus, den Lernalgorithmus, bestimmt.

Die auf diese Weise erstellten Modelle lassen sich in vielfältiger Hinsicht untersuchen und ermöglichen es, Aussagen über den Zusammenhang von angebotenen und benötigten

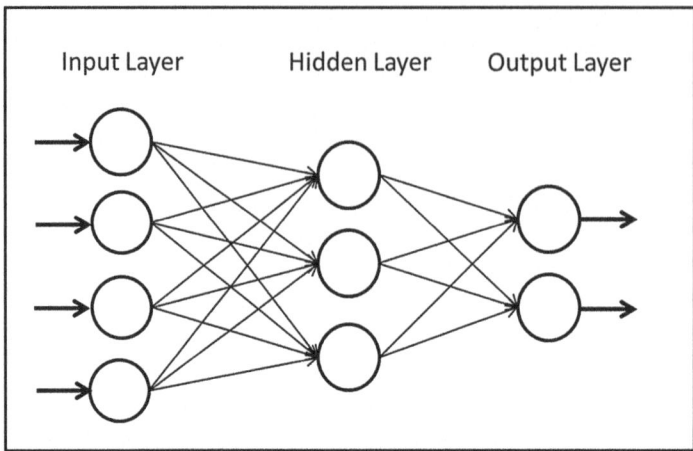

Abb. 1 Typische Architektur eines mehrebenen, vorwärts gerichteten ANN (Quelle: Eigene Darstellung)

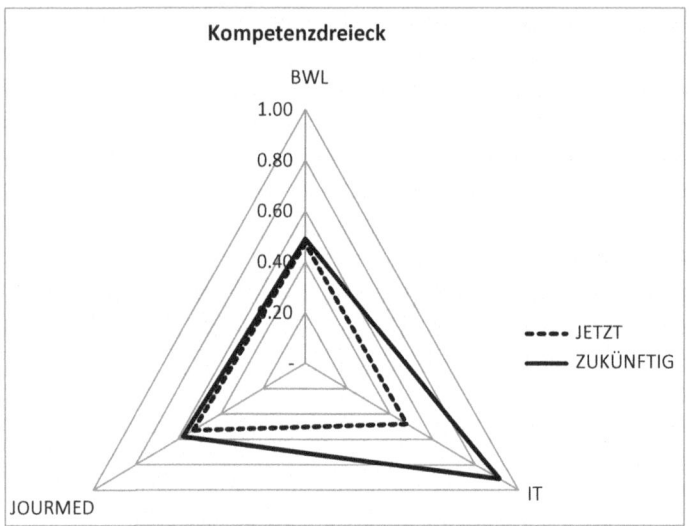

Abb. 2 Wichtigste Kompetenzfelder für PR- und Marketingkommunikationstreibende (Quelle: Eigene Darstellung)

Kompetenzen für einzelne Berufsfelder zu treffen. Der Modellbildung geht eine explorative Faktorenanalyse voraus, um jene Faktoren zu finden, die das zu modellierende System statistisch signifikant beschreiben, und darüber hinaus die Dimensionalität des Modells zu reduzieren. Auf der Basis der gefundenen Faktoren werden zwei nicht lineare ANN-Modelle erstellt, die als Grundlage für eine Längsschnittanalyse dienen. Aus den derart gewonnenen nicht linearen Modellen wird eine Dependency-Matrix bestimmt.

Die dahinterstehende Mathematik wird im Folgenden kurz zusammengefasst. Ausgehend von einer Sensitivitätsanalyse 1. Ordnung (Hashem 1992) werden die Dependency-Faktoren $\bar{D}_{ik}$ berechnet als

$$\bar{D}_{ik} = \frac{\sum_{s=1}^{N} \left| \frac{\partial O_k^s}{\partial I_i^s} \right|}{N} \forall i,k$$

Die Dependency-Matrix DM wird berechnet als

$$\overline{\overline{DM}} = \begin{pmatrix} \dfrac{\bar{D}_{11}}{\max_j(D_{j1})} & \cdots & \dfrac{\bar{D}_{1k}}{\max_j(D_{jk})} \\ \cdots & \ddots & \cdots \\ \dfrac{\bar{D}_{i1}}{\max_j(D_{j1})} & \cdots & \dfrac{\bar{D}_{ik}}{\max_j(D_{jk})} \end{pmatrix} \quad \forall j,k \quad \text{mit } j \in \{1,..,N_I\} \text{ und } k \in \{1,..,N_O\}$$

wobei:

O_k^s	Ausgabewert des Trainingsdatensatzes s des Knoten k im *Output Layer*
I_i^s	Eingabewert des Trainingsdatensatzes s des Knoten i
N	Gesamtzahl der Trainingsdatensätze
s	Trainingsdatensatz
$\max_j(D_{jk})$	Maximum der Dependency-Faktoren des Knoten k im *Output Layer*
N_I	Anzahl der Knoten im *Input Layer*
N_O	Anzahl der Knoten im *Output Layer*

Die unabhängigen Systemparameter werden durch eine Faktorenanalyse aus den abgefragten Kompetenzen ermittelt. Aus 90 Variablen des Fragebogens werden elf Faktoren ermittelt, die als Metakompetenzen betrachtet werden können. Diese Faktoren sind in Tab. 1 dargestellt. Für sechs Faktoren (TXTRECH, AUDVID, INTERAKTION, MULMED, TEXT, BILD) gibt es eine Zukunftsbetrachtung. Tab. 1 zeigt alle Faktoren und die dazugehörigen Variablen v_i, aus denen sich der jeweilige Faktor ableitet. Der Wert jedes Faktors errechnet sich aus dem arithmetischen Mittel der einzelnen Variablen.

5 Ergebnisse

Die ermittelte Abhängigkeitsmatrix gibt Aufschluss über den Zusammenhang zwischen vermittelten und im Berufsfeld aktuell und zukünftig benötigten Kompetenzen. Im Folgenden wird zuerst eine aktuelle allgemeine Einschätzung der journalistischen Kompetenzen im Vergleich zu anderen Disziplinen präsentiert. Danach werden die

Ergebnisse für spezifische journalistische und mediengestalterische Kompetenzen auf dem Kontinuum von „nur Marketingkommunikationsaufgaben" bis zu „nur PR-Aufgaben" dargestellt.

5.1 Kompetenzdreieck IT, BWL und journalistische Skills

In einem ersten Schritt wird analysiert, welche Kompetenzen nach Ansicht der Befragten aktuell für PR und Marketingkommunikation wichtig sind (Abb. 2).

Betrachtet man das aktuelle Kompetenzdreieck (schwarze Linie), eröffnet sich den Betrachtenden ein sehr regelmäßiges Dreieck, in dem die großen Felder Betriebswirtschaft (BWL), Informationstechnologie (IT) und Journalismus (JOURMED) annähernd gleich bedeutend sind. Im Detail betrachtet werden journalistische Kompetenzen aktuell als am wichtigsten eingestuft, gefolgt von betriebswirtschaftlichen Kompetenzen und IT-Kompetenzen. Die Unterschiede in der Bedeutungszuordnung sind allerdings gering. Künftig wird die Bedeutung von BWL-Kompetenzen als gleich, jene von journalistischen Kompetenzen als leicht steigend und jene von IT-Kompetenzen als stark steigend eingestuft werden.

Journalistischen Kompetenzen wird also bereits aktuell ein hoher Stellenwert zugeschrieben. Ihre Bedeutung wird als künftig steigend angesehen. Sie liegt aber hinter der künftigen Bedeutungszuschreibung an die IT. Dies ist ein Ergebnis, aus dem sich Impulse für künftige Ausbildungsinhalte ableiten lassen, die aber hier nicht im Zentrum der Fragestellung stehen. Im Folgenden wird daher die Bedeutungssteigerung einzelner Kompetenzen aus dem Bereich Journalismus und Medienproduktion betrachtet.

5.2 Berufsgruppe „Marketingkommunikation"

Befragte, die in ihrer Berufspraxis in der Marketingkommunikation beschäftigt sind, haben aktuell einen hohen Bedarf an direkter KundInneninteraktionskompetenz (INTERAKTION), Recherchekompetenzen (Textbewertung, Textauswahl, Recherche; TXTRECH), dezidierten Textkompetenzen wie Schreiben, Redigieren, Auswählen (TEXT), audiovisuellen Kompetenzen (AUDVID) und grafischen Kompetenzen (BILD) (Abb. 3).

Nach Einschätzung dieser Gruppe wird sich in Zukunft die Bedeutung einiger Kompetenzen verschieben. Multimediakompetenzen (MULMED) gewinnen erheblich an Bedeutung. Stabil bleibt die Bedeutung von grafischen Kompetenzen (BILD) und Textkompetenzen im engeren Sinn (Schreiben, Redigieren, Auswählen; TEXT). Interessant ist jedoch der Abfall der Bedeutung der direkten Interaktion mit KundInnen (INTERAKTION) und Recherchekompetenzen (TXTRECH).

Abb. 3 Aktuelle und künftige Kompetenzen in der Berufsgruppe „Marketingkommunikation" (Quelle: Eigene Darstellung)

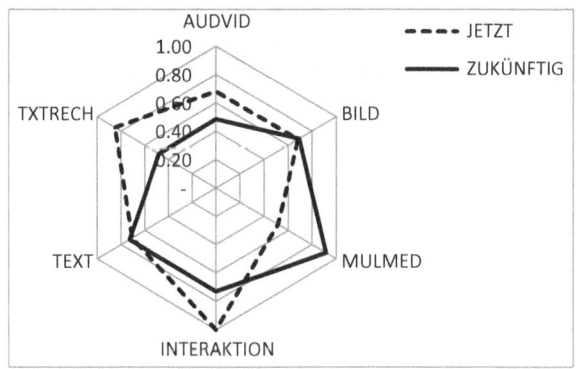

5.3 Berufsgruppe „Mehrheitlich Marketingkommunikation"

Befragte aus der Gruppe jener, die mehrheitlich mit Marketingaufgaben beauftragt sind, geben an, dass sie aktuell Recherche-Text-Kompetenzen (TXTRECH), direkte KundInneninteraktionskompetenz (INTERAKTION), grafische (BILD) und audiovisuelle Kompetenzen (AUDVID) am stärksten benötigen (Abb. 4).

Der Gesamteindruck ist erwartungsgemäß relativ ähnlich zu den ausschließlich in der Marketingkommunikation Tätigen. Interessant ist die geringe aktuelle Bedeutung der Textkompetenzen im engeren Sinn (Schreiben, Redigieren, Auswählen, Kenntnis der Darstellungsformen; TEXT). Die Bedeutung dieser Kompetenzen wird allerdings – neben der multimedialen Produktion (MULMED) – als am stärksten wachsend bewertet. Parallel dazu nimmt die Bedeutung der Recherchekompetenzen (TXTRECH) ab.

Den spezifischen Kompetenzen aus dem mediengestalterischen Bereich (AUDVID, BILD) wird ein Rückgang beschieden.

5.4 Berufsgruppe „Ausgewogen Marketingkommunikation und Public Relations"

Befragte, die ausgewogen in der image- und bezugsgruppenorientierten PR und in der verkaufsorientierten Marketingkommunikation tätig sind, sehen aktuell den höchsten Kompetenzbedarf in Recherche (TXTRECH), in der direkten KundInneninteraktion und Kanalwahl (INTERAKTION), in der AV-Produktion (AUDVID) sowie in der Grafik (BILD) (Abb. 5).

Auch sie sehen den Bedarf an Recherchekompetenzen (TXTRECH) als sinkend, während allgemeine Schreibskills (TEXT) an Bedeutung gewinnen. Multimediale Produktion (MULMED) wird wie auch bei den zuvor ausgewerteten Gruppen als

Abb. 4 Aktuelle und künftige
Kompetenzen in der
Berufsgruppe „Mehrheitlich
Marketingkommunikation"
(Quelle: Eigene Darstellung)

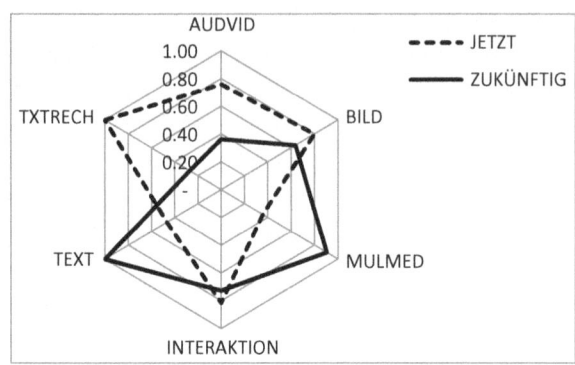

Abb. 5 Aktuelle und künftige
Kompetenzen in der
Berufsgruppe „Ausgewogen
Marketingkommunikation und
Public Relations" (Quelle:
Eigene Darstellung)

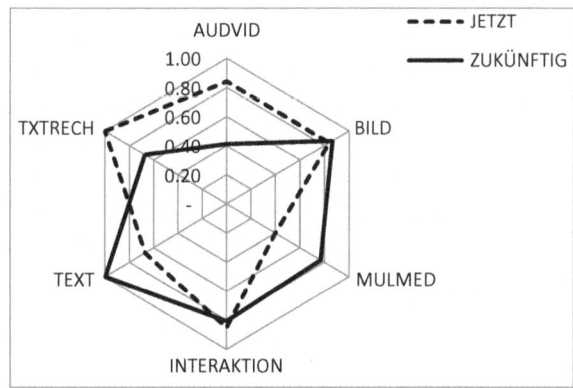

Kompetenz mit hoher Bedeutungssteigerung gewertet. Grafische Kompetenzen (BILD)
werden leicht bedeutender, dezidierte AV-Kenntnisse (AUDVID) als in der Bedeutung
rückläufig eingestuft.

5.5   Berufsgruppe „Mehrheitlich Public Relations"

Befragte, die mehrheitlich PR-Tätigkeiten ausüben, haben aktuell den höchsten Bedarf an
Kompetenzen im Umgang mit AV-Medien (AUDVID) und in der Interaktion mit ihren
Bezugsgruppen (abgefragt als „KundInnen"; INTERAKTION). Grafische Kompetenz
(BILD), multimediale Produktion (MULMED), Textproduktion (TEXT) sowie Recherche
(TXTRECH) sind annähernd gleich gewichtet.

Abb. 6 Aktuelle und künftige Kompetenzen in der Berufsgruppe „Mehrheitlich Public Relations" (Quelle: Eigene Darstellung)

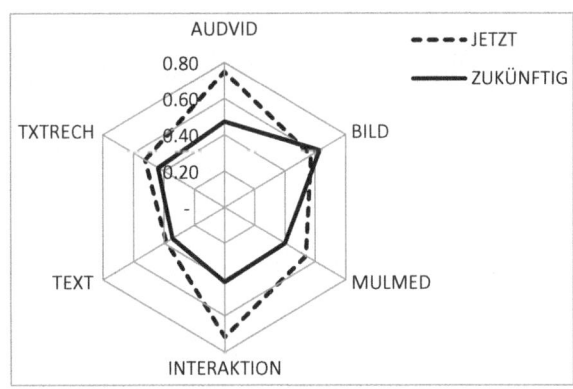

Besonders markant bei dieser Gruppe ist, dass sie mit Ausnahme der grafischen Kompetenzen (BILD) in keinem Feld einen Bedeutungszuwachs sieht. Stark rückläufig sieht diese Gruppe die Bedeutung der Kompetenzen in der direkten Interaktion mit den KundInnen (INTERAKTION) und in den AV-Produktionskompetenzen (AUDVID) (Abb. 6).

5.6   Berufsgruppe „Public Relations"

Befragte, die nur in der PR tätig sind, haben den höchsten Kompetenzbedarf in AV-Produktion (AUDVID), in der Grafik (BILD) und in der Recherche (TXTRECH). Etwas geringer an Bedeutung, wenngleich allgemein hoch, werden Texten allgemein (TEXT), die direkte KundInneninteraktion (INTERAKTION) und die multimediale Produktion (MULMED) beurteilt (Abb. 7).

Diese Gruppe ist besonders interessant, weil sie alle Kompetenzen als in ihrer Bedeutung abnehmend beurteilt. Etwas weniger nimmt die Bedeutung multimedialer Produktion (MULMED) und Textproduktion (TEXT) ab. Aber auch sie werden in der Tendenz als rückläufig bedeutend bewertet.

Dieser Befund ist stark im Zusammenhang mit der Auswertungsmethode zu interpretieren, welche nicht die linearen Ergebnisse (multimediale Kompetenz aktuell und in Zukunft) vergleicht, sondern alle Faktoren und ihre Bedeutungszuschreibung kumuliert. Dieser Effekt wird in der folgenden Auswertung gut sichtbar.

Abb. 7 Aktuelle und künftige Kompetenzen in der Berufsgruppe „Public Relations" (Quelle: Eigene Darstellung)

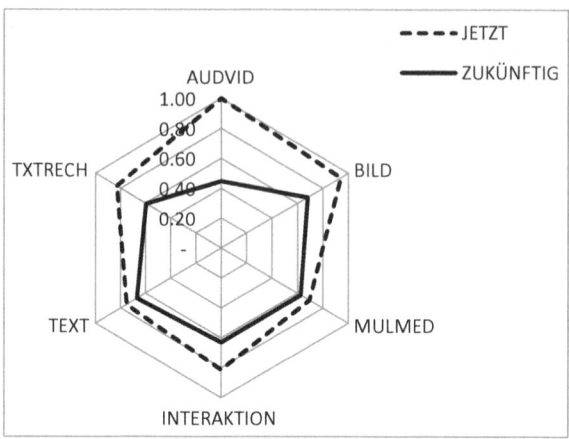

5.7   Kumulierte Betrachtung von elf Faktoren

Die sechs kumulierten Faktoren aus den vorangegangenen Darstellungen sind spezifisch auf die jetzige und zukünftige Einschätzung abgefragt worden. Die Stärke der hier angewandten Methode liegt darin, alle 90 abgefragten Variablen gesamthaft darzustellen und auch jene Faktoren in ihrer Bedeutungszuordnung hinzuzunehmen, von denen nicht explizit die Bedeutungssteigerung erfragt wurde, weil sie entweder keine journalistischen Kompetenzen sind (IT, BWL, MONITORING) oder spezifisch kumulierte journalistische Kompetenzen (JOURMED) betreffen oder in den Bereich der Sachkompetenzen (MEDORG) fallen. Die Bedeutungszuordnung für IT, BWL, Journalismus (JOURMED), Wissen über Medienorganisationen (MEDORG) und Media-Monitoring (MONITORING) ergibt sich in Relation zu den Kompetenzclustern aus den journalistischen Einzelkompetenzen.

Eine solche gesamthafte Betrachtung ergibt folgendes Bild (Abb. 8):

Die kumulierte Betrachtung zeigt, dass aktuell dem Bereich Recherche (TXTRECH) sowie der direkten Interaktion mit den KundInnen (INTERAKTON), aber auch grafischen und audiovisuellen Kompetenzen (BILD und AUDVID) sowie dem Wissen über Medien allgemein (Wissen über Medientechnik, -recht, -ethik, -management; MEDORG) sehr hohe Bedeutung zugeschrieben wird. Relativ gering ist die Bedeutung von Wissen über das journalistische Berufsfeld und Mediengestaltung an sich (JOURMED).

Die Bedeutungssteigerung von IT-Kompetenzen wurde bereits in der Betrachtung des Kompetenzdreiecks (siehe oben) diskutiert. An journalistischen und mediengestalterischen Kompetenzen werden Kompetenzen im Zusammenhang mit multimedialer Produktion (MULMED) ebenso wie Kompetenzen im Texten (TEXT) als steigend bewertet. Dezidiertes Wissen über Journalismus und Mediengestaltung (JOURMED) wird zwar als leicht zunehmend bewertet, ist aber künftig im Vergleich zu spezifischem Wissen über grafische Gestaltung (BILD), multimediale Kommunikation (MULMED) und Texten (TEXT) weniger bedeutend.

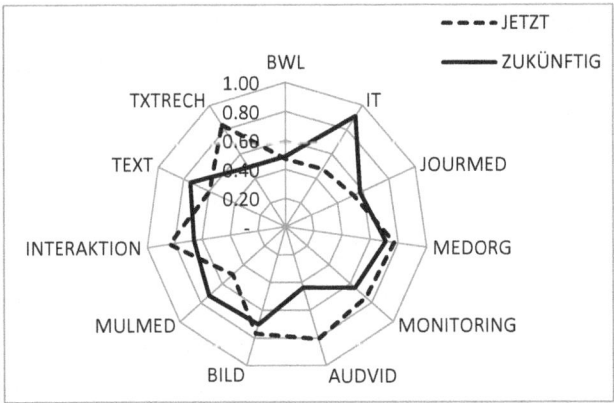

Abb. 8 Aktuelle und künftige Bedeutung von Kompetenzen in PR und Marketingkommunikation (Quelle: Eigene Darstellung)

Interessant ist auch die Abnahme der Bedeutung der direkten Interaktion mit den KundInnen, zu der auch die Kanalwahl gerechnet wurde (INTERAKTION). Ein Erklärungsansatz könnte hier darin liegen, dass bei der Kanalwahl künftig hauptsächlich von auf dem Internet basierenden Kanälen ausgegangen wird und sich die Frage, ob Print, Radio, TV, Internet oder direkter Kontakt gewählt wird, sich ohnehin in das World Wide Web verlagert.

6   Zusammenfassung

Der vorliegende Beitrag zum Bedarf an journalistischen Kompetenzen beschäftigt sich mit einer doppelten Hybridität – jener zwischen Ausbildung und beruflicher Praxis und jener zwischen den Berufsfeldern Marketingkommunikation/PR und Journalismus. Im Zentrum der Untersuchung steht die Frage, wie stark einzelne journalistische Kompetenzen in Berufen der PR und Marketingkommunikation benötigt werden. Weiters wird geklärt, ob sich der aktuelle und zukünftige Kompetenzbedarf zwischen den mehr an PR und mehr an Marketingkommunikation orientierten Berufsgruppen unterscheidet.

Mithilfe einer Online-Befragung unter berufsbegleitend Studierenden von Online-Marketingkommunikationsstudiengängen wurde ermittelt, wie diese die Bedeutung einzelner Kompetenzen einschätzen. Mithilfe einer Faktorenanalyse konnten aus 90 Variablen des Fragebogens zentrale Faktoren ermittelt werden, die als Metakompetenzen betrachtet werden können und die in der Folge einer besonderen Betrachtung unterzogen wurden.

Bei den untersuchten Kompetenzen handelt es sich um Realisationskompetenzen in Bezug auf die Tätigkeitsfelder PR und Marketingkommunikation. Spezifische journalistische Sachkenntnisse, welche Wissen über den Gegenstandsbereich Journalismus (z. B. Journalismusgeschichte, Berufsbild, Ethik und Journalismus) umfassen, wurden hier nur in Nebenfragen abgefragt. Insgesamt zielte die Untersuchung auf mediengestalterische Kompetenzen, die im Journalismus ihre Wurzeln haben.

Innerhalb der befragten Kompetenzen treten sechs Kompetenzcluster als besonders bedeutend hervor: grafische und fotografische Kompetenzen (BILD), Recherchekompetenzen (Medienbeobachtung, Informationsbewertung und -auswahl; TXTRECH), multimediale Gestaltung (MULMED), Texten (Schreiben, Redigieren, Auswählen, Darstellungsformen; TEXT), audiovisuelle Kompetenzen (Ton- und Videoaufnahmen und -bearbeitung; AUDVID) und KundInneninteraktion (Entscheidung über Kanäle der KundInneninteraktion; INTERAKTION).

Innerhalb dieser Kompetenzen stechen die KundInneninteraktionskompetenz (INTERAKTION), die Recherchekompetenzen (Textbewertung, Textauswahl, Recherche; TXTRECH), die audiovisuellen Kompetenzen (AUDVID) und die grafischen Kompetenzen (BILD) als besonders bedeutend hervor. Künftig wird es nach Einschätzung der Befragten hier in der Bedeutungszuweisung zu einigen Verschiebungen kommen. Besonders markant ist der angenommene Bedeutungsabfall von KundInneninteraktion und Kanalwahl (INTERAKTION) und audiovisuellen Kompetenzen (AUDVID).

In Bezug auf den Abfall der Bedeutung der Interaktion kann gemutmaßt werden, dass die jetzt noch schwierige Entscheidung zwischen Print, Radio, TV, Internet oder direktem Kontakt zunehmend zugunsten des Internets ausfällt und somit weniger komplex wird. Passend dazu steigt die Einschätzung der Bedeutung multimedialer Kompetenzen, sodass die Herausforderung der KundInnen- und Bezugsgruppenansprache mehr in der multimedialen Ansprache als in der Kanalwahl liegt. Bezogen auf die künftig geringer geschätzte Bedeutung der audiovisuellen Kompetenzen lassen sich als Erklärungsansatz die geringer werdende technische Komplexität der audiovisuellen Produktion, aber auch ein Rückgang von Spezialkompetenzen zugunsten der multimedialen Produktion nennen.

Die Ergebnisse zeigen, dass journalistischer Kompetenzbedarf erhalten bleibt und sogar leicht zunimmt. Innerhalb des journalistischen Kompetenzbedarfs kommt es aber zu einem sehr unterschiedlichen Bild zwischen den Berufsgruppen PR und Marketingkommunikation. Vor allem die MarketingkommunikatorInnen legen hier erheblich im journalistischen Kompetenzbedarf zu. Das ist eine Entwicklung, die durch die hohe Bedeutung des Feldes Content-Marketing auch ihren Ausdruck in der Praxis findet. Dieses Ergebnis wirft aber gleichzeitig die Frage nach dem Aufweichen der Grenzen zwischen PR und Marketingkommunikation neu auf.

Besonders markant ist der Unterschied an journalistischem Kompetenzbedarf im Vergleich zu der Einschätzung der PR-Tätigen. Diese prognostizieren eine Abnahme der benötigten journalistischen und mediengestalterischen Kompetenzen in allen Segmenten, insbesondere aber bei Kompetenzen zu Bild und Fotografie, Video- und Audioaufnahmen und der Recherche.

Überragenden Bedeutungszuwachs wird dafür den IT-Kompetenzen beschieden. Darunter fallen Kompetenzen wie die technische Konzeption von Medienprodukten, dem Konfigurieren von Content-Management-Systemen, der Entwicklung von Apps bis hin zur visuellen Gestaltung von Websites.

Hier muss methodisch allerdings auf das Untersuchungsdesign verwiesen werden. Die Befragung fand unter Studierenden und AbsolventInnen aus zwei Online-Marketingkommunikationsstudiengängen statt. Die spezifische Befragungszielgruppe kann sich in zwei Richtungen auswirken. Zum einen kann man unterstellen, dass Studierende, welche sich für ein Online Kommunikationsstudium entscheiden, schon durch ihre Studienwahl der IT hohe Bedeutung zumessen. Das Ergebnis wäre somit positiv für die Bedeutungszuschreibung an IT prädestiniert. Zum anderen kann unterstellt werden, dass durch die Wahl von berufsbegleitenden Studiengängen als Befragungszielgruppe die Einsicht in die Materie besonders tief ist und die wahrgenommene Bedeutungssteigerung direkt aus der beruflichen Erfahrung entspringt. In diesem Zusammenhang ist das vorliegende Ergebnis also ein besonders realistisches.

Mit Blick auf eine gemeinsame Ausbildung von PR-/Marketingkommunikation- und Journalismusstudierenden können aus den gewonnenen Erkenntnissen keine Rückschlüsse für eine gemeinsame Ausbildung in Journalismus und PR gezogen werden. Im dargestellten Kompetenzdreieck wird Journalismus als gleichwertig mit BWL- und IT-Kenntnissen gezeigt. Davon wird den IT-Kompetenzen extrem steigende Bedeutung zugeschrieben, während der journalistische Kompetenzbedarf nur als leicht steigend eingeschätzt wird.

Literatur

Bentele, Günter, Großkurth, Lars & Seidenglanz, René (2012). *Profession Pressesprecher: Vermessung eines Berufsstandes*. Berlin: Helios.

Bernet ZHAW (2013). *Social Media Schweiz 2013*. Abgerufen unter: www.bernet.ch/socialmediastudie [06.07.2015].

BITKOM (2012). *Social Media in deutschen Unternehmen*. Berlin: Bundesverband Informationswirtschaft, Telekommunikation und neue Medien e.V. Abgerufen unter: http://www.bitkom. org/files/documents/Social_Media_in_deutschen_Unternehmen.pdf [20.10.2014].

Bruhn, Manfred (2014). *Unternehmens- und Marketingkommunikation: Handbuch für ein integriertes Kommunikationsmanagement*. München: Vahlen.

Ettl-Huber, Silvia & Roither, Michael (2013). Reflective Hybrids in University Continuing Education – Illustrated using the Example of Communication and Management Education at the Danube University Krems (Austria). *Challenging Organisations and Society 1*(2), 221–238.

EUR-Lex (2008). Europäischer Qualifikationsrahmen für lebenslanges Lernen. EU Publications Office. Abgerufen unter: http://eur-lex.europa.eu/legal-content/DE/TXT/?uri=celex:32008H05 06%2801%29 [07.07.2015].

Fröhlich, Romy (2008). Public Relations als Beruf: Entwicklung, Ausbildung und Berufsrollen. In Günter Bentele, Romy Fröhlich & Peter Szyszka (Hrsg.), *Handbuch der Public Relations: Wissenschaftliche Grundlagen und berufliches Handeln*(2., korrigierte und erweiterte Auflage) (S. 431–443). Wiesbaden: VS Verlag für Sozialwissenschaften.

Fröhlich, Romy (2013). PR-Ausbildung: Und sie bewegt sich doch. In Olaf Hoffjann & Simone Huck-Sandhu (Hrsg.), *UnVergessene Diskurse – 20 Jahre PR und Organisationskommunikationsforschung* (S. 135–164). Wiesbaden: Springer VS.

Grunig, James E. & Hunt, Todd (1984). *Managing Public Relations*. New York: Rinehart & Winston.

Hashem, Sherif (1992). Sensitivity analysis for feedforward artificial neural networks with differentiable activation functions. *Neural Networks, Proceedings of the 1992 International Joint Conferences on Neural Networks, 1*, 419–424.

Hoffjann, Olaf (2010). Der PR-Journalismus-Diskurs: Verblassender Klassiker oder Evergreen? In Olaf Hoffjann & Simone Huck-Sandhu (Hrsg.), *UnVergessene Diskurse – 20 Jahre PR und Organisationskommunikationsforschung* (S. 315–332). Wiesbaden: Springer VS.

Kaltenbrunner, Andy & Luef, Sonja (2015). *GeneralistInnen vs. SpezialistInnen: Zur Veränderung von Berufsfeld und Qualifikationsbedarf im Journalismus.* Wien: Medienhaus Wien. Abgerufen unter: http://www.medienhaus-wien.at/cgi-bin/file.pl?id=443 [07.07.2015].

Kopf, Martina, Leipold, Jana & Seidl, Tobias (2010). *Kompetenzen in Lehrveranstaltungen und Prüfungen: Handreichung für Lehrende. Mainzer Beiträge zur Hochschulentwicklung,* Bd. 16. Mainz: Zentrum für Qualitätssicherung und -entwicklung.

Merten, Klaus (2008). *Prüfung und Ausbildung in PR/Kommunikationsmanagement I: Stand der Dinge und Ergebnisse zu einer Befragung.* Abgerufen unter: http://www.complus-muenster.de [20.10.2014].

Oidtmann, Klaus & Stadelhofer, Paul (2013). Die ideologische Reichweite des Kompetenzbegriffs: Eine Wortmeldung. In *Textpraxis – Digitales Journal für Philologie 6.* Abgerufen unter: http://www.uni-muenster.de/textpraxis/oidtmann-stadelhofer-die-ideologische-reichweite-des-kompetenzbegriffs [08.07.2015].

Pao, Yoh-Han (1989). *Adaptive Pattern Recognition and Neural Networks.* New York: Addison-Wesley Publishing Company.

Rinke, Wolfram (2015). Calculating the Dependency of Components of Observable Nonlinear Systems using Artificial Neural Networks. *Proceedings of the MakeLearn and TIIM Joint International Conference,* Bari, Italy.

Röttger, Ulrike, Preusse, Joachim & Schmitt, Jana (2007). *Kommunikationsberufe im Wandel – die neuen Medienwelten: Zusammenfassung der Studie.* Abgerufen unter: http://www.horizont-stiftung.de/download/studie-kommunikationsberufe.pdf [06.07.2015].

Schulte, Sarah (2011). *Qualifikation für Public Relations. Neue Perspektiven in der PR Berufsfeldforschung: Mit Handlungsempfehlungen für die Aus- und Weiterbildung von PR Experten.* Universität Münster: Dissertation.

Swingler, Kevin (1996). *Applying Neural Networks.* San Francisco: Academic Press Harcourt Brace & Company Publishers.

Szyszka, Peter (1995). Öffentlichkeitsarbeit und Kompetenz: Probleme und Perspektiven künftiger Bildungsarbeit. In Günter Bentele & Peter Szyszka (Hrsg.), *PR-Ausbildung in Deutschland: Entwicklung, Bestandsaufnahme und Perspektiven* (S. 317–342). Opladen: Westdeutscher Verlag.

Szyszka, Peter, Schütte, Dagmar & Urbahn, Katharina (2009). *Public Relations in Deutschland: Eine empirische Studie zum Berufsfeld Öffentlichkeitsarbeit.* UVK: Konstanz.

Weischenberg, Siegfried (1990). Das „Prinzip Echternach": Zur Einführung in das Thema „Journalismus und Kompetenz". In Siegfried Weischenberg (Hrsg.), *Journalismus und Kompetenz. Qualifizierung und Rekrutierung für Medienberufe* (S. 11–42). Opladen: Westdeutscher Verlag.

Zerfass, Ansgar, Tench, Ralph, Verčič, Dejan, Verhoeven, Piet & Moreno, Angeles (2014). *European Communication Monitor 2013: A Changing Landscape – Managing Crises, Digital Communication and CEO Positioning in Europe. Results of a Survey in 43 Countries.* Brussels: EACD/EUPRERA, Helios Media. Abgerufen unter: http://www.zerfass.de/ecm/ECM-2014-Results-ChartVersion.pdf [20.10.2014].

Silvia Ettl-Huber Forschungsleitung und Geschäftsführung Forschung an der FH-Burgenland, Campus 1, 7000 Eisenstadt, Österreich
E-Mail: silvia.ettl-huber@forschung-burgenland.at

Wolfram Rinke   Institut für Informationstechnologie und -management der FH-Burgenland, Campus 1, 7000 Eisenstadt, Österreich
E-Mail: wolfram.rinke@fh-burgenland.at

Michael Zeiller   Institut für Informationstechnologic und -management der FH-Burgenland, Campus 1, 7000 Eisenstadt, Österreich
E-Mail: michael.zeiller@fh-burgenland.at

Anything Goes 2.0: Zur Selbstdefinition der Medienberufe im digitalen Informationszeitalter

Dominik Pietzcker

Zusammenfassung

Die rasante technologische Entwicklung der globalen Informationsverarbeitung und -distri-bution setzt die traditionellen Medienberufe mit ihrem spezifischen Ausbildungs- und Tätigkeitsprofil unter starken Veränderungsdruck. Die Digitalisierung und Medialisierung der Wirklichkeit führt zu einem individuell und kollektiv spürbaren Anstieg von Geschwindigkeit, Simultaneität und Multioptionalität (Bunz 2012). Dies hat viel disku-tierte soziale und kulturelle Implikationen, vor allem jedoch harte wirtschaftliche Konse-quenzen (Schirrmacher 2009). Die Medienbranche in ihrer tradierten Form – Verlage und Sendeanstalten – bekommt dies besonders schmerzhaft zu spüren. Doch wie wirkt sich die Branchentransformation der Medien auf Berufsbild und Selbstverständnis der Kommunikatoren aus? Der Beitrag beleuchtet einige Aspekte dieser Entwicklung aus praktischer Perspektive und benennt neue Möglichkeiten der Orientierung in einer zuneh-mend unübersichtlichen Medienwelt.

D. Pietzcker (✉)
Macromedia Hochschule, M33 Höfe, Mehringdamm 33, 10961 Berlin, Deutschland
E-Mail: dominik@dominik-pietzcker.com

© Springer Fachmedien Wiesbaden GmbH 2017
N. Gonser, U. Rußmann (Hrsg.), *Verschwimmende Grenzen zwischen Journalismus, Public Relations, Werbung und Marketing*, Forschung und Praxis an der FHWien der WKW,
DOI 10.1007/978-3-658-13578-2_5

1   Die digitale Revolution und ihre Kinder

Ein zentraler Aspekt der umwälzenden technologischen und gesellschaftlichen Entwicklungen, die unter dem Begriff der „digitalen Revolution" zusammengefasst werden können, ist – wie bei jeder Revolution – der ökonomische (Streeck 2013; Maris 2015).[1] Auffällig ist die sich seit Jahren verstärkende Vorherrschaft des digitalen Diskurses, längst nicht nur in der leidenschaftlichen Debatte um die Zukunft der Medien. Seit der Jahrtausendwende erfolgten die spektakulärsten unternehmerischen Neugründungen und die höchsten wirtschaftlichen Zuwachsraten in der westlichen Welt fast ausnahmslos im digitalen bzw. kommunikationstechnischen Sektor.[2] Analoge Geschäftsmodelle geraten zunehmend in die Defensive, nicht nur ökonomisch, sondern vor allem auch hinsichtlich ihrer Zukunftsfähigkeit. Das Silicon Valley – nicht die Produktionshalle oder das Redaktionsbüro – ist bekanntlich der Ort, an dem sich das heutige Wirtschaftswunder, die Verwandlung von Geschäftsideen in monetäre Reichtümer, vollzieht. Auch andere Branchen als die Medien sind vom digitalen Umschwung erfasst, viele davon zu ihrem eigenen Leidwesen. Der stationäre Handel hierzulande steht massiv unter Selbstrechtfertigungsdruck gegenüber dem boomenden E-Commerce. Das Kaufverhalten ändert sich offensichtlich schneller als die Öffnungszeiten des Einzelhandels. Unter dem Kampfruf „Industrie 4.0" wird die klassische Produktionsbranche von der Notwendigkeit der Informatisierung aller Fertigungsprozesse erfasst. In der Zusammenschau dieser durchaus paradoxen Entwicklungen ergibt sich dennoch ein vorherrschender Zug. Tradierte Wirtschaftsmodelle erscheinen obsolet – digital ist die neue Norm. Andere (nicht-digitale) Technologien müssen sich zunehmend als von dieser Norm abweichend rechtfertigen. Das gilt für die Medienbranche generell, ganz besonders jedoch für die primär printbasierten Zeitungs- und Zeitschriftenformate.

Schon jetzt ist das klassische Erlösmodell der Verlage durch die Allverfügbarkeit kostenloser Informationen massiv infrage gestellt. Es ist naheliegend, dass ein Berufsbild wie das journalistische, das sich seit jeher aus der Metamorphose des Faktischen zur Information speist, unmittelbar an Relevanz und Exklusivität verliert, wenn der Zugang zu Informationen und Quellen potenziell für alle offen ist. Was ist das Bemerkenswerte, Wertvolle oder auch nur Lesenswerte an einer Information, auf die buchstäblich

---

[1] Mit dem inflationär gebrauchten und auch hier anklingenden Begriff der Revolution, ideologisch und historisch ohnehin kontaminiert, muss man naturgemäß vorsichtig umgehen. In diesem Zusammenhang ist eine umfassende, alle relevanten gesellschaftlichen Bereiche ergreifende, extrem schnelle und außerordentlich zerstörerische Kraft mit eindeutig ökonomischer Ausrichtung gemeint. Digitaler Wandel und Ökonomisierung der menschlichen Existenz bilden ein eng zusammenhängendes Begriffspaar.

[2] Dies erklärt auch den fulminanten Erfolg der digitalen Dystopie „The Circle" von Dave Eggers (2013).

jedermann Zugriff hat oder die er selbst schöpfen kann?[3] Mittlerweile kursieren sogar Begriffe wie Laien- oder Bürgerjournalismus in der Mediendebatte (Prinzing 2006), was einer hochgradig professionalisierten Branche zu denken geben muss.[4] Während Laienmediziner oder Bürgerjuristen kein ernsthaft wünschenswertes Berufspersonal abgeben, scheint dies, beflügelt von den technischen Möglichkeiten des digitalen Netzes und seiner vielfältigen Plattformen, für journalistische Tätigkeiten keineswegs der Fall zu sein. Hier erfolgt stillschweigend eine professionelle Grenzverschiebung und mit ihr die ökonomische und inhaltliche Abwertung eines ganzen Berufsbildes.

2   Ökonomische Umbrüche unter digitalen Vorzeichen

Seit der Jahrtausendwende ist die Verlagsbranche mit wechselhaftem Erfolg intensiv darum bemüht, neue Geschäftsmodelle zu entwickeln und zu etablieren. Die paradoxe Situation lautet: Während Informationsbedürfnis und individuelle Mediennutzung auf Rezipientenseite kontinuierlich steigen, befinden sich Auflagen und Werbeerlöse im Printbereich im Sinkflug. Stagnation ist in diesem Umfeld schon eine Erfolgsmeldung. Die Erlösmodelle der klassischen Zeitungs- und Zeitschriftenverlage sind bereits heute dramatisch infrage gestellt.[5] Bis in die späten 1990er-Jahre waren Umsatzrenditen von über 30 Prozent für die Verlagsbranche eher die Regel als die Ausnahme, entsprechend selbstbewusst und veränderungsresistent trat sie auf. Die Erfolge der Vergangenheit führten zu charakteristischen Retardierungsmomenten im Umgang mit der digitalen Herausforderung.

Der Kommunikationstrend geht – dies kann man mögen oder nicht – ungebremst und auf breitester Front in Richtung online. Nicht die geschlossene Redaktion ist bei diesem Szenario das Berufsfeld der Zukunft, sondern die medial offene Plattform. Entsprechend konsequent werden in deutschen Verlagen die Redaktionssysteme umgebaut. Das in der Fachpresse am häufigsten genannte Beispiel ist die technologische Restrukturierung des Springer Verlages unter digitalen Vorzeichen (Bernau und Busse 2015). Im sogenannten Newsroom der Redaktion der Zeitung „Die Welt" ist Print lediglich das Nebenprodukt eines kontinuierlich fließenden Datenstromes, der endlos in die jeweiligen Onlineforen eingespeist wird, 24 Stunden am Tag, sieben Tage die Woche, 365 Tage im Jahr. Eine herkömmliche

---

[3] Auf diese Schieflage verweist zumindest Günter Nonnenmacher in seinem Interview „Das bürgerliche Leitmedium" (2015).

[4] Diese neuartige Begriffsbildung ist umso bemerkenswerter, als sie das professionelle Selbstverständnis des Journalismus radikal infrage stellt.

[5] Eine Ausnahme machen hier ausdrücklich Business-to-Business-Formate, die sich durch spezielle, unmittelbar berufsrelevante Informationen einen festen Rezipientenkreis sichern konnten. In diesem Feld gibt es keine nennenswerte Konkurrenz durch digitale Informationsformate. Der Verfasser dankt Peter Klotzki vom Verband der deutschen Zeitschriftenverleger (VDZ) für diesen Hinweis.

Redaktion vermag die Ubiquität und Simultaneität globaler Informationskreisläufe längst nicht mehr abzubilden.

Diese neue, technologisch und wirtschaftlich gleichermaßen erzwungene Art der professionellen Informationsverarbeitung hat unmittelbare Auswirkungen auf das Berufsbild des Journalismus. Neben Recherche und Darstellungsweise, Sprache und Layout werden nunmehr Fragen der Verwertbarkeit und Multimedialität immer drängender. Wie lässt sich eine beliebige Information mit einem weiteren Medium oder besser noch mehreren Informationskanälen sinnvoll verbinden? Diese prinzipielle Verknüpfungsfähigkeit von Inhalten und Medien scheint besonders wesentlich in Zeiten, da sich das Konsumptionsverhalten auf Rezipientenseite als hochgradig hybride erweist. Lesertreue steht momentan nicht besonders hoch im Kurs. Der Wandel der Lesegewohnheiten ist einer der sichtbarsten neuen und überaus unbequemen Parameter, mit denen die Medienbranche insgesamt umzugehen hat. Dazu gehört auch die Beobachtung, dass das Medium Print bei den heute 15- bis 25-Jährigen massiv an Terrain verloren hat (Bitcom o. J., Stand 2015).[6]

Wie reagiert die Medienbranche auf diese Zeitenwende? Zweckgebundene Online-Informationsportale wie „Immonet" oder „Stepstone", aber auch die Single-Börse „Parship" gehören im digitalen Zeitalter wie selbstverständlich zum erweiterten Portfolio von traditionellen Verlagshäusern wie Springer und Georg von Holtzbrinck. Wenn der Leser zum User mutiert, ändern sich entsprechend die Informationsangebote. Eine Rückkehr zur Dominanz der Printmedien, wie sie noch bis zur Jahrtausendwende herrschte, scheint vollkommen ausgeschlossen: „Alles, was digitalisiert werden kann, wird digitalisiert." (Siems 2014) Die Verlagsbranche ist dabei nur ein Beispiel für die extreme Durchschlagskraft der digitalen Industrien. Information als Produkt und Ware ist dabei besonders anfällig für die umfassende Medialisierung, da sie sich besonders einfach adaptieren lässt.

Selbstverständlich haben all diese Entwicklungen auch Konsequenzen für die professionelle Ausbildung der angehenden Medien-Professionals, ob Journalisten, PR-Experten oder Marketeers. Sinkende Auflagen und volatile Werbeeinnahmen machen den Akteuren in Verlagen und Werbeagenturen gleichermaßen zu schaffen.[7] Online-Angebote sind jedoch auch kein ökonomischer Königsweg, denn die Budgets der werbetreibenden Unternehmen wachsen nicht exponentiell mit den zur Verfügung stehenden Mediakanälen; sie werden lediglich umverteilt. Die Digitalisierung der Verlagsbranche führt zu einer Erosion der Erlösmodelle. Für das Tätigkeitsfeld professioneller Kommunikation in Journalismus und Public Relations hat dies gravierende Folgen. Digitale Technologien neigen ohnehin zu Diffusionseffekten, etwa zur Aufhebung klassischer dialektischer

---

[6] Für einen ersten Vorgeschmack auf das Medienverhalten der Zukunft genügt es eigentlich schon, die Lesegewohnheiten unter Studierenden zu beobachten. Das Smartphone hat hier längst die Zeitung verdrängt, von intensiver Buchlektüre gar nicht erst zu reden. Für die sogenannte „Generation Y" (ein zugegebenermaßen problematischer Begriff) spielen Druckerzeugnisse keine dominierende Rolle mehr für das eigene Mediennutzungsverhalten.

[7] Auffallend ist dabei das Verlagern der Werbebudgets von Print zu Digital. Die angelsächsische Werbeholding WPP kündigte an, für 2015 digitale Anzeigen im Wert von rund 3,5 Mrd. US-Dollar bei Google zu schalten, weitere 800 Mio. auf Facebook (vgl. Löhr 2015).

Begriffspaarungen wie öffentlich und privat, Beruf und Freizeit, Kontrolle und Selbstbestimmung. In den Berufsbildern der Medienbranche hingegen verwischen sich seit einigen Jahren die Unterschiede zwischen Interesse und Objektivität, Distanz und Tendenz, Informationswiedergabe und Rezeptionsverhalten.

Wie wirken sich diese disruptiven Veränderungen real aus? Als direkte Folge der Medialisierung der ökonomischen und gesellschaftlichen Sphäre sind auch die Grenzen zwischen den einzelnen Medienberufen wenn schon nicht aufgehoben, so doch stark durchlässig geworden. Das gilt in erster Linie für das Verhältnis von Public Relations und Journalismus. Im Folgenden wird dieser Befund anhand von einigen Experteninterviews ausgeleuchtet und begründet.

3   Schlaglichter auf die Kommunikationsbranche: Journalismus, Public Relations, Unternehmenskommunikation

Nicht im Sinne einer quantitativen Erhebung, wohl aber als Schlaglicht auf die innere Verfassung der Branche und ihre geänderten Rahmenbedingungen, wurden im Zeitraum von Januar bis April 2015 fünf Medienexperten in Deutschland befragt. Dabei handelte es sich um Peter Klotzki, Geschäftsführer des Verbandes der deutschen Zeitschriftenverleger (VDZ), um den Medienpolitiker Martin Dörmann (SPD) sowie um den Berliner PR-Experten Peter Königsfeld. Weitere Befragte waren Michael Handrick, Sprecher der Diakonie Deutschland, sowie der Agenturmanager Jörg Drischmann. Die folgenden wörtlichen Zitate stammen aus der Expertenbefragung, die sowohl persönlich als auch per E-Mail erfolgte. Ziel der qualitativen Interviews war es, ein aussagekräftiges, wenn auch lediglich momenthaftes Bild aus erster Hand zum Thema Branchenumbruch in den Medien zu erhalten. Zentrale Aussagen sind im Folgenden aufgeführt. Gegenstand der Experteninterviews war insbesondere das Phänomen der beruflichen Diffusion zwischen Journalismus und Public Relations. Namentlich im angelsächsischen Raum befindet sich dieses Verhältnis in einem starken Wandel, wie auch die aktuelle Studie von John Lloyd und Laura Toogood belegt: „Both, PR and journalism are currently in a transition phase. (…) Journalism has been slower to adapt to the digital revolution and it has taken considerable time to adapt new methods of communication." (Lloyd und Toogood 2015, S. 87) Insofern war es besonders spannend herauszufinden, ob mediale Entwicklungen aus dem angelsächsischen Raum bereits in Deutschland angekommen sind.

Auf die Frage, ob die Grenzen zwischen Public Relations und Journalismus im digitalen Zeitalter und durch die relative Schwächung der Printmedien durchlässiger geworden seien, antwortet Martin Dörmann: „Ein Stück weit ja, da zunehmend Informationen über das Netz abgerufen werden und dort die Herkunft und Seriosität von Informationen nicht in jedem Fall so deutlich sind wie bei Printausgaben von Zeitungen, wo es klar ist, dass eine gewisse redaktionelle Reflexion dahinter steht (…)." Das Internet führt zu einer Grenzverwischung zwischen kritischer und affirmativer Berichterstattung. Nochmals Martin Dörmann:

„Es gibt ohne Zweifel eine Tendenz, dass die Recherche bei Printmedien unter dem bestehenden Kostendruck eher rückläufig ist, wenn auch nicht zwingend für jeden Titel. Schließlich
gibt es unterschiedliche Konzepte, um auf die gegenwärtige Krise zu reagieren. Zudem wird
der Zeitdruck, Meldungen zu produzieren, immer größer, zumal die meisten Zeitungen auch
online präsent sind. Dadurch steigt insgesamt die Gefahr, dass weniger Zeit für Reflexion
besteht und affirmative Berichterstattung zunimmt."

Der technologische Wandel erhöht den Druck innerhalb der Verlagsbranche – objektiv als
ökonomischer Druck, subjektiv als Zuwachs an zeitlichen und quantitativen Vorgaben.
Wenn Echtzeit das neue Maß der Berichterstattung ist, kommt jede Meldung naturgemäß
zu spät.

Mit neuen Formaten reagieren nicht nur Verlage, sondern auch Produktions- und Dienst-
leistungsunternehmen auf die gesteigerten Kommunikationsmöglichkeiten im digitalen
Zeitalter. Der Verbandsgeschäftsführer Peter Klotzki meint:

„Es gibt ganz klar einen Trend in Unternehmen, verstärkt eigene autonome Kommunikati-
onsstrukturen und -einheiten aufzubauen: Corporate Media und mehr, bis hin zu Publis-
hing-Haus-Strukturen. Diese Entwicklung wird durch neue Medien mit ihren technischen
Möglichkeiten und der stärkeren Interaktivität ausgelöst, aber auch durch stärkeren Kommu-
nikations- und Erklärungsbedarf gegenüber anspruchsvolleren Verbrauchern."

Seine Berufsprognose lautet: „Auf den unternehmenseigenen Publishing-Plattformen, in
den Newsrooms der Konzerne, entsteht ein neues Arbeitsfeld für Journalisten." Die neuen
technischen Möglichkeiten erlauben es Unternehmen, eigene Redaktionsstäbe aufzubauen
und aktiv Medieninhalte zu produzieren, ohne dabei auf Intermediäre zurückzugreifen zu
müssen. Public Relations und Journalismus verlieren dadurch faktisch an Trennschärfe.

Der Medienberater Peter Königsfeld bemerkt abschließend zu dieser Entwicklung:

„Die Grenze zwischen PR und Journalismus ist durchlässiger geworden. Noch in den
90er-Jahren der späten Bonner Republik war der fliegende Wechsel von der journalistischen
Tätigkeit zu einem Sprecherposten in der Wirtschaft berufsethisch problematisch, um nicht
zu sagen tabuisiert. Diese Zurückhaltung ist vollkommen weg."

Diese Entwicklung sei sowohl wirtschaftlich getrieben, könne aber auch auf eine neue,
pragmatisch ausgelegte Selbstdefinition der Medien- und Meinungsmacher zurückzuführen sein.[8]

Aus den Interviews ergeben sich drei Schlaglichter. Zum ersten: Innerhalb einer einzigen Generation, von den späten 1990er- bis in die 2010er-Jahre, hat sich das Berufsverständnis in den Medien, sicherlich auch ökonomisch motiviert, deutlich gewandelt.

---

[8] Vgl. hierzu auch die Beobachtung von Paul Blanchard von der Londoner Agentur Right Angels:
„Journalists are becoming wiser about a PR-led market in which they can earn additional fees."
(Lloyd und Toogood, 2015, S. 101) Der Widerspruch zwischen Journalismus und Public Relations
ist demnach streckenweise bereits aufgehoben.

Die Rollen von Journalismus und Public Relations sind prinzipiell austauschbar und Berufskarrieren häufen sich, in denen Kommunikatoren wechselweise beide Rollen ausfüllen. Hier hat eine Veränderung stattgefunden, die man schon heute als irreversibel betrachten kann. Zum zweiten: Es entwickelt sich momentan eine neue Balance zwischen kritischer und affirmativer Kommunikation, zwischen klassischen Print- und Onlineformaten. Dies lässt sich zum Beispiel an der steigenden Bedeutung von Corporate Communications ablesen. Unternehmen verfügen längst über ihre eigenen Redaktionsstäbe und Informationsplattformen, ohne sich dabei journalistischer Intermediäre bedienen zu müssen. Zum dritten: Der Transformationsprozess der Medienbranche unter digitalen Vorzeichen hat gerade erst begonnen. Die enorme Beschleunigung und Verknüpfungsfähigkeit von Informationen erhöhen abermals Geschwindigkeit, Durchdringungsgrad und Umfang dieser Veränderung. So weit also die Befunde aus der Befragung vom Frühjahr 2015. Was ergibt sich daraus auf einem größeren Tableau?

4   Corporate Publishing als Wachstumsmarkt

Große, europaweit oder global tätige Verlagshäuser wie Bertelsmann, die Georg von Holtzbrinck Gruppe, der Frankfurter Societätsverlag und Hoffmann & Campe in Hamburg unterhalten und investieren systematisch in Tochterunternehmen, die journalistisch aufbereitete Publikationen im Auftrag von Unternehmen konzipieren und umsetzen. Von der Themenfindung bis zur Drucklegung werden diese Produkte komplett redaktionell betreut. Vordergründig journalistisch, sind sie im Kern jedoch klassische Instrumente der Unternehmenskommunikation. Darunter gehören auflagenstarke Titel wie „mobil" (Deutsche Bahn), das „Lufthansa-Magazin" oder auch „concepts", das weltweite Kundenmagazin des Baukonzerns Hochtief. Recherche, aufwendige Bildreportagen, Schaubilder, das Verfassen von Homestories, Artikeln, aber auch Debattenanstöße – sämtliche klassischen journalistischen Formate werden längst für Corporate-Publishing-Produkte eingesetzt. Viele professionelle Journalisten arbeiten de facto bereits als PR-Akteure. In dem Maße, wie die Redaktionen von gedruckten Titeln wirtschaftlich und personell in Zugzwang geraten, gewinnt Corporate Publishing an Attraktivität. Tatsache ist, dass viele Journalisten nach ihrem oftmals unfreiwilligen Ausstieg aus den Redaktionen auf Unternehmensseite oder zu Corporate-Publishing-Häusern wechseln.

Die professionelle Diffusion zwischen Journalismus und Unternehmenskommunikation ist keine zufällige, sondern strukturell bedingt. Die wesentliche Frage lautet: Kann Corporate Publishing überhaupt als Form des Journalismus betrachtet werden? Schließlich sind hier ja nicht Marketeers am Werk, sondern Kommunikationsfachleute, Fotografen, journalistisch ausgebildete, detailliert recherchierende und in Periodika publizierende Experten. Sollte dies wirklich kein Journalismus sein? Eine harte Differenzierung zwischen Journalismus und Public Relations ist auf dem Feld des Corporate Publishing nicht mehr möglich. Hier bewegt man sich in einer definitorischen Grauzone, die in den Medien selbst begründet liegt.

5   Intrinsische Ambivalenzen zwischen Journalismus und Public Relations

Die Unschärfe zwischen Public Relations und Journalismus ist in erster Linie instrumentell. Klassische Kommunikationsformate wie beispielsweise Interviews, aber auch fotografische Dokumentationen, lassen sich unternehmensseitig vereinnahmen und für ihre jeweiligen Zwecke nutzen, ohne dabei unmittelbar an journalistischer Glaubwürdigkeit zu verlieren. Man kann in diesem Zusammenhang auch von der intrinsischen Ambivalenz medialer Formate zwischen Journalismus und Public Relations sprechen. Diese liegt im Wesen der Kommunikation selbst, welche niemals ein völlig eindeutiges Phänomen ist. Im Folgenden sollen zwei Beispiele dieser *intrinsischen Ambivalenz* diskutiert werden, und zwar Interviews und Fotografien. Interviews geben möglichst direkt und ungefiltert die Meinung des Gefragten wieder. Dies kann im Einzelfall eine sprachlich geschickt dargelegte Unternehmensverlautbarung sein, die nun im journalistischen Gewand des kritischen Dialoges erscheint und in dieser Form sogar ein Massenpublikum erreicht. Große Korporationen, die insbesondere über ihr Führungspersonal nach außen kommunizieren, nutzen diese Unschärfe zwischen korporativem und kritischem Journalismus bewusst aus und bedienen sich ungeniert der Presse als Plattform.[9] Diese Möglichkeit der Instrumentalisierung der Medien durch Einzelpersonen und Korporationen steigt in dem Maße, in dem auch die Medienkompetenz der Akteure wächst.[10] Die interviewte Person gibt eben nicht zwingend eine Antwort auf die ihm gestellte Frage, sondern kann die Interviewsituation auch als Forum für die subtile Darstellung seiner eigenen Interessen nutzen. Dies lässt sich auch gar nicht verhindern, weil das Interview diese Art der Gesprächslenkung ausdrücklich vorsieht. Die unfreiwillige Selbstentblößung ist, was viel zu selten bemerkt wird, ein Risiko, das auch aufseiten des Interviewers liegt.

Ein weiteres Beispiel dieser Ambivalenz zwischen Unternehmens- und Pressekommunikation ist der Umgang mit Fotografien. Die Kommunikationsabteilungen von Unternehmen und Organisationen verfügen bekanntlich über ein reichhaltiges Archiv an Fotomaterial, das zwar authentisch, zugleich aber auch tendenziös ist. Sobald dieses Material journalistisch genutzt wird, und nur zu diesem Zweck existiert es überhaupt, wird es durch das Medium selbst objektiviert. Ein Vorgang, von dem wiederum beide Seiten,

---

[9] Als Beispiel sei das ausführliche FAZ-Interview genannt, welches die mittlerweile zurückgetretenen Vorstände der deutschen Bank gaben – ein Signal sowohl für die Öffentlichkeit als auch für die Mitarbeiter (Braunberger et al. 2014).

[10] In dem Artikel „Jetzt erzählen sie ihre Geschichten selbst" in der Frankfurter Allgemeinen Zeitung (FAZ) vom 20. Oktober 2014 heißt es: „Der britische Unternehmer Richard Branson etwa schwärmt davon, wie er mit Interviews über philantropische Themen in Zeitungen die Aufmerksamkeit für sein Unternehmen Virgin gesteigert habe." Zitat Richard Branson: „Jetzt haben wir einen Weg gefunden, um Leute zu erreichen, die lesen, was wir sagen." Mit anderen Worten, das kritische Medium wird unfreiwillig zum Träger von marketingrelevanten Informationen und vertritt damit die wirtschaftlichen Interessen derjenigen Korporation, die eigentlich distanziert hinterfragt werden sollte (Hauser und Kohn 2014).

Presse und Unternehmen, profitieren. Über das zur Verfügung gestellte Bildmaterial nehmen Unternehmen Einfluss auf die redaktionelle Berichterstattung. Unternehmen, Organisationen und Institutionen erschaffen sich ihre eigene mediale Wirklichkeit; sie nutzen dabei Redaktionen als ihre Intermediäre. Genau dies ist mit dem Begriff der *intrinsischen Ambivalenz* gemeint.

Ohne Frage liegt es im Interesse einer Unternehmung oder einer Organisation, die Berichterstattung nach außen möglichst aktiv und zugleich kontrolliert zu gestalten. Autonome Kommunikationsformate, bevorzugt digitale, sind längst etabliert. Gerade die internetbasierte Informationsvermittlung verwischt aufseiten des Rezipienten die Unterscheidung zwischen genuin journalistischen Inhalten und solchen, die ein Unternehmen zur Verfügung stellt. Die Eingabe von Suchbegriffen tut ein Übriges, um die Differenzierung von Distanz und Tendenz aufzulösen. Es genügt eigentlich schon, den Begriff des Users gegenüber dem des Lesers abzuwägen, um zu begreifen, dass Ersterer sich seiner illusionären Selbstbestimmtheit längst schon selbst entledigt hat.

6   Unternehmen als direkte Kommunikatoren

Unternehmen benötigen zwar Medien, aber nicht mehr die Verlage, um direkt mit ihren Zielgruppen und der Öffentlichkeit zu kommunizieren. Corporate Books, Corporate-Publishing-Formate, Newsrooms, Corporate TV, Corporate Events sowie E-Publishing-Formate bieten vielfältige und breit angelegte Möglichkeiten, um auch große Massen zu erreichen. Der Vorteil einer solchen Herangehensweise liegt darin, alle Botschaften und Maßnahmen orchestriert aufeinander abstimmen zu können, bei vollständiger Kontrolle über Timing, Inhalt und Zielrichtung. Die für ein solch breites Vorgehen notwendigen Budgets können sich zwar nur vergleichsweise große Unternehmen leisten, der Return on Investment liegt dann aber in der gelungenen Erschaffung einer künstlichen Öffentlichkeit ganz eigenen Gepräges, die organisationsseitig gesteuert und vollkommen kontrolliert wird. Die jeweiligen Inhalte werden dabei durch das genuine Organisationsinteresse bestimmt. Die globale Ausrichtung eines Unternehmens, seine Themen und Märkte, gibt auch der Unternehmenskommunikation ein globales Gepräge. Beispielhafte Themen sind etwa der demografische Wandel, Ressourcenoptimierung, Energiewende und Gesundheit. Vergleicht man diese Themen mit dem Spektrum einer überregionalen Zeitung, stellt man überraschende Gemeinsamkeiten fest.

Organisationen, Unternehmen und Konzerne investieren massiv in neue Publishing- und Kommunikationsformate. Sie verfügen, anders als so mancher Verlag, über die notwendigen Ressourcen und den unternehmerischen Willen, um diese technisch und personell zu realisieren. Professionelle Nachrichtenvermittlung (in welcher medialen Form auch immer) ist längst keine Domäne von Verlagshäusern mehr. So wandert auch journalistische Kompetenz verstärkt in die Kommunikationsabteilungen von Organisationen ab. Gefragt sind schon heute professionelle Generalisten, welche die neuen Online- und Dialogformate genauso beherrschen wie die Methoden des klassischen Printjournalismus.

Technologische, ökonomische und ideologische Rahmenbedingungen, zu denen nicht zuletzt die neoliberale Grundgestimmtheit in Politik, Medien und Wirtschaft gehört, begünstigen den Berufstrend zu journalistisch aufbereiteter Public Relations. Als direkte Folge der Medialisierung der ökonomischen und gesellschaftlichen Sphäre verlieren die einzelnen Berufsfelder zunehmend an Trennschärfe. Journalistische Inhalte und Techniken treten vermehrt als Public-Relations-Formate auf: Interview als Dialogkommunikation, Reportagen als smartes Storytelling, dokumentarische Fotografien als inszenierte „photo opportunities". Eine Differenzierung seitens des Betrachters oder Users findet nicht in jedem Fall statt und ist auch gar nicht möglich.

7   Stärke und Verwundbarkeit der Medienbranche

Wie jede Veränderung lässt sich auch der dramatische Wandel der Medienindustrie positiv oder negativ deuten. Gleichgültig kann er nur diejenigen lassen, die in ihrer Wirklichkeitswahrnehmung nicht auf mediale Inhalte zurückgreifen. Kritische Zurückhaltung ist aber in jedem Fall angebracht. Schon Max Horkheimer bemerkte in seinen Aufzeichnungen aus der Weimarer Republik:

> „Arbeitsfähigkeit, Schicksal, Erfolg hängen unter anderem in hervorragendem Maß davon ab, wieweit einem Menschen die Identifikation mit den wirklich bestehenden Mächten gelingt. Sein Weg wird anders verlaufen, wenn er sich mit der bestehenden Gesellschaft einig fühlt und ihre Normen akzeptiert, als wenn ihm bloß die Identifikation mit oppositionellen Gruppen gelingt oder wenn er gar seelisch völlig isoliert bleibt." (Horkheimer 1987 [1934], S. 367)

Für die Berufsbilder in den Medien, vor allem für das Verhältnis von Journalismus und Public Relations, ergeben sich aus den beschriebenen technischen, wirtschaftlichen und transformatorischen Entwicklungen einige spezifische Schlussfolgerungen. Dazu gehört an erster Stelle die Einsicht in die hohe Volatilität der Kommunikationsbranche. Die gesamte Branche hat sich in der Krise als überaus verwundbar gezeigt; ökonomisch ist sie nicht gestärkt aus ihr hervorgegangen. Zugleich – und das erscheint paradox – ist das Legitimationsbedürfnis seitens der Auftraggeber (Unternehmen, Verlage, digitale Industrie) deutlich gestiegen und mit ihm die medial vernetzten kommunikativen Anstrengungen. Informations- und vor allem Orientierungsangebote werden für Leser und User wichtiger, wenn auch die entsprechenden Kanäle schon heute wesentlich diversifizierter geworden sind. Die berufliche Trennung zwischen Public Relations, Journalismus, Werbung und Marketing wird auch zukünftig partiell aufrechterhalten werden. Allen Kommunikationsberufen gemein ist schon heute das extrem gesteigerte Bewusstsein um die wirtschaftlichen Parameter des eigenen Tuns. In Gesprächen mit Journalisten stellt man immer wieder verblüfft fest, wie schnell die Rede auf Geschäfts-, Anzeigen- und Renditemodelle kommt. Bislang war man eigentlich der Auffassung, dass dies ein Privileg der Betriebswirte sei. Das hat sich massiv geändert. Völlig neu ist auch das systemisch notwendige Berufsbild des *Medienmanagers*, der sowohl die tradierten (Print-) wie auch die revolutionär neuen (Online-)Medien professionell und intuitiv beherrscht und auf diese Weise eine sinnvolle Balance zunächst ausverhandeln und anschließend umsetzen kann.

Aus der neuen Unübersichtlichkeit resultiert zudem ein Bedürfnis nach Verbindlichkeit und bleibenden ethischen Standards. Dies ist auch eine der wesentlichen Ursachen für die anhaltende Debatte um Nachhaltigkeit und Corporate Social Responsibility, die ja im Kern nichts anderes ist als der Versuch, die Selbstwidersprüche zwischen Ökonomie und Moral, Wohlstand und Zerstörung zumindest vordergründig, also kommunikativ, aufzuheben. Nicht zuletzt gewinnen neue inhaltliche Formate, insbesondere die nichtkommerzielle NGO-Kommunikation, gesellschaftlich an Bedeutung, da sie gewisse Paradoxien zwischen Ethik und Legitimität ausschließen.

8   Ausbildung und Branchenentwicklung

Die Medienberufe stehen heute an einer Zeitenwende. Dies stellt nicht nur das Selbstbild der Branchenvertreter auf einen ungewollten Prüfstand, sondern wirft auch Schlaglichter auf Ausbildung, Zukunft und Tätigkeitsfelder der professionellen Kommunikatoren. Dies betrifft selbstverständlich auch die akademische Lehre, die es sich angesichts der radikalen Neuerungen in der Medienbranche kaum erlauben kann, sich auf die geistigen Besitzstände der Vergangenheit zurückzuziehen. Der Branchennachwuchs verdient alternative Sichtweisen, die zukunftsfähig sind. Die Krise der Printmedien führt faktisch, man mag das explizit benennen oder unausgesprochen danach handeln, zu einer inneren Neuausrichtung in den Redaktionen. Leser werden zunehmend als Kunden und Käufer apostrophiert. Dies fördert in Konsequenz selbstaffirmative Tendenzen. Man möchte seinem Kunden ja inhaltlich nur das zumuten, was er auch zu kaufen bereit ist. Die merkantile Logik von Angebot und Nachfrage entpuppt sich zuletzt als tödliche Gefahr für den kritischen Journalismus, der womöglich nicht nur eine vom medialen Mainstream abweichende Einzelmeinung vertritt, sondern gar grundsätzliche Veränderungspotenziale in Wirtschaft und Gesellschaft benennt. Das Diktat der *political correctness* tut darüber hinaus ein Übriges, um die geistige Souveränität zu untergraben. Echte Kritik und ernster Zweifel sind in einem solchermaßen kontaminierten Betriebsklima schlechterdings nicht mehr möglich.

In Teilen der Verlagslandschaft wird die Tendenz vom investigativen zum korporativen Journalismus bereits nachvollzogen. Strukturell führen die großen Verlagshäuser ohnehin neben ihren bekannten Publikumszeitschriften auch Corporate-Communications-Titel. Diese werden im Regelfall ebenfalls von ausgebildeten Journalisten betreut. Arbeitstechniken wie die kritische Recherche, die anschauliche Formulierung und die abschließende Dokumentation bleiben medial anschlussfähig. Berufliche Rollenwechsel von Redaktion zu Unternehmenskommunikation und wieder zurück sind schon heute keineswegs ein exotisches Vorkommnis. Was nicht weiter verwundert, denn betriebswirtschaftlich befinden sich Journalismus und Public Relations oftmals unter demselben verlegerischen Dach.[11]

Grundlegend erscheint die vorurteilsfreie Anerkennung von neuen technologischen, ökonomischen und inhaltlichen Realitäten. Die Medienbranche als Vexierbild der Gesellschaft ist im Umbruch und muss sich selbst neu erfinden. Das bis zur Jahrtausendwende außerordentlich lukrative Geschäftsmodell der Zeitungs- und Zeitschriftenverlage ist an seine ökonomischen Grenzen gestoßen und in einzelnen Fällen bereits historisiert. Der tradierte Zeitungs- und Qualitätsjournalismus der Nachkriegszeit ist, zumindest wirtschaftlich gesehen, überholt, in vielen Fällen bereits ein Subventionsmodell. Von ihm gehen keine oder nur mehr paradoxe Zukunftsimpulse aus. Für das berufliche Überlebenstraining von Journalisten ist der permanente Verweis auf das Goldene Zeitalter des investigativen Journalismus womöglich weit weniger relevant als die nüchterne Erörterung der Frage, auf welcher ökonomischen Basis das journalistische Geschäftsmodell zwischen Medium, Leserinteresse und Anzeigenkunde realistisch stehen könne. Die kritische Grundhaltung und vorgebliche Distanz zur Macht des Journalismus und seiner Repräsentanten sollten ohnehin nicht übergewichtet werden. Bereits Max Horkheimer (1987 [1934], S. 336) bemerkte hintergründig: „Ein feiner Trick: Das System zu kritisieren soll denen vorbehalten bleiben, die an ihm interessiert sind." Eine affirmative Grundtendenz ist noch den aggressivsten journalistischen Formaten zu eigen – das, was kritisiert wird, muss zugleich erhalten bleiben, um weiterhin Gegenstand der Kritik zu sein.

Die realistische Einschätzung ökonomischer Rahmenbedingungen wird im klassischen Journalismus geradezu überlebenswichtig. Fragen der wirtschaftlichen Sicherheit stellen sich dringlicher. Die Übernahmen von Verlagshäusern durch Käufe und Verkäufe haben in den letzten Jahren stark zugenommen, mit allen durchaus auch negativen Konsequenzen für die im Regelfall angestellten Medienfachleute.[12] Journalismus ist auch ein Broterwerb und steht im individuellen Spannungsfeld von Abhängigkeit, Konformismus und Sicherheitsbedürfnis. Es wäre fatal, dies auszublenden, schönzureden oder zu heroisieren.

Neben die ökonomischen Rahmenbedingungen treten infolge der technologischen Entwicklung auch Herausforderungen bezüglich Aktualität, Geschwindigkeit und ihres

---

[11] Bekanntlich betreiben u. a. Bertelsmann, der dazugehörige Verlag Gruner + Jahr, Hoffmann & Campe, der Societätsverlag und die Georg von Holtzbrinck Gruppe bereits seit Jahrzehnten Tochterunternehmen im Bereich Corporate Publishing. Die oft angeführte, auch ethisch stark belegte Differenz zwischen Journalismus und Unternehmenskommunikation ist verlegerisch also überhaupt nicht vorhanden. Auch im Branchenverband VDZ sind sowohl klassische Publikumsverlage als auch Corporate-Communications-Verlage gleichberechtigt vertreten. Die zum Teil aggressiv geführte Debatte um Journalismus und Public Relations scheint vor diesem Hintergrund völlig überzogen.

[12] Die Übernahme des Hamburger Verlages Gruner + Jahr durch Bertelsmann in 2014/2015 war nicht von ungefähr mit einer drastischen Verkleinerung der journalistischen Belegschaft verbunden. Umgekehrt jedoch führte die Reetablierung der Lokalredaktion der „Welt" Hamburg zu vielen Neueinstellungen. Die vermeintliche Unabhängigkeit der Journalisten endet im Regelfall mit dem Ausbleiben des monatlichen Gehaltes.

geistigen Nachvollzugs. Die Verflüssigung von Informationsstrukturen[13] führt zu einer deutlichen Akzelerierung der Arbeitsprozesse und zu völlig neuen Arbeitsweisen. Informationsverarbeitung und -vermittlung ist technisch mittlerweile von überall und in jeder Situation leistbar und bedarf längst keiner Redaktionsräume mehr. Damit ist die Information räumlich vollkommen entkoppelt. Social-Media-Kanäle wie Twitter oder Instagram setzen zudem neue Standards in Sachen Verdichtung und Reaktionsschnelligkeit mit der Folge, dass der Begriff der Aktualität neu gedeutet werden muss, diesmal als Echtzeit. Das sinnfällige Symbol dieser neuen Form der Synchronizität ist der sogenannte Hashtag „#“. Im Prinzip ist jede Information, die das Siegel der Echtzeit nicht trägt, bereits *outdated*. Echtzeit ist gegenwärtig der neue Aktualitätsstandard, dem sich auch die journalistischen Redaktionen beugen müssen und beugen werden. Tagesaktualität befindet sich gegenüber dem Prinzip der Echtzeit schlicht im zeitlichen Hintertreffen. Das im direkten Vergleich mit instantanen Medien negative Zeitmanagement des herkömmlichen Journalismus ist, neben dem neu definierten ökonomischen Rahmen, womöglich die härteste Branchenherausforderung. An diesem Aspekt wird die historische Bedingtheit von Journalismus besonders augenfällig. Natürlich lässt sich Journalismus auch als Journalismusgeschichte begreifen, womit allerdings die Gegenwarts- und Zukunftsperspektive aus dem Fokus rückt. Dies kann keine nachvollziehbare Haltung sein.

## 9	Schluss: Die Entscheidung des Einzelnen

Lassen sich aus den bisherigen Beobachtungen Rückschlüsse auf die Selbstdefinition der Medienberufe im digitalen Zeitalter ziehen? Die Unwägbarkeiten der Branche haben ohne Zweifel zugenommen. Wenn das individuelle ökonomische Risiko systembedingt steigt, braucht das berufliche Selbstbewusstsein zu seiner Bestätigung neue symbolische Quellen. Dies kann zum Beispiel das Gefühl sein, nicht Getriebener, sondern Souverän der technologischen Entwicklung zu sein. Auch die Sensibilisierung gegenüber dem ökonomischen Moment als ernsthafter Gefahr für den eigenen Berufsweg wird zukünftig deutlich ausgeprägter sein. Dazu gehört auch die professionelle Distanz als innere Haltung gegenüber momentan modischen medialen Anwendungen. Die Netztechnologien liefern zwar neue ökonomische Muster, aber sie schaffen keine neuen Utopien und sind als Gesellschaftsentwurf völlig untauglich. Ein journalistisches Berufs- und Selbstverständnis, das primär gesellschaftlich motiviert ist, wird mit der digitalen Herausforderung anders umgehen als eines, welches vergangenen Besitzständen nachtrauert. Zuletzt geht es in einem ganz praktischen Sinn darum, Arbeitstechniken zu stärken und systematisch

---

[13] Zum überaus fruchtbaren und weiterführenden Begriff der Verflüssigung vgl. die brillanten soziologischen Essays von Zygmunt Baumann (2003, 2009 u. a.). Ironischerweise ist der Begriff Verflüssigung (liquidization) selbst ein fließender, der in der Wirtschaftswissenschaft ebenso zur Anwendung kommt wie in der Schnapsbrennerei oder der robusten politischen Praxis als symbolische oder physische Liquidierung des Gegners.

auszuprägen, die nicht algorithmisiert werden können und sich allein dadurch gegenüber den Verflüssigungstendenzen im digitalen Raum als immun erweisen. Dazu gehören Sprachstil, individuelle Assoziations- und Verknüpfungsfähigkeiten sowie alle Techniken der interpersonalen Kommunikation, von der Rhetorik bis hin zur persönlichen Darstellung. Diese auszuprägen und anzuwenden obliegt der Entscheidung des Einzelnen.

Literatur

Bauman, Zygmunt (2009). *Leben als Konsum*. Hamburg: Hamburger Edition.

Bauman, Zygmunt (2003). *Flüchtige Moderne*. Frankfurt: Edition Suhrkamp.

Bernau, Varinia & Busse, Caspar (2015). *„Wir haben in Europa zu lange geschlafen"* (Das Montagsinterview mit Matthias Döpfner, Vorstandsvorsitzender des Axel-Springer-Verlages). Süddeutsche Zeitung (31.05.2005). Abgerufen unter: http://www.sueddeutsche.de/wirtschaft/montagsinterview-wir-haben-in-europa-zu-lange-geschlafen-1.2500755?reduced=true [01.06.2015].

Bitcom (o. J.). *Internet* (Bitcom/Eurostat 3/2015). Abgerufen unter: http://www.bitkom.org/Marktdaten/Konsum-und-Nutzungsverhalten/Internet.html [02.09.2015].

Braunberger, Gerald, Frühauf, Markus & Knop, Carsten (2014). *Die Zinsen in Amerika werden wieder deutlich anziehen – Im Gespräch: Anshu Jain und Jürgen Fitschen, die Vorstandsvorsitzenden der Deutschen Bank*. Frankfurter Allgemeine Zeitung (01.02.2014), S. 18.

Bunz, Mercedes (2012). *Die stille Revolution. Wie Algorithmen Wissen, Arbeit, Öffentlichkeit und Politik verändern, ohne dabei viel Lärm zu machen*. Berlin: Edition Unseld.

Eggers, Dave (2013). *The Circle*. London: Penguin.

Hauser, Jan & Kohn, Philipp (2014). *Jetzt erzählen sie ihre Geschichten selbst*. Frankfurter Allgemeine Zeitung (20.10.2014) S. 22.

Horkheimer, Max (1987 [1934]). Dämmerung. Notizen in Deutschland. In: Gesammelte Schriften II, *Philosophische Frühschriften 1922–1932*. Frankfurt: Fischer Verlag.

Lloyd, John & Toogood, Laura (2015). *Journalism and PR. News Media and Public Relations in the Digital Age*. London: I. B. Tauris.

Löhr, Julia (2015). *Sir Martin trinkt jetzt Coke*. Frankfurter Allgemeine Zeitung (27.08.2015), S. 22.

Maris, Bernard (2015). *Michel Houllebecq, Ökonom*. Köln: DuMont.

Nonnenmacher, Günther (2015). Das bürgerliche Leitmedium. *Horizont*, 1, 10.

Prinzing, Marlis (2006). *Präsent, wenn's brennt*. Die Welt (10.08.2006). Abgerufen unter: www.welt.de/print-welt/article234767/Praesent-wenns-brennt.html [05.06. 2015].

Schirrmacher, Frank (2009). *Payback – Warum wir im Informationszeitalter gezwungen sind zu tun, was wir nicht tun wollen, und wie wir die Kontrolle über unser Denken zurückgewinnen*. München: Blessing.

Siems, Dorothea (2014). *Wie Deutschland die digitale Revolution vorantreibt*. Die Welt (03.12.2014). Abgerufen unter: www.welt.de/wirtschaft/article134996574/Wie-Deutschland-die-digitale-Revolution-vorantreibt.html [02.06.2015].

Streeck, Wolfgang (2013). *Gekaufte Zeit – Die vertagte Krise des demokratischen Kapitalismus*. Berlin: Suhrkamp.

Dominik Pietzcker Macromedia Hochschule Campus Hamburg und am Campus Berlin, Mehringdamm 33, 10961 Berlin, Deutschland

E-Mail: dominik@dominik-pietzcker.com

Teil III

Berufspraxis

Vorbilder in Journalismus und Public Relations

Beatrice Dernbach, Juliane Kiesenbauer und Maike Lehnhoff

Zusammenfassung

Journalismus und Public Relations sind zwei unterschiedliche Berufsbilder im Feld der Publizistik. Die Abgrenzung verschwimmt zunehmend. Viele PR-Führungskräfte blicken auf eine mehrjährige und bisweilen erfolgreiche Karriere im Journalismus zurück; der umgekehrte Weg ist eher selten. Eine Gemeinsamkeit ergibt sich daraus, dass sich beide Berufsfelder stetig ausdifferenzieren. Die Einsatzgebiete sind vielfältig und Nachwuchskräfte sowie erfahrene Praktiker stehen vor zahlreichen Möglichkeiten, ihre Berufslaufbahn zu gestalten.

Aus Studien zur Frage der Berufsorientierung junger Menschen ist bekannt, dass vor allem die Eltern für diesen Prozess sehr prägend sind. In der späteren Berufslaufbahn werden Vorgesetzte und Kollegen wichtiger. In der Publizistik ist bis dato nicht untersucht, welchen Einfluss Vorbilder aus dem jeweiligen Feld auf die berufliche Entscheidung haben. Punktuell geben Studien Hinweise dahingehend, dass Vorbilder für die Orientierung bei der Berufswahl und Laufbahngestaltung von Journalisten und PR-Praktikern eine Rolle spielen.

B. Dernbach (✉)
Fakultät Angewandte Mathematik, Physik und Allgemeinwissenschaften, Technischen Hochschule Nürnberg Georg Simon Ohm, Keßlerplatz 12, 90489 Nürnberg, Deutschland
E-Mail: beatrice.dernbach@th-nuernberg.de

J. Kiesenbauer • M. Lehnhoff
Institut für Kommunikations- und Medienwissenschaft, Universität Leipzig,
Burgstr. 21, 04109 Leipzig, Deutschland
E-Mail: kiesenbauer@uni-leipzig.de; maike.lehnhoff@hotmail.de

© Springer Fachmedien Wiesbaden GmbH 2017   81
N. Gonser, U. Rußmann (Hrsg.), *Verschwimmende Grenzen zwischen Journalismus, Public Relations, Werbung und Marketing*, Forschung und Praxis an der FHWien der WKW,
DOI 10.1007/978-3-658-13578-2_6

Gleichwohl der Begriff „Vorbild" in der Alltagssprache häufig verwendet wird und verschiedene Funktionen des Vorbilds in der Psychologie, der Pädagogik, den Kultur- und Sozialwissenschaften untersucht wurden, ist das Konzept in der Kommunikations- und Medienwissenschaft kaum ausgearbeitet. Der Beitrag bietet eine theoretische Rekonstruktion des Begriffes, diskutiert schematische Differenzierungen und präsentiert die Ergebnisse zweier Online-Umfragen unter zu Fragen wie: Inwiefern orientieren sich Journalisten und PR-Praktiker an Vorbildern? Aus welchen Bereichen stammen diese Vorbilder? Welche Eigenschaften werden an ihnen geschätzt? Inwiefern – und wenn ja, aus welchen Gründen – fanden Vorbilderwechsel statt?

1   Einleitung

Laut einer Befragung des britischen Meinungsforschungsinstituts YouGov von 25.000 Menschen in 23 Ländern führen der US-amerikanische Unternehmer Bill Gates und die Schauspielerin Angelina Jolie das Ranking der weltweit beliebtesten Menschen an (Jordan 2015). Die amerikanische Schauspielerin steht sogar auf der Beliebtheitsskala der russischen Bevölkerung ganz oben – neben dem Präsidenten Wladimir Putin. In Deutschland setzten die Befragten den Ex-Bundeskanzler Helmut Schmidt und die derzeitige Kanzlerin Angela Merkel auf die Plätze 1 der nach Geschlecht getrennten Listen. Schmidt ist – neben Mutter Teresa, Nelson Mandela, Mahatma Gandhi, Albert Schweitzer und anderen (meist Politikern) – auf der Unsterblichkeitsliste der Vorbilder verewigt (Institut für Demoskopie Allensbach 2013a).

In einer vom Forschungsinstitut Emnid durchgeführten Befragung im Auftrag des evangelischen Magazins „Chrismon" nannten 1.004 Erwachsene dagegen keine prominenten Namen. Für 40 Prozent der Männer sind die Väter, für 38 Prozent der Frauen die Mütter die Vorbilder. Die Mutter ist aber auch für 22 Prozent der Männer, der Vater für 27 Prozent der Frauen das zweitbeste Vorbild (TNS Emnid 2013).

Was diese Rankings und Statistiken sagen? In erster Linie zeigen sie, dass es ein Bedürfnis danach zu geben scheint, Menschen zu fragen, wen sie bewundern, wem sie nacheifern. Medien bzw. Journalisten initiieren einen Teil der Studien und/oder bekommen diese Befragungsergebnisse auf den Tisch und veröffentlichen sie. Der Begriff Vorbild und die Vorstellung davon sind also Teil der Alltags- und der Medienwelt. Daher ist es eine naheliegende, aber überraschenderweise bisher offensichtlich nicht systematisch gestellte Frage, welche Vorbilder Journalisten und andere professionelle Kommunikatoren und welchen Einfluss diese auf die Wahl und die Ausübung des Berufes haben. Nicht zuletzt hat auch die intrinsische Motivation der Wissenschaftlerinnen, über eigene Vorbilder nachzudenken, die vorliegende Studie initiiert. Der Artikel startet mit einer Begriffsklärung und dem Stand der Forschung, für den Beiträge aus der Breite der Geistes- und Sozialwissenschaften erschlossen wurden. Aus deren Auswertung wiederum ist eine Liste von Indikatoren entstanden, die das Grundgerüst der beiden empirischen Studien bilden, die wir nachfolgend vorstellen.

2 Vorbilder

Auch für Forscher ist es mittlerweile nicht uninteressant, einen zentralen Begriff zunächst einmal in die Internetsuchmaschine Google einzugeben, denn die Ergebnisse spiegeln häufig wider, wie heterogen ein Wort in der Alltagssprache verwendet und verstanden wird. Binnen einer halben Minute liefert Google fast zwölf Millionen Treffer; wenig überraschend ist die erstgenannte Quelle Wikipedia (Wikipedia 2015). Schon in dieser Definition für den Laiengebrauch stecken wesentliche Schlüsselbegriffe, weshalb sie hier zitiert sein soll:

> „Vorbild ist eine Person oder Sache, die als richtungsweisendes und idealisiertes Muster oder Beispiel angesehen wird. Im engeren Sinne ist Vorbild eine Person, mit der ein – meist junger – Mensch sich identifiziert und dessen Verhaltensmuster er nachahmt oder nachzuahmen versucht. Während umgangssprachlich unter Vorbildern meist Personen verstanden werden, die dem Betreffenden oftmals überhaupt nicht nahestehen, aber bewusst als Modell gewählt werden, weil sie bei ihm hohes Ansehen genießen, beschäftigen Soziologen und Psychologen sich eher mit Rollenmodellen im unmittelbaren sozialen Umfeld (Eltern, Peergroup), deren Verhalten unbewusst nachgeahmt wird." (Wikipedia 2015)

Im folgenden Kapitel werden unterschiedliche Begriffe, die im Zusammenhang mit Vorbildern auftauchen, diskutiert und voneinander abgegrenzt.

2.1 Definition und Abgrenzung

Auch im Deutschen Wörterbuch Wahrig (Brockhaus 2011) stehen Synonyme wie „Muster", „Idealgestalt", „Leitbild", „Idol" und „Mentor" sowie der Verweis auf die englischsprachigen Bezeichnungen „role model" oder „example". Die Psychologin Penelope Lockwood hat in einer Untersuchung zur Frage gendergerechter Vorbilder folgende Arbeitsdefinition formuliert:

> „Role models are individuals who provide an example of the kind of success that one may achieve, and often also provide a template of the behaviors that are needed to achieve such success. By identifying with an outstanding role model, individuals can become inspired to pursue similar achievements." (Lockwood 2006, S. 36).

Die zentralen Kriterien eines Vorbildes sind also das Nachahmungspotenzial oder die Inspiration im Hinblick auf das Verhalten und den angestrebten Erfolg. Deshalb ist es nicht verwunderlich, dass sehr viele Studien nach Vorbildern bei Kindern, Jugendlichen und jungen Erwachsenen forschen. Jedoch stehen hier oft andere Begriffe im Vordergrund, nämlich Star, Idol oder Held (vgl. Wegener 2008). Diese semantische Gleichsetzung kritisiert Claudia Wegener (2008, S. 15), findet allerdings keine Gründe, weshalb das so ist: „Ob dies aus Unwissenheit heraus geschieht, aus einem vermeintlich sicheren Vorverständnis oder tatsächlich aus der Schwierigkeit, einen weitgehend neutralen Begriff zu finden, muss offen bleiben." Dennoch versucht die Soziologin Wegener dem ambivalenten, unscharfen Begriff

Vorbild näher zu kommen. Zunächst stellt sie zwei scheinbar sich einander widersprechende Tendenzen gegenüber: die Nachahmung anderer Personen einerseits und die Individualisierung und Selbstverwirklichung andererseits (Wegener 2008, S. 16). Beides vereint sich aber insbesondere in der Orientierung der jungen Menschen an den Massenmedien. Dort finden sie ihre individuellen Vorbilder, insbesondere für ihre (soziale) Lebenswelt, also vor allem für Musik-, Mode- und Lebensstil.

Wegener arbeitet in ihrer Definition heraus, dass es im „bildungsbürgerlichen Kontext" „das Intellektuelle, das Moralische" sei, das „Vorbildstatus gewinnt" (Wegener 2008, S. 18). Während der Begriff Vorbild das Objektivierbare, Erstrebenswerte eher sachlich-nüchtern beschreibt, kennzeichnen Wörter wie Ideal, Star, Idol und Held stärker das idealistische, schwärmerische und schwer erreichbare Ziel. Stars sind ein Konstrukt der Medienwelt. Stars werden angehimmelt. Sie treffen in der Regel nicht im Alltag auf ihre Fans und erhalten sich so Image und Aura. Ein Idol stammt ebenfalls aus der Medienwelt und „scheint erst aus den Sehnsüchten Vieler geschaffen, die sich in einstimmiger Verehrung der jeweiligen Person zuwenden. Entsprechend werden Idole oftmals auch erst nach dem Ableben der jeweiligen Person konstituiert, sodass dem Begriff gleichsam etwas Historisches anhaftet." (Wegener 2008, S. 27)

Im Zusammenhang mit dem Thema Vorbilder wird auch oft der Begriff des Mentors erwähnt. Zwar kann ein Mentor zum Vorbild werden (Wrigley 2005, S. 564), ebenso wie ein Vorbild gleichzeitig Mentor sein kann. Rein definitorisch sind die beiden Konzepte jedoch trennscharf voneinander zu unterscheiden. Anhand des Mentoring-Konzepts wird explizit ein Zusammenhang zwischen erfolgreicher beruflicher Entwicklung und professioneller sowie psychosozialer Unterstützung hergestellt: „A mentor relationship has the potential to enhance career development and psychosocial development of both individuals." (Kram 1983, S. 613) Sowohl Mentor als auch Vorbild können direkt oder indirekt die Rollenerwartungen und Karriereentscheidungen einer Person beeinflussen. Ein entscheidender Unterschied zwischen Mentoring und Vorbildhaftigkeit besteht jedoch darin, dass beim Mentoring eine interaktive Beratungs- und Unterstützungsbeziehung zwischen zwei Personen besteht. Zwischen einem Vorbildgeber und einem Vorbildnehmer, wenn man die Beteiligten so nennen möchte, kann, aber muss kein persönlicher Kontakt bestehen (Gibson und Barron 2003, S. 199; Gibson 2004, S. 137; Hansen 2009, S. 734 f.; Burkert et al. 2015).

2.2   Interdisziplinärer Forschungsstand

Eine Exkursion in andere wissenschaftliche Disziplinen auf der Suche nach Erklärungen für den Begriff Vorbild soll und kann an dieser Stelle nicht en detail beschrieben werden, sondern muss sich auf wenige Aspekte beschränken, die teilweise als Indikatoren in die im übernächsten Kapitel vorgestellten eigenen empirischen Studien geflossen sind. Außen vor geblieben sind dabei beispielsweise die Auseinandersetzungen mit dem Begriff in der Politikwissenschaft. Hier werden in erster Linie politische (Nachahmungs-)Strategien beschrieben, die andere von einer Vorbildnation übernehmen. So beschäftigt sich beispielsweise der (emeritierte) Professor für Politikwissenschaft Klaus von Beyme seit Jahrzehnten mit Vergleichen zwischen politischen Systemen und hat unter vielen ein Buch mit dem Titel „Vorbild Amerika?" veröffentlicht (1986).

Ebenfalls nicht berücksichtigt werden Erkenntnisse aus Literatur und Literaturwissenschaft, denn wo wären Anfang und Ende? Starten bei Goethes Werther, nach dem bis heute Suizide aus Liebeskummer benannt werden, die auf Nachahmung nach verstärkter Medienberichterstattung zurückzuführen sind? Bei Theodor Fontanes „Effi Briest" als Vorbild für sich emanzipierende Frauen? Bei Bertolt Brechts „Mutter Courage"? Siegfried Lenz hat seinen 1973 erschienenen Roman mit „Das Vorbild" betitelt. Darin wird beschrieben, wie drei Pädagogen im Auftrag der Kultusministerkonferenz ein repräsentatives Lesebuch zusammenstellen. Beim dritten Kapitel „Lebensbilder – Vorbilder" merken sie, wie schwierig es ist, die eigenen Vorbilder durchzusetzen. Sie finden schließlich als Konsens eine Biologin, die ihrem Leben ein Ende gesetzt hat. Der Verleger lehnt diesen Vorschlag ab, denn eine Frau, die an ihrem Leben so leide, könne kein Vorbild für junge Menschen sein. Ende offen.

Der Kulturwissenschaftler Thomas Macho hat sich auf 450 Seiten mit dem „Vorbild" auseinandergesetzt (2011). Er differenziert zwei Grundbedeutungen: einerseits „den antizipierenden Entwurf, das Modell, den Versuch einer visuellen Repräsentation von Zukunft", „andererseits ein normatives Ideal, eine bestimmte Art von Prominenz (etwa des Heiligen, Kreativen, Heroischen), der zumal junge Menschen folgen und nacheifern sollen" (Macho 2011, S. 13). Auf den folgenden Seiten schreibt er über Abbilder, Trugbilder und Nachbilder, die in Traditionen, Ritualen, Erinnerungen u. ä. entstehen. Er zeichnet nach, wie infolge der Säkularisierung aus Mysterien die Wissenschaften entstanden, aus Göttern Genies, aus Königen Politiker und aus der Elite (mediale) Prominenz.

In der Psychologie geht es in der Frage der Auseinandersetzung mit der eigenen Persönlichkeit häufig um die Rolle des von Sigmund Freud entwickelten Drei-Instanzen-Modells der menschlichen Psyche: Das Strukturmodell setzt sich zusammen aus dem Es, dem Ich und dem Über-Ich (vgl. Freud 1923). Der Psychoanalytiker unterteilt die menschliche Psyche in Bewusstes und Unbewusstes. Um es etwas grob zu skizzieren: Das Es (= Unbewusstes) steht für die Triebe, die Bedürfnisse und Affekte, es ist empfänglich für die Reize aus der Außenwelt; im Über-Ich (= Bewusstes) sind soziale Normen und Werte verankert, und das Ich versucht, zwischen diesen beiden Instanzen beispielsweise mittels einer Art von Zensur den Ausgleich zu finden (vgl. Nitzschke 2010). Freud hat sich zeitlebens auch mit dem Phänomen des Vorbilds beschäftigt. In „Massenpsychologie und Ich-Analyse" (1921: Kap: VII; Internet) schreibt er:

„Die Identifizierung ist der Psychoanalyse als früheste Äußerung einer Gefühlsbindung an eine andere Person bekannt. Sie spielt in der Vorgeschichte des Ödipuskomplexes eine Rolle. Der kleine Knabe legt ein besonderes Interesse für seinen Vater an den Tag, er möchte so werden und so sein wie er, in allen Stücken an seine Stelle treten. Sagen wir ruhig: er nimmt den Vater zu seinem Ideal. Dies Verhalten hat nichts mit einer passiven oder femininen Einstellung zum Vater (und zum Manne überhaupt) zu tun, es ist vielmehr exquisit männlich. Es verträgt sich sehr wohl mit dem Ödipuskomplex, den es vorbereiten hilft. Gleichzeitig mit dieser Identifizierung mit dem Vater, vielleicht sogar vorher, hat der Knabe begonnen, eine richtige Objektbesetzung der Mutter nach dem Anlehnungstypus vorzunehmen. Er zeigt also dann zwei psychologisch verschiedene Bindungen, zur Mutter eine glatt sexuelle Objektbesetzung, zum Vater eine vorbildliche Identifizierung."

Diese Orientierung an Vater und Mutter findet sich auch in der pädagogischen Literatur wieder. Karoline Hentrich (2011) beispielsweise hat bestätigt, dass die Eltern einen sehr großen Einfluss auf die Berufswahlentscheidung von Jugendlichen haben. Obwohl sich viele Berufsstrukturen und -bilder gewandelt hätten, sei die Unterstützung durch Eltern viel wichtiger als die der Berufsberater und Lehrer (Hentrich 2011, S. 93). Seien die Eltern erwerbslos, wirke sich das nachteilig aus und sollte durch staatliche Stellen aufgefangen werden. Auch die Vorbild(aus)wirkung nicht-traditioneller Geschlechterrollen im Elternhaus auf die Berufslaufbahn der Kinder (z. B. auf deren Gehalt und Aufstiegsgeschwindigkeit) wurden jüngst zum Gegenstand der Debatte (McGinn et al. 2015).

Geht man davon aus, dass Menschen sich ein Vorbild zum Zweck der Identifikation und Nachahmung von Fertigkeiten und Verhalten suchen, dann lässt sich Albert Banduras Ansatz des Lernens am Modell als Erklärung heranziehen. Er geht davon aus, dass Menschen die kognitive Disposition besitzen, andere Menschen zu beobachten und nachzuahmen. Der Vorteil wird darin gesehen, dass viele einzelne für sich sehr komplexe Verhaltensbereiche nicht einzeln, sondern vernetzt angeeignet werden, was sozial-psychologische Prozesse, v. a. den des Erwachsenwerdens beschleunigt. Dabei werden das vorgelebte und das nachgeahmte Verhalten immer wieder überprüft, nicht zuletzt mit dem Blick auf die Konsequenzen. „Both operant conditioning and social learning theories assume that performance of acquired matching behavior is strongly controlled by its consequences. But in social learning theory, behavior is regulated not only by directly experienced consequences arising from external sources, but also by vicarious reinforcement and self-reinforcement [...]." (Bandura 1971, S. 46)

Aus der Sozialpsychologie ist beispielhaft Leon Festingers populäre Theorie des Sozialen Vergleichs (1954) zu nennen, die ebenfalls die Thematik der Vorbilder berührt. Die Vorbildwahl wird gemeinhin als ein sozialer Vergleich aufgefasst (Gibson 2003; Hoyt et al. 2012). Laut Festinger haben Menschen das Bedürfnis, ihre Meinungen und Fähigkeiten zu bewerten. Diese Bewertung erfolge dabei über den Vergleich mit anderen (Festinger 1954, S. 117 f.). Der soziale Vergleich ist dabei der Wirkung eines Vorbilds vorangestellt: „A superstar [eine Person, die besondere Leistungen erbracht hat – Anm. d. Verf.] will become a source of inspiration or discouragement only if one compares oneself to this person." (Lockwood und Kunda 1997, S. 92) Menschen nehmen Personen zum Vorbild, deren Leistungen für sie erreichbar erscheinen. Um also festzustellen, ob sie die Fähigkeiten haben, einen ähnlichen Erfolg zu erzielen wie das potenzielle Vorbild, müssen sie sich mit diesem vergleichen. „An important source of knowledge about oneself is comparison with other people." (Wood 1989, S. 231)

Vorbilder begleiten die Menschen, so Cornelia Klein (2013), ihr Leben lang – und mediale Vorbilder spielen dabei eine große Rolle, sowohl in der Kindheit als auch und besonders in der Adoleszenz. In dieser Phase treten die optischen Merkmale der medialen „Stars" vor deren Tätigkeit (Klein 2013, S. 20). Klein vermutet: „Da die kognitive und biologische

Entwicklung in diesem Stadium weitgehend abgeschlossen ist, gewinnen offenkundig soziologisch basierte Entwicklungsaufgaben an Bedeutung – etwa die Festigung der sozialen Stellung." (Klein 2013, S. 22) Der Fokus liege nun auf einer Strategie, „um Charaktereigenschaften, Handlungsweisen und Wertvorstellungen des Vorbildes zu filtern, zu reflektieren und gegebenenfalls zu imitieren" (Klein 2013, S. 22).

Wesentliche Aspekte für die Indikatorenbildung sind kurz zusammengefasst: Als Vorbilder gelten Menschen, mit denen sich andere Menschen identifizieren, deren Verhalten sie versuchen nachzueifern und die in der Regel aus dem näheren sozialen Umfeld stammen. Vor allem der Erfolg im Leben und im Beruf der Vorbilder dient als Orientierung. Weiterhin zentral sind Wissen, Fähigkeiten, Fertigkeiten, Einstellungen sowie Erfahrungen. Geschlecht und Alter spielen ebenfalls eine wichtige Rolle.

3 Vorbilder in der Kommunikatorforschung

Die bereits erwähnte intrinsische Motivation sowie die Spurensuche in Theorie und Empirie haben zu den vorliegenden beiden Studien geführt. Schnell ist deutlich geworden, dass in der Kommunikatorforschung die Frage nach Vorbildern bis heute nicht gestellt worden ist. Diese Lücke soll mit dem vorliegenden Vorhaben geschlossen werden.

3.1 Journalistenvorbilder

Journalisten berichten zwar regelmäßig darüber, welche Vorbilder andere haben, aber die Selbstreflexion darüber ist überschaubar – zumindest diejenige, die sich in (wissenschaftlicher) Literatur niederschlägt. Schon mehr ist über den Idealtypus des Journalisten zu finden. Emil Dovifat hat sich intensiv mit der „publizistischen Persönlichkeit" auseinandergesetzt. Er hielt die „innere Berufung" für unerlässlich, denn der journalistische Beruf sei eine „öffentliche Aufgabe, eine öffentliche Verpflichtung" (Dovifat 1990, S. 65). Als Grundbedingungen formulierte der Publizistikwissenschaftler: „Einfühlung", „Instinkt", „natürliche Triebkraft, aktiv zu werden", „Triebkraft des Berufenseins, der Wille, die Dinge anders, besser, wirksamer zu machen", „Sendungsbewusstsein", „die Beherrschung der Form und des Ausdrucks", „sachliche Substanz, Wissen und Können" sowie „Sachkunde und Urteilsfähigkeit" (Dovifat 1990, S. 66 ff.). Dovifat war übrigens der festen Überzeugung, dass diese Eigenschaften nur Männer mitbringen.

Gleichwohl die Journalistik in den darauffolgenden Jahrzehnten auf der Basis der Demokratie- und Systemtheorie, konstruktivistischer Ansätze, der Akteurs- und Handlungstheorie von dieser individualpsychologischen Manifestierung abgewichen ist und ein wissenschaftlich fundiertes Rollenverständnis der journalistischen Berufsrolle formuliert hat, finden sich die Kriterien Dovifats – wesentlich ideologisch entrümpelt – auch heute noch in vielen Ansätzen wieder. Siegfried Weischenberg u. a. definieren sie beispielsweise als Kompetenzen, differenziert in die Sachkompetenz als Wissen in einem Themengebiet, die journalistische Fachkompetenz als

Kenntnisse über das Mediensystem und handwerkliche Fähigkeiten sowie die soziale bzw. Vermittlungskompetenz (vgl. Scholl und Weischenberg 1998; Weischenberg et al. 2006). Gleichwohl diese systemische Einbettung der Journalisten zentrales Motiv der Kommunikatorforschung ist, drängen sich sowohl in der Theorie als auch in der Praxis einzelne Journalisten in den Vordergrund, die von Weischenberg u. a. (2006) als „Alphatiere im Journalismus" bezeichnet wurden. Diesen Ausdruck haben unter anderem Stephan Weichert und Christian Zabel in ihrem Band über die „Alpha-Journalisten 2.0" (2009) erneut aufgegriffen. In einem Interview, geführt von Pörksen et al. (2008), nimmt Weischenberg zu Fragen der „Renaissance des journalistischen Akteurs" sowie der Personalisierung im Journalismus ausführlich Stellung. Seine Forschung beruhe auf zwei Arten von Personen: auf journalistischen Akteuren, die als repräsentative Stichprobe der Berufsgruppe befragt würden, und den „journalistischen Alphatieren".

> „Man kann feststellen, dass der Journalismus gegenwärtig neue Formen des Starkults entwickelt, dass er sich auch insofern den Gesetzen der Mediengesellschaft und der Logik der Prominentenberichterstattung sehr viel stärker anpasst. Wir kennen heute erstaunlich viele Printjournalisten nicht mehr nur mit ihrem Namen, sondern wissen auch, wie sie aussehen, weil sie durch das Fernsehen oder eigene Videoblogs bekannt geworden sind – bzw. sich mit allen Mitteln bekannt machen." (Pörksen et al. 2008, S. 736 f.).

Der emeritierte Journalistik-Professor unterscheidet drei Problemgruppen im Journalismus: den *„Ich*-Journalismus", den *„Wir*-Journalismus" und den *„Ihr*-Journalismus." Narzisstische *Ich*-Journalisten produzieren sich heute zunehmend als die neuen Stars, die wichtiger scheinen als die eigentliche Nachricht; sie informieren bzw. langweilen mit subjektiver Befindlichkeitsprosa. Inzwischen treten sie auch mit eigenen Blogs an bzw. auf. *Wir*-Journalismus meint: eine extreme Neigung zur Kumpanei, die über früher noch gleichsam natürliche und politisch-ideologische Grenzen hinweg zu beobachten ist; die großen Publizisten und Verleger der Nachkriegszeit – Axel Springer, Henri Nannen, Rudolf Augstein – kannten sich natürlich, aber sie hätten niemals, wie man dies heute in der Berliner Journalistenszene beobachten kann, in einer vergleichbaren Weise fraternisiert und mit direkten publizistischen Folgen gekungelt. Und die große Masse der Journalisten macht inzwischen *Ihr*-Journalismus – und betreibt ein oft hemmungsloses Sich-Ranschmeißen nach dem Motto: „Was wollt ihr? Wir können es euch leichter machen, die Anstrengung des Verstehens minimieren und die Wunder der Gentechnik in drei Sätzen formulieren?" (Pörksen et al. 2008, S. 738)

Diese Beobachtung und Bewertung ist in der Beobachterinstanz Journalismusforschung weitgehend Konsens, wenngleich andere Forscher andere Ursachen und Effekte benennen. Wolfgang Donsbach (2009) beispielsweise betrachtet das Berufsbild der Journalisten aus Sicht des Publikums, konstatiert eine zunehmend enttäuschte Erwartung an professionellen Journalismus, was einen Vertrauensverlust bedeutet (Zeit online 2015). Das Image der Journalisten in der Öffentlichkeit ist – so zeigen es die regelmäßig erhobenen Berufsprestigestudien beispielsweise des Instituts für Demoskopie Allensbach (2013a, b) – nicht das beste bzw. es liegt seit Jahren weit hinter Berufen wie Ärzten, Krankenschwestern,

Pfarrern und Lehrern zurück und bewegt sich auf ähnlichem Niveau wie das der Politiker und Gewerkschaftsführer.

Aber zurück von diesem Exkurs zur Selbstreflexion der Journalisten. Es gibt im deutschsprachigen Raum zwei Sammlungen im vergangenen Jahrzehnt, die sich mit journalistischen Vorbildern beschäftigen: Die eine ist ein Band, herausgegeben von Hans-Jürgen Jakobs und Wolfgang R. Langenbucher (2004), in dem 39 Journalisten von heute 50 publizistische Kollegen von früher porträtieren; die zweite ist eine Serie in der Fachzeitschrift „Message", in der Journalisten ebenfalls ihre Vorbilder präsentieren – wobei diese nicht immer aus dem publizistischen Feld stammen, wie beispielsweise Heribert Prantls Großmutter (2012, S. 87). Bemerkenswert im Hinblick auf Erstere ist, dass 31 Autoren und acht Autorinnen sieben Frauen und 43 Männer vorstellen.

3.2   Vorbilder für PR-Praktiker

Die PR-Berufsfeldforschung orientierte sich bis in die 1980er-Jahre stark an der Journalismusforschung. Dies wurde u. a. darauf zurückgeführt, dass die Mehrzahl der Forscher davon ausging, dass die Rekrutierung von PR-Fachleuten primär aus dem Bereich Journalismus erfolgte und dass unter dem Begriff Public Relations hauptsächlich die Tätigkeit der Pressearbeit verstanden wurde (Wienand 2003, S. 114). In seiner 1986 durchgeführten Studie zu „Pressestellen als journalistisches Tätigkeitsfeld und journalistischer Arbeitsmarkt" konstatiert Böckelmann: „In Pressestellen sind Journalisten außerhalb der Medien als Journalisten am Werk; zugleich – und in bisher weitaus größerer Zahl – bilden sich Nicht-Journalisten bei der Ausbildung medienbezogener Tätigkeiten zu Quasi-Journalisten heran." (Böckelmann 1991, S. 5) In den 1990er-Jahren wurde die inhaltliche Diskussion um berufliche Qualifikationen im Rahmen der branchenweiten Professionalisierungsdiskussion auf eine neue, systematischere Ebene gehoben (z. B. Szyszka 1995, S. 331). Bis heute wird in der PR-Forschung regelmäßig der Versuch unternommen, das Kompetenzprofil des PR-Praktikers zu definieren (z. B. Jeffrey und Brunton 2011; Tench et al. 2013). Nur punktuell jedoch finden sich Hinweise darauf, welche Faktoren die berufliche Entwicklung von PR-Tätigen beeinflussen. In einer Befragung europäischer PR-Praktiker (n = 2.492) wurden mehrere Aspekte identifiziert, die als wichtig für die eigene Karriereentwicklung eingeschätzt wurden, z. B. Weiterbildung, Arbeitgeberwechsel, akademische Grundausbildung, Mentoring durch erfahrene Kollegen und Praktika (Zerfaß et al. 2014, S. 46).

Auf die hohe Bedeutung von Vorbildern und Mentoren für die berufliche Entwicklung von Nachwuchskräften wird insbesondere in qualitativen Studien hingewiesen – erstmals in einer Interviewsammlung von Berger (2008), wobei die Begriffe Vorbild und Mentor auch hier nicht immer konsequent unterschieden werden: „For new professionals to become excellent leaders in public relations, excellent examples of leadership must be visible to them. They are able to find a set of role models of excellent leadership and pattern their professional decisions and actions while taking into consideration the example their mentors have set." (Berger 2008, S. 175 ff.) Die von den interviewten Praktikern und Nachwuchskräften genannten Mentoren und Vorbilder reichen von Eltern über Professoren bis hin zu den sehr oft genannten Vorgesetzten und Kollegen aus dem Berufsfeld. Erste quantitative Ergebnisse erbrachte eine Studie mit 4.484 Kommunikationsexperten in 23 Ländern. Mit 68,1 Prozent stimmte die Mehrzahl der Befragten der Aussage zu, mehr über Führungsqualitäten im Kommunikationsbereich von Vorbildern oder Mentoren zu lernen als in der Hochschulausbildung oder in Managemententwicklungsprogrammen (Erzikova und Petersone 2014, S. 128).

Von einem Starkult, wie er im Journalismus beobachtet wird, ist in der PR-Branche hingegen wenig zu spüren. Zwar dürfte das Wirken einiger weniger früher Pioniere des Berufsfeldes wie Albert Oeckl in Deutschland oder Arthur W. Page in den USA zumindest denjenigen Praktikern mit einer grundständigen PR-Ausbildung ansatzweise bekannt sein. Die Personen jedoch, die derzeit die Geschicke der Kommunikationsabteilungen großer Organisationen leiten, sind in der Breite der Branche kaum bekannt, auch wenn ihre Visionen und Praktiken für die Entwicklung des Berufsfeldes entscheidend sein mögen (Kiesenbauer und Zerfass 2015). Bisherige Studien zeigten, dass sie als Vorbilder nur von denjenigen Befragten benannt werden, die durch ihr Arbeitsverhältnis in direktem Kontakt zu ihnen stehen. So ergab eine Porträtstudie mit 20 Kommunikationschefs und 20 Nachwuchsführungskräften im deutschsprachigen Raum, dass viele Vertreter beider Generationen die Essenz der Berufstätigkeit von ehemaligen bzw. derzeitigen Vorgesetzten zu lernen glauben. Allerdings offenbaren die Interviews auch, dass ein Viertel der befragten zukünftigen Führungskräfte kein Vorbild angeben wollte oder konnte. Möglicherweise sei dies auf die sich schnell wandelnden Rahmenbedingungen und die vergleichsweise geringe Sichtbarkeit vorbildhafter Persönlichkeiten im Berufsfeld zurückzuführen (Zerfaß und Kiesenbauer 2014). Dass es in einigen Ländern an PR-Führungspersönlichkeiten fehlt, die einerseits als Vorbilder für den Nachwuchs dienen und andererseits das Gesicht der Branche und die Entwicklung der Profession prägen, wurde jüngst auch in einer weiteren, weltweiten Studie bestätigt (Berger und Meng 2014, S. 301 f.).

Zusammenfassend lässt sich feststellen, dass die bisherigen Hinweise auf die Bedeutung von Vorbildern für die Karriereentwicklung von PR-Praktikern als ernst zu nehmend, aber spärlich anzusehen sind. Es gilt nun, sie anhand weiterführender Studien zu ergänzen.

4 Empirische Untersuchungen

Die hier vorgestellten Studienergebnisse setzen sich aus zwei Untersuchungen zusammen, die zunächst unabhängig voneinander durch- und im Anschluss hinsichtlich verschiedener Aspekte zusammengeführt wurden. Beide Studien beschäftigen sich mit der übergeordneten Frage nach den Vorbildern von Praktikern im Berufsfeld Journalismus bzw. PR. Die in einem Pretest im November 2012 optimierte Journalistenstudie wurde von Dezember 2012 bis August 2013 (mit Unterbrechung, aber ohne Änderungen) unter der

Leitung von Beatrice Dernbach mit Studierenden der Journalistik an der Hochschule Bremen durchgeführt. Der Bogen umfasste 13 Fragen einschließlich der demografischen Angaben. Der Fragebogen für die PR-Studie wurde im Sommer 2013 am Lehrstuhl für Strategische Kommunikation der Universität Leipzig konzipiert und getestet. Er ging im August 2013 und April 2014 in zwei Durchläufen online und replizierte einige Fragenblöcke der bereits laufenden Journalistenbefragung, ergänzt um weitere Themenbereiche, die nicht Gegenstand dieses Aufsatzes sind. Die anonyme Datensammlung erfolgte mithilfe der Plattformen q-set bzw. umfrageonline.com.

4.1 Forschungsfragen und Studiendesign

Die vergleichbaren und nun vorzustellenden Forschungsfragen der beiden Studien lauten:

▶ *F1: Haben die befragten Journalisten und PR-Praktiker Vorbilder? Wenn ja, welche Vorbilder werden genannt und aus welchem Bereich stammen diese?*

▶ *F2: Welche Eigenschaften werden an Vorbildern geschätzt?*

▶ *F3: Fanden Vorbilderwechsel statt? Wenn ja, aus welchen Gründen?*

Die Fragestellungen wurden auf Basis theoretischer Vorannahmen in unterschiedlichen Disziplinen erarbeitet (siehe Kap. 2) bzw. aus ähnlichen Studien anderer Fachbereiche adaptiert. So wurde beispielsweise die Frage nach den wichtigsten Eigenschaften eines Vorbilds aus Zähringer (2007) sowie aus weiteren Schulungsmaterialien für Lehrer und junge Erwachsene abgeleitet (Gruhne 2012). Die Annahme, dass Vorbilderwechsel eine Rolle spielen und weiterer Untersuchung bedürfen, fußt auf der Vermutung Mertons, dass Menschen in ihren verschiedenen Lebensphasen auch unterschiedliche Vorbilder hätten (1995, S. 290). In jüngeren Studien stützt Gibson (2003, 2004) diese Auffassung und zeigt, dass sich die Vorbildwahl mit zunehmendem Alter verändert.

Das Sample der Journalistenbefragung rekrutierte sich aus den Newsletter-Abonnenten diverser Berufsverbände, darunter der Deutsche Journalistenverband (DJV), die Deutsche Journalisten Union (dju), das Netzwerk Recherche, die Freischreiber sowie der Deutsche Fachjournalistenverband (DFJV). Da die PR-Studie ursprünglich nicht nur auf erfahrene Praktiker, sondern auch Studierende ausgerichtet war, wurden die Befragten nicht über Berufsverbände, sondern über die Alumninetzwerke einschlägiger Studiengänge an deutschen Hochschulen gewonnen. Konkret wurden die Koordinatoren oder Studiensekretariate der insgesamt 46 Master- und Bachelorprogramme zum Thema PR, Unternehmenskommunikation, Kommunikationsmanagement, Öffentliche Kommunikation, Strategische Kommunikation, Organisationskommunikation, Politische Kommunikation oder Wirtschaftskommunikation angeschrieben und gebeten, die Umfrage an Studierende und Alumni weiterzuleiten (Kiesenbauer und Linke 2014, S. 51).

Tab. 1 Studiendesign und Teilnehmerdaten (Quelle: Eigene Darstellung)

		Journalisten	PR-Praktiker
N=		67 (mit Vorbild)	85 (37 mit Vorbild, 48 ohne Vorbild)
Alter		Ø 41 Jahre	Ø 33 Jahre
Geschlecht		56 % weiblich 44 % männlich	58 % weiblich 42 % männlich
Berufs- erfahrung	≤5 Jahre 6–10 Jahre 10+ Jahre	22 % 19 % 59 %	72 % 12 % 4 %
Leitungsposition mittlere Position Juniorposition Sonstige/k. A.		8 Journalisten 33 Journalisten 6 Journalisten 20 Journalisten	8 PR-Praktiker 52 PR-Praktiker 7 PR-Praktiker 18 PR-Praktiker
Durchführung		Dezember 2012 – Januar 2013 Juli – August 2013	August 2013 April 2014
Verteiler		Newsletter diverser Organisationen (z. B. DJV)	Mail an Alumni der 46 PR-Studiengänge in Deutschland

Der Journalistenfragebogen wurde 946 Mal aufgerufen, 127 Probanden haben begonnen, ihn auszufüllen, 70 haben ihn teilweise beantwortet, 67 vollständig. An der separat durchgeführten PR-Umfrage nahmen 85 PR-Praktiker teil. In beiden Studien wurden etwas mehr weibliche (Journalisten 56 %, PR-Praktiker 58 %) als männliche Teilnehmer verzeichnet. Auch die Positionsverteilung verhält sich ähnlich, d. h. die Mehrzahl der befragten Journalisten und PR-Praktiker besetzt eine mittlere Position (z. B. Redakteur, Berater, PR-Referent). Weniger als zehn Befragte pro Studie gaben an, die Gesamt- oder Teilleitung einer Organisationseinheit innezuhaben oder auf Junior-Level (z. B. Volontäre, Junior-Berater, Praktikanten) angestellt zu sein. Klare Abweichungen zwischen den Teiluntersuchungen ergeben sich – wahrscheinlich aufgrund des unterschiedlichen Samplings – in den Kategorien Durchschnittsalter (Journalisten 41 Jahre, PR-Praktiker 33 Jahre) und Berufserfahrung (siehe Tab. 1). Die Datenauswertung fand anhand deskriptiver Methoden mithilfe der Software SPSS statt. Aufgrund der geringen Größe der Fallzahl konnten einige statistische Verfahren nicht angewendet werden. Die dargestellten Ergebnisse sind nicht als repräsentativ für die Grundgesamtheit der Journalisten und PR-Praktiker in Deutschland einzustufen. Nichtsdestotrotz lassen sich Trends erkennen, die als Basis für weiterführende Untersuchungen von Nutzen sein können.

4.2 Ergebnisse der Vergleichsstudie und Einschätzung der Befunde

Bei der Beantwortung der ersten Forschungsfrage (Haben die befragten Journalisten und PR-Praktiker Vorbilder?) ist zu beachten, dass die Fragebogenarchitektur der beiden Teilstudien an diesem Punkt leicht voneinander abweicht. In der Journalistenstudie wurden nur die Adressaten gebeten, den Fragebogen auszufüllen, die glaubten, ein Vorbild zu haben, womit ein Rücklauf von 67 vollständig ausgefüllten Fragebögen erreicht wurde. Die PR-Studie hingegen beinhaltete auch Fragen für diejenigen Teilnehmer, die kein Vorbild hatten. Von den 85 PR-Praktikern, die den Fragebogen vollständig ausfüllten, gaben 37 an, ein berufliches Vorbild zu haben. 48 hingegen meinten, keine Person zu kennen, an der sie sich aktuell hinsichtlich ihrer Karriereplanung orientieren. Für die unvermutet geringe Angabe von Vorbildern bzw. den geringen Rücklauf in beiden Berufsfeldern lassen sich verschiedene Erklärungsansätze finden. Möglicherweise ist das, was die Zielgruppe der Journalisten und PR-Praktiker unter dem Begriff „Vorbild" versteht, sehr diffus. D. h., es ist vorstellbar, dass die Befragten eine Person, an der sie sich orientieren, nicht als Vorbild verstehen oder sich unsicher im Hinblick auf die Vorbilddefinition der Studie waren und somit lieber kein Vorbild nannten bzw. eine Studienteilnahme gänzlich ablehnten. In der Replikationsstudie für das PR-Berufsfeld wurde versucht, die Hürde der unklaren Begrifflichkeit für die Datenerhebung zu mindern, indem beim Fragebogendesign konsequent die Formulierung „Vorbild bzw. Person, an der Sie sich hinsichtlich Ihrer Karriereplanung orientieren" genutzt wurde, was auch für Folgestudien mit ähnlichen Forschungsfragen empfohlen wird. Denkbar ist auch, dass die Praktiker bei der Frage nach ihrem Vorbild eher an Idole aus ihrem Teenageralter dachten und eine solche Orientierung im Erwachsenenalter als sozial unerwünscht betrachteten. Einen ähnlichen Hinweis gab ein Befragter beim kommentierten Ausfüllen des Fragebogens im Pretest, nämlich dass er nicht gern angebe, wem er nacheifere, weil dies ein sensibles Thema sei. Um einen höheren Rücklauf zu erreichen, könnte in Folgestudien ausschließlich nach dem Vorhandensein eines Vorbilds gefragt werden, ohne eine weiterführende Spezifizierung (z. B. Bereich, Name, Geschlecht) anzustreben. Ein weiterer Erklärungsansatz könnte lauten, dass die Befragten glauben, sich hinsichtlich ihrer beruflichen Entwicklung an niemandem zu orientieren. Diese Begründung liegt nahe, da in der Vorbildforschung davon ausgegangen wird, dass solche Prozesse des sozialen Vergleichs teils unbewusst vonstattengehen (Stapel und Blanton 2004, S. 478). Zu überdenken ist auch, dass sich die Befragten hinsichtlich ihrer beruflichen Entwicklung tatsächlich an niemandem orientieren (können), z. B. aufgrund der fehlenden Sichtbarkeit vorbildhafter Persönlichkeiten in ihrer Branche.

Bei der weiterführenden Datenanalyse zur vollständigen Beantwortung der ersten Forschungsfrage (Welche Vorbilder werden genannt und aus welchem Bereich stammen diese?) zeigte sich, dass von den befragten Journalisten insgesamt 164 Vorbilder genannt wurden. Darunter befinden sich auffällig viele Kandidaten mit Mehrfachnennung, z. B. Günter Wallraff (fünf Nennungen), Hanns Joachim Friedrichs, Giovanni di Lorenzo, Nelson Mandela und Henri Nannen (je vier Nennungen). Von den PR-Praktikern wurden 59 Vorbilder angegeben und jeder Name wurde nur einmal genannt, sodass keine Häufung zu erkennen ist. Auch mit Blick auf die Geschlechterverteilung sind deutliche Unterschiede sichtbar: Während aus den Reihen der PR-Praktiker zur Hälfte männliche (50,8 %) und zur

Hälfte weibliche Vorbilder (49,2 %) stammen, überwiegen bei den Journalisten mit 75 Prozent klar die männlichen Vorbilder (siehe Abb. 1).

Als mögliche Erklärungsansätze für das deutliche Bild im Berufsfeld Journalismus ist denkbar, dass die ältere Journalistengeneration eher männlich besetzt ist und Vorbilder per se oft ältere Personen sind. Schon historisch betrachtet gibt es wenige weibliche Vorbilder im Journalismus (siehe Band von Jakobs und Langenbucher; ebenso wie in der Literatur, der Wissenschaft etc.). Weischenberg u. a. (2006) fanden heraus, dass sich das Geschlechterverhältnis in den bundesdeutschen Redaktionen erst langsam verändert: Waren im Jahr 2005 die Männer bei den über 30-Jährigen klar in der Überzahl, so kehrte sich das Verhältnis bei den bis 30-Jährigen langsam um. Die zunehmende Feminisierung des Berufsfeldes, d. h. eine quantitative Zunahme weiblicher Berufstätiger, ging im generell „jüngeren" Berufsfeld PR möglicherweise schneller vonstatten (Fröhlich et al. 2005, S. 18). Schließt man aus den Teilnehmerdaten aktueller Berufsfeldstudien (61,7 % weiblich, 38,3 % männlich) auf die Demografie der Berufsinhaber, bilden Frauen mittlerweile die Majorität des PR-Berufsfeldes und könnten entsprechend häufig auch in der Vorbilderrolle gesehen werden (Zerfaß et al. 2014, S. 14 und 109).

Hinsichtlich der Bereiche, aus denen die Vorbilder stammen, ergibt sich bei Journalisten und PR-Praktikern zunächst ein ähnliches Bild (siehe Abb. 2). In beiden Gruppen stammen rund 20 bis 30 Prozent der Vorbilder aus dem beruflichen Umfeld (z. B. heutige oder frühere Arbeitgeber). Bei rund einem Viertel der genannten Vorbilder handelt es sich um Personen, die in der eigenen Branche (Medien/Journalismus/Kommunikationsmanagement/PR) tätig sind. Vorbilder aus dem Freundes- und Bekanntenkreis werden in beiden Gruppen von rund zehn Prozent der Befragten angegeben. Eine deutliche Abweichung ergibt sich hinsichtlich der Rolle von Familienmitgliedern als Vorbilder. Sie werden doppelt so häufig von Journalisten (14,9 %) wie von PR-Praktikern (7,3 %) genannt. Hingegen scheinen sich die befragten PR-Praktiker (7,2 %) öfter an Wissenschaftlern (z. B. Professor des

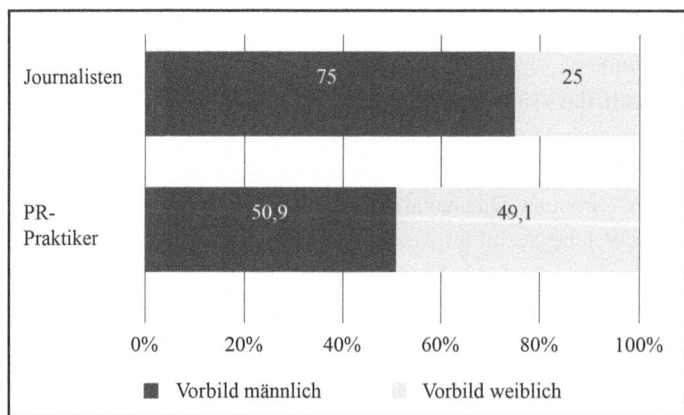

Abb. 1 Geschlecht der genannten Vorbilder n = 164 von Journalisten genannte Vorbilder/59 von PR-Praktikern genannte Vorbilder. (Quelle: Eigene Darstellung)

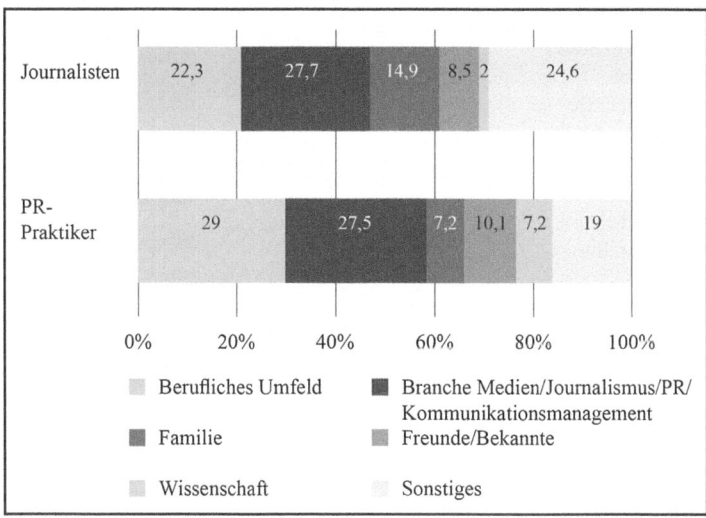

Abb. 2 Bereiche der Vorbilder Fragestellung: Aus welchem Bereich kommt Ihr Vorbild bzw. die Person, an der Sie sich beruflich orientieren? (Mehrfachnennungen möglich) n = 63 Journalisten/34 PR-Praktiker mit Vorbildern. (Quelle: Eigene Darstellung)

absolvierten Studiengangs) zu orientieren als Journalisten (2,1 %), was möglicherweise abermals auf das jüngere Sample zurückzuführen ist. Vorbilder aus Politik, Sport, Wirtschaft, Religion, Literatur, Theater, Film, Kunst oder sonstigen Bereichen werden nur vereinzelt (<5 %) genannt.

Bei der Datenanalyse zur Beantwortung der zweiten Forschungsfrage (Welche Eigenschaften werden an Vorbildern geschätzt?) zeigten sich ebenfalls klare Tendenzen. Auch wenn die Fragestellung der Journalistenstudie für die Replikation im PR-Bereich leicht abgeändert wurde, so ähneln sich einige der am meisten und die am wenigsten geschätzten Eigenschaften von Vorbildern deutlich (siehe Abb. 3). Über die Hälfte der befragten Journalisten schätzen vor allem: Intelligenz, Mut, Kreativität, Engagement, Wissen, Fairness, Selbstbewusstsein und Charisma. In fast allen Attributen stimmen die befragten PR-Praktiker überein – ausgenommen Mut, Kreativität und Wissen, über die PR-Vorbilder weit weniger stark definiert werden als journalistische. Die von beiden Befragtengruppen am seltensten genannten Attribute lauten Kompromisslosigkeit und „hat einen beispielhaften Lebenslauf". Angesichts der Limitationen und Herangehensweisen der beiden Teilstudien sollten aus diesen Ergebnissen keine Interpretationen zu berufsgruppenspezifischen Vorbildeigenschaften abgeleitet werden. Deutlich wird jedoch schon jetzt, dass viele Ähnlichkeiten bestehen und eine tiefergehende Forschung zum Thema interessante Ergebnisse verspricht.

Die dritte Forschungsfrage (Fanden Vorbilderwechsel statt? Wenn ja, aus welchen Gründen?) beruht auf einer Untersuchung von Gibson (2003), laut der Menschen sich im Lauf ihres Lebens an unterschiedlichen Vorbildern orientieren. Der Grund hierfür wird in

Abb. 3 Geschätzte
Eigenschaften der Vorbilder
Fragestellung: Welche
Eigenschaften schätzen Sie
besonders an Ihrem Vorbild?
(Mehrfachnennungen möglich)
n = 66 Journalisten/34
PR-Praktiker mit Vorbildern.
(Quelle: Eigene Darstellung)

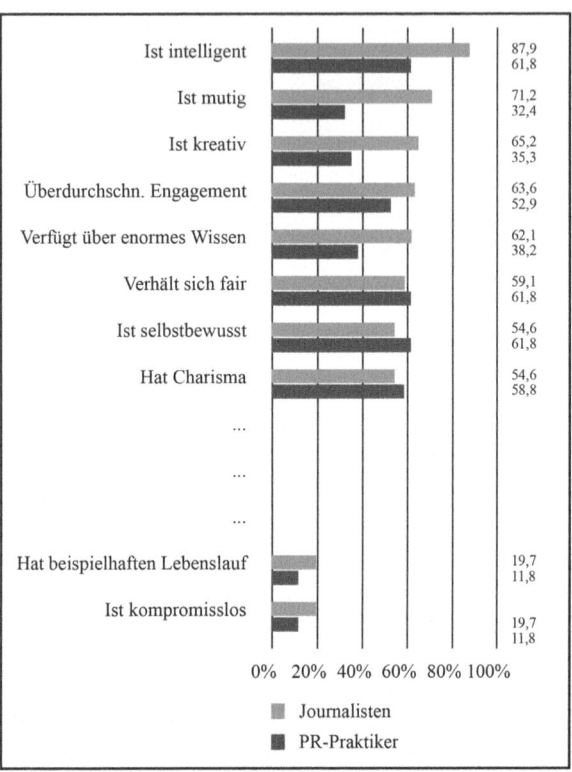

den sich verändernden Bedürfnissen der Individuen in unterschiedlichen Karrierephasen gesehen. In der vorliegenden Untersuchung hält sich der Anteil derer, die ihr Vorbild schon einmal gewechselt haben, in beiden Gruppen die Waage (siehe Abb. 4). 41,5 Prozent der PR-Praktiker und 47,8 Prozent der Journalisten geben an, ihr Vorbild bereits gewechselt zu haben.

Hinsichtlich der Lebensphasen, in denen die Vorbilder gewechselt wurden, ergeben sich deutliche Unterschiede zwischen Journalisten und PR-Praktikern (siehe Abb. 5). Es scheint, als würden Journalisten (23,0 %) ihre Vorbilder eher in der Kindheit/Jugend wechseln als PR-Praktiker (12,1 %). Insgesamt sind die Antworten der Journalisten bezogen auf die Lebensphasen relativ gleich verteilt. Bei den PR-Praktikern hingegen überwiegt der Vorbildwechsel während der Ausbildungsphase (41,4 %), gefolgt von der nach dem Berufseinstieg (31,0 %), der Kindheits-/Jugendphase (12,1 %) und nach mehrjähriger Berufserfahrung (12,1 %). Eine mögliche Begründung dafür lässt sich in der offenen Antwort eines PR-Praktikers finden: „Vorbilder machen meiner Meinung nach vor allem Sinn, wenn sie beruflich in der Nähe sind, daher haben sie sich oft mit Arbeitgeber-/Studium-Wechsel geändert." Das Kennenlernen neuer beruflicher Kontakte scheint demnach die berufliche Vorbildwahl der PR-Praktiker zu beeinflussen. Ob die unterschiedlichen Ergebnisse bei Journalisten und PR-Praktikern auf die leicht abweichende Replikation

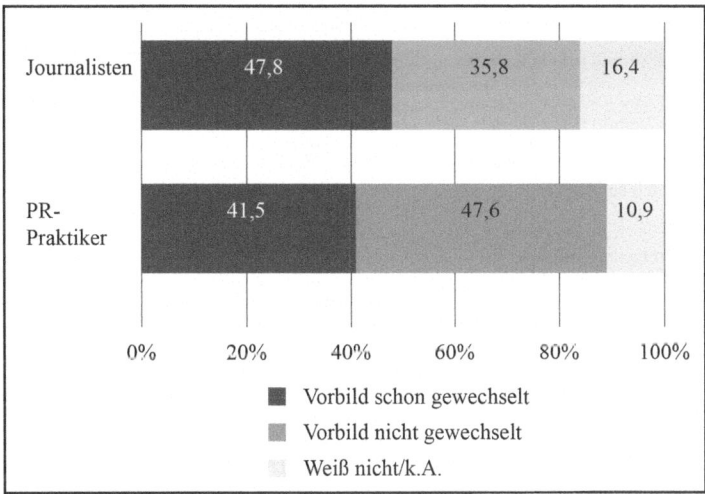

Abb. 4 Wechsel der Vorbilder Fragestellung: Haben Sie Ihre beruflichen Vorbilder bzw. die Personen, an denen Sie sich beruflich orientieren, schon einmal gewechselt? n = 67 Journalisten/82 PR-Praktiker. (Quelle: Eigene Darstellung)

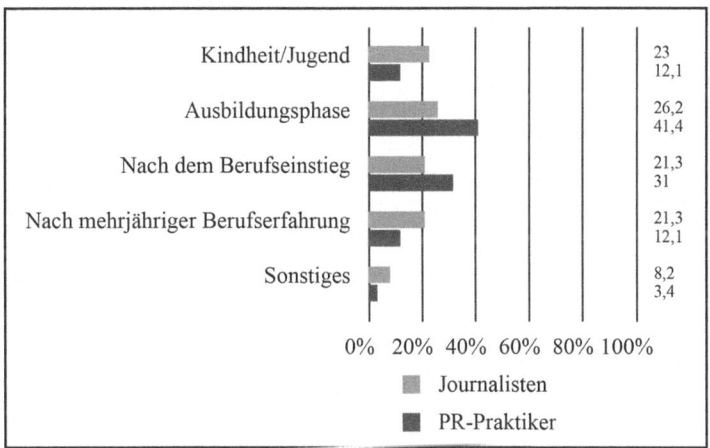

Abb. 5 Lebensphase bei Wechsel oder Aufgabe der Vorbilder Fragestellung: In welcher Lebensphase haben Sie Ihre beruflichen Vorbilder bzw. Personen, an denen Sie sich hinsichtlich Ihrer Karriereplanung orientiert haben, gewechselt oder verworfen? (Mehrfachnennungen möglich) n = 34 Journalisten/34 PR-Praktiker mit Vorbildern. (Quelle: Eigene Darstellung)

der Studien oder die unterschiedlichen Entwicklungen der beiden Berufsfelder und Sichtbarkeit möglicher Vorbilder in der Branche zurückzuführen sind, lässt sich an dieser Stelle nicht klären.

Der meistgenannte Grund für den Vorbildwechsel (siehe Abb. 6) lautet in beiden Gruppen, dass die Berufsinhaber ein anderes Vorbild gefunden haben und deswegen das

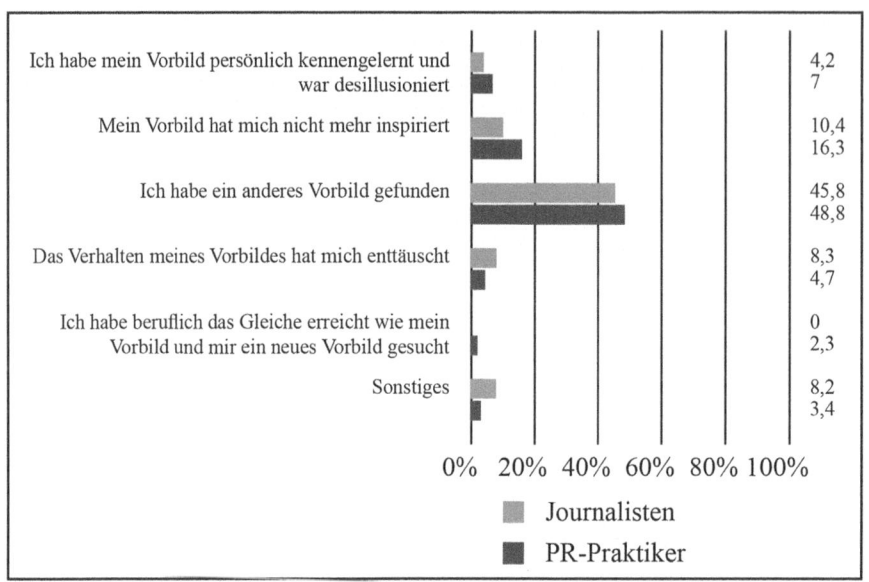

Abb. 6 Gründe für den Wechsel der Vorbilder Fragestellung: Was waren die Gründe für den Vorbildwechsel? (Mehrfachnennungen möglich) n = 34 Journalisten/34 PR-Praktiker mit Vorbildern. (Quelle: Eigene Darstellung)

vorherige weichen musste (45,8 % Journalisten, 48,8 % PR-Praktiker). Das wirft die Frage auf, inwiefern die Vorbilderanzahl aus Sicht der Befragten begrenzt ist, denn es wäre durchaus auch vorstellbar, das neue Vorbild zu einem bestehenden Pool hinzuzufügen, ohne ein länger bestehendes Vorbild dafür zu eliminieren. Weitere Forschungsarbeit könnte hier ansetzen und mithilfe qualitativer Methoden die individuellen Gründe für den Vorbildwechsel untersuchen. Der am zweithäufigsten genannte Grund lautet in beiden Gruppen, dass das Vorbild nicht mehr inspiriert hat (10,4 % Journalisten, 16,3 % PR-Praktiker). In den offenen Antworten werden weitere Gründe genannt, z. B. persönlicher Wertewandel, der in Kontrast zu den Werten des Vorbilds stand, oder der Wechsel des Berufswunsches.

5   Fazit und Anregungen für weiterführende Forschung

So herausfordernd es gewesen ist, Antworten der Praktiker aus dem Journalismus- und PR-Feld zu erhalten, so spannend waren die Ergebnisse, die gewonnen werden konnten. Vorbilder sind wichtig für die Karriere – in beiden Berufsgruppen. Allerdings scheinen PR-Praktiker ein pragmatischeres Verhältnis zu ihren Leitfiguren zu haben: Für sie ist der persönliche Kontakt zum Vorbild sehr wichtig und sie pflegen diesen auch. Journalisten hingegen haben ein etwas distanzierteres, eher idealtypisches Bild. Deren Vorbilder haben einen stärkeren Einfluss auf die persönlichen Wertvorstellungen und die Entscheidung für den Beruf des Journalisten als auf ganz konkretes Verhalten. Gefragt nach dem Einfluss auf das journalistische Selbstverständnis und die journalistische Tätigkeit, so kristallisieren sich zum einen das Rollenverständnis als sorgfältiger und unabhängiger Informationsvermittler der Öffentlichkeit und zum anderen Recherche, Themenselektion und Verfassen journalistischer Beiträge heraus – Kriterien, die aus der Studie Journalismus in Deutschland bekannt sind und das journalistische Selbstbild prägen (siehe Weischenberg et al. 2006).

Dieser Beitrag stellt eine erste Annäherung an das Thema der beruflichen Sozialisation von PR-Praktikern und Journalisten anhand von Vorbildern dar. Ein theoretischer Bezugsrahmen zur Untersuchung dieses Themenfeldes wurde aus der Verknüpfung der Fachliteratur zur Vorbilder- und Kommunikatorforschung entworfen. Aufgrund forschungspraktischer Gründe wurden zunächst nur ausgewählte Fragestellungen aus einer Vielzahl möglicher Untersuchungsgegenstände anhand einer Onlinebefragung untersucht, was sich als empirisch gut anwendbar erwies. Aus dieser Untersuchungsanlage ergeben sich jedoch auch einige Erkenntnisse, die bei weiteren Forschungsvorhaben in diesem Themenfeld näherer Betrachtung bedürfen. Methodische Limitationen der vorliegenden Vergleichsstudie sind bereits in den vorherigen Kapiteln angeklungen, z. B. hinsichtlich Repräsentativität und unterschiedlicher Möglichkeiten des Samplings bzw. der Begriffsnutzung. Eine vielversprechende Ergänzung dürfte die Anwendung von Methoden der qualitativen Sozialforschung, z. B. narrativer Interviews oder Fokusgruppengespräche, darstellen, um subjektiven Sinn und soziale Prozesse für die berufsspezifische Vorbildforschung zu erschließen.

Literatur

Bandura, Albert (1971). *Psychological Modeling – Conflicting theories.* New York: Aldine-Atherton.

Berger, Bruce K. (2008). *Profiles of Success: Stories of Emerging Leaders in Public Relations.* Tuscaloosa: University of Alabama.

Berger, Bruce K. & Meng, Juan (Hrsg.) (2014). *Making sense of public relations leaders – The sense makers. A global study of leadership in public relations and communication management.* New York, NY: Routledge.

Beyme, Klaus von (1986). *Vorbild Amerika? Der Einfluß der amerikanischen Demokratie in der Welt.* München (u. a.): Piper.

Böckelmann, Frank (1991). *Pressestellen in der Wirtschaft. AKM-Studien: Band 36.* München: Verlag Ölschläger.

Brockhaus (2011). *Wahrig Deutsches Wörterbuch.* Gütersloh: Wissenmedia.

Burkert, Augustine, Kiesenbauer, Juliane & Zerfaß, Ansgar (2015). Mentoring als Instrument der Karriereförderung im Berufsfeld Public Relation. Theoretische Annäherung und empirische Analyse von Angeboten der PR-Berufsverbände weltweit. In Günter Bentele, Manfred Piwinger & Gregor Schönborn: *Kommunikationsmanagement* (Loseblatt 2001 ff.), Art.-Nr. 8.81. Köln: Luchterhand.

Donsbach, Wolfgang (2009). *Entzauberung eines Berufs: Was die Deutschen vom Journalismus erwarten und wie sie enttäuscht werden.* Konstanz: UVK Verlagsgesellschaft.

Dovifat, Emil (1990). *Die publizistische Persönlichkeit* (Hrsg. von Dorothee von Dadelsen, mit einem Vorwort von Otto B. Roegele). Berlin, New York: De Gruyter.

Erzikova, Elina & Petersone, Baiba (2014). Perceptions of leaders, organizations, and the profession. In Bruce K. Berger & Juan Meng (Hrsg.), *Making sense of public relations leaders – The sense makers. A global study of leadership in public relations and communication management* (S. 125–137). New York: Routledge.

Festinger, Leon (1954). A Theory of Social Comparison Processes. *Human Relations, 7*(2), 117–140.

Freud, Sigmund (1921). *Massenpsychologie und Ich-Analyse.* Leipzig/Wien/Zürich: Internationaler Psychoanalytischer Verlag. Abgerufen unter: http://www.textlog.de/freud-psychoanalyse-identifizierung-massenpsychologie.html [05.06.2015].

Freud, Sigmund (1923). *Das Ich und das Es.* Leipzig: Internationaler Psychoanalytischer Verlag.

Fröhlich, Romy, Peters, Sonja B. & Simmelbauer, Eva-Maria (2005*). Public Relations: Daten und Fakten der geschlechtsspezifischen Berufsfeldforschung.* München: Oldenbourg.

Gibson, Donald E. (2003). Developing the Professional Self-Concept: Role Model Construals in Early, Middle, and Late Career Stages. *Organization Science, 14*(5), 591–610.

Gibson, Donald E. (2004). Role Models in Career Development: New Directions for Theory and Research. *Journal of Vocational Behavior, 65*, 134–156.

Gibson, Donald E. & Barron, Lisa A. (2003). Exploring the Impact of Role Models on Older Employees. *Career Development International, 8*(4), 198–209.

Gruhne, Christina (2012). *Merkmale eines Vorbilds.* Stuttgart: Ernst Klett Verlag. Abgerufen unter: http://www2.klett.de/sixcms/media.php/229/AB_695250_e7pe54_Vorbild.pdf [26.06.2015].

Hansen, Katrin (2009). Mentoring. In Christian Scholz (Hrsg.), *Vahlens Großes Personallexikon* (S. 734–735). München: Beck und Vahlen.

Hentrich, Karoline (2011). Einflussfaktoren auf die Berufswahlentscheidung Jugendlicher an der ersten Schwelle. Eine theoretische und empirische Untersuchung. In Dietmar Frommberger (Hrsg.), *Magdeburger Schriften zur Berufs- und Wirtschaftspädagogik, Heft 1.* Otto-von-Guericke-Universität Magdeburg. Abgerufen unter: http://www.ibbp.ovgu.de/inibbp_media/Downloads/Berufsp%C3%A4dagogik/Magdeburger+Schriften/Heft1_2011-p-983.pdf [05.06.2015].

Hoyt, Crystal L., Burnette, Jeni L. & Innella, Audrey N. (2012). I Can Do That: The Impact of Implicit Theories on Leadership Role Model Effectiveness. *Personality and Social Psychology Bulletin, 38*(2), 257–268.

Institut für Demoskopie Allensbach (2013a). *Vorbilder der Deutschen: Albert Schweitzer ist auch heute für sehr viele Menschen Vorbild.* Abgerufen unter: http://www.ifd-allensbach.de/uploads/tx_reportsndocs/PD_2013_01.pdf [29.05.2015].

Institut für Demoskopie Allensbach (2013b). *Hohes Ansehen für Ärzte und Lehrer – Reputation von Hochschulprofessoren und Rechtsanwälten rückläufig. Allensbacher Berufsprestige-Skala 2013.* Abgerufen unter: http://www.ifd-allensbach.de/uploads/tx_reportsndocs/PD_2013_05.pdf [08.06.2015].

Jakobs, Hans-Jürgen & Langenbucher, Wolfgang R. (2004). *Das Gewissen ihrer Zeit: Fünfzig Vorbilder des Journalismus.* Wien: Picus.

Jeffrey, Lynn M. & Brunton, Margaret A. (2011). Developing a framework for communication management competencies. *Journal of Vocational Education & Training, 63*(1), 57–75.

Jordan, William (2015). *World's most admired 2015: Angelina Jolie and Bill Gates.* Abgerufen unter: https://yougov.co.uk/news/2015/01/30/most-admired-2015 [29.05.2015].

Klein, Cornelia (2013). Die Bedeutung medialer Vorbilder im Laufe des Lebens. In *TV-Diskurs: Vorbilder. Unsere Suche nach Idealen 17*(3), 18–23.

Kiesenbauer, Juliane & Linke, Anne (2014). Schuld und Sühne? Viele PR-Studiengänge und wenig Ethik-Ausbildung an deutschen Hochschulen. *pr-Magazin, 45*(11), 48–53.

Kiesenbauer, Juliane & Zerfass, Ansgar (2015). Today's and tomorrow's challenges in corporate communications: Comparing the views of chief communication officers and next generation leaders. *Public Relations Review, 41*(4), 422–434.

Kram, Kathy E. (1983). Phases of the mentor relationship. *Academy of Management Journal, 26,* 608–625.

Lenz, Siegfried (1973). *Das Vorbild*. Hamburg: Hoffmann & Campe.

Lockwood, Penelope (2006). Someone Like Me Can Be Successful. Do College Students Need Same-gender Role Models? *Psychology of Women Quarterly, 30*(1), 36–46.

Lockwood, Penelope & Kunda, Ziva (1997). Superstars and Me. Prediciting the Impact of Role Models on the Self. *Journal of Personality and Social Psychology, 73*(1), 91–103.

Macho, Thomas (2011). *Vorbilder*. München, Paderborn: Fink.

McGinn, Kathleen, Long Lingo, Elizabeth & Ruiz Castro, Mayra (2015). *Mums the Word! Cross-national Effects of Maternal Employment on Gender Inequalities at Work and at Home.* Harvard Business School. Working Paper, 15–94.

Merton, Robert K. (1995). *Soziologische Theorie und soziale Struktur.* Berlin, New York: de Gruyter.

Nitzschke, Bernd (Hrsg.) (2010). *Die Psychoanalyse Sigmund Freuds: Konzepte und Begriffe.* Wiesbaden: VS Verlag für Sozialwissenschaften.

Pörksen, Bernhard, Loosen, Wiebke & Scholl, Armin (2008). Paradoxien der Journalistik. Ein Gespräch mit Siegfried Weischenberg. In Wiebke Loosen, Bernhard Pörksen & Armin Scholl (Hrsg.), *Paradoxien des Journalismus. Theorie – Empirie – Praxis. Festschrift für Siegfried Weischenberg* (S. 721–742). Wiesbaden: VS Verlag für Sozialwissenschaften.

Prantl, Heribert (2012). Frühe Prägungen. *Message, 3,* 87.

Scholl, Armin & Weischenberg, Siegfried (1998). *Journalismus in der Gesellschaft: Theorie, Methodologie und Empirie.* Opladen, Wiesbaden: Westdeutscher Verlag.

Stapel, Diederik A. & Blanton, Hart (2004). From Seeing to Being: Subliminal Social Comparisons Affect Implicit and Explicit Self-Evaluations. *Journal of Personality and Social Psychology, 87*(4), 468–481.

Szyszka, Peter (1995). Öffentlichkeitsarbeit und Kompetenz: Probleme und Perspektiven künftiger Bildungsarbeit. In Günter Bentele & Peter Szyszka (Hrsg.), *PR-Ausbildung in Deutschland. Entwicklung, Bestandsaufnahme und Perspektiven* (S. 317–342). Opladen: Westdt. Verlag.

Tench, Ralph, Zerfass, Ansgar, Verhoeven, Piet, Verčič, Dejan, Moreno, Angeles & Okay, Ayla. (2013). *Communication Management Competencies for European Practitioners.* Leeds: Leeds Metropolitan University.

TNS Emnid (2013). *Vorbilder. Wer war in Ihrer Kindheit/Jugend am ehesten ein Vorbild für Sie?* Abgerufen unter: http://static.evangelisch.de/get/?daid=CND_V-ixoIAHUXN4oybaSgjN00047558&dfid=download [29.05.2015].

Wegener, Claudia (2008). *Medien, Aneignung und Identität: „Stars" im Alltag jugendlicher Fans.* Wiesbaden: VS Verlag für Sozialwissenschaften.

Weichert, Stephan & Zabel, Christian (2009). *Die Alpha-Journalisten 2.0. Deutschlands neue Wortführer im Porträt.* Köln: Halem.

Weischenberg, Siegfried, Malik, Maja & Scholl, Armin (2006). *Die Souffleure der Mediengesellschaft. Report über die Journalisten in Deutschland.* Konstanz: UVK.

Wienand, Edith (2003). *Public Relations als Beruf: Kritische Analyse eines aufstrebenden Kommunikationsberufes.* Wiesbaden: Westdeutscher Verlag.

Wikipedia (2015). *Vorbild*. Abgerufen unter: http://de.wikipedia.org/wiki/Vorbild [30.05.2015].

Wood, Joanne V. (1989). Theory and Research Concerning Social Comparisons of Personal Attributes. *Psychological Bulletin, 106*(2), 231–248.

Wrigley, Brenda (2005). Mentoring. In Robert Heath (Hrsg.), *Encyclopedia of public relations* (S. 564–565). Thousand Oaks: Sage.

Zähringer, Judith (2007*). Medien und Vorbilder. Anregungen für die Arbeit mit Jugendlichen in Schule und Gemeinde.* Hrsg. v. Fachstelle Medien der Diözese Rottenburg-Stuttgart. Abgerufen unter: http://pueri-cantores.drs.de/fileadmin/Baukasten/FM/dateien/Medien_und_Vorbilder_in-ternet.pdf [06.08.2015].

Zeit online (2015). *Deutsche haben wenig Vertrauen in die Medien.* Abgerufen unter: http://www.zeit.de/gesellschaft/2015-06/medienkritik-journalismus-vertrauen [11.07.2015].

Zerfaß, Ansgar & Kiesenbauer, Juliane (2014). *Strategen, Visionäre und Netzwerker der Unternehmenskommunikation: Kommunikationschefs und Protagonisten der nächsten Generation in Nahaufnahme.* Münster: Monsenstein und Vannerdat.

Zerfaß, Ansgar, Tench, Ralph, Verčič, Dejan, Verhoeven, Piet & Moreno, Angeles (2014). *European Communication Monitor 2014: Excellence in Strategic Communication – Key Issues, Leadership, Gender and Mobile Media. Results of a Survey in 42 Countries.* Brussels: EACD/EUPRERA.

Beatrice Dernbach Fakultät Angewandte Mathematik, Physik und Allgemeinwissenschaftender Technischen Hochschule Nürnberg Georg Simon Ohm, Keßlerplatz 12, 90489 Nürnberg, Deutschland
E-Mail: beatrice.dernbach@th-nuernberg.de

Juliane Kiesenbauer Institut für Kommunikations- und Medienwissenschaft der Universität Leipzig, Burgstr. 21, 04109 Leipzig, Deutschland
E-Mail: kiesenbauer@uni-leipzig.de

Maike Lehnhoff Communication Management an der Universität Leipzig, Burgstr. 21, 04109 Leipzig, Deutschland
E-Mail: maike.lehnhoff@hotmail.de

Kontingenz oder Qualität? Die Entwicklung eines textanalytischen Verfahrens zur Differenzierung zwischen journalistischen und PR-Angeboten – ein Werkstattbericht

Anna M. Theis-Berglmair und Holger Kellermann

Zusammenfassung

Die Grenzen zwischen PR und Journalismus scheinen zunehmend zu verschwimmen, und zwar zuungunsten des Journalismus: Den steigenden Budgets der PR-Treibenden stehen häufig personell reduzierte Medienredaktionen gegenüber. Angesichts sinkender Einnahmen aus dem journalistischen Geschäft gehen sowohl Medienhäuser als auch freie Journalisten vermehrt dazu über, neben journalistisch-redaktionellen auch PR-Texte als kommunikative Dienstleistung zu verkaufen. Die in der Journalismusforschung weit verbreiteten rollen- und akteurzentrierten Modelle, auf die in diesem Zusammenhang oft zurückgegriffen wird, gehen jedoch mit einigen Beschränkungen einher: Zum einen lenkt die Konzentration auf PR-Treibende und Journalisten von der Tatsache ab, dass sehr verschiedene Akteure an der Produktion von veröffentlichten Texten beteiligt sind und – gerade auch im Online-Bereich – die Herkunft von Texten nicht immer erkennbar ist. Zum anderen wird die Lösung der verschwimmenden Grenzen zwischen Journalismus und PR in akteurzentrierten Ansätzen fast ausschließlich im Verweis auf ethische Prinzipien gesehen, die zum Beispiel im Rahmen einer Ausbildung von Akteuren gelehrt werden müssten – eine Forderung, die gut gemeint, aber problematisch ist angesichts der Tatsache, dass der Zugang zum Journalismus nach wie vor frei ist und die jeweiligen Kontextbedingungen ethisches Verhalten häufig erschweren. Wir schlagen an dieser Stelle einen Ansatz vor, der eine Unterscheidung von Journalismus

A. M. Theis-Berglmair (✉) • H. Kellermann
Institut für Kommunikationswissenschaft, Otto-Friedrich-Universität Bamberg,
An der Weberei 5, 96047, Bamberg, Deutschland
E-Mail: anna-maria.theis-berglmair@uni-bamberg.de; holger.kellermann@uni-bamberg.de

© Springer Fachmedien Wiesbaden GmbH 2017
N. Gonser, U. Rußmann (Hrsg.), *Verschwimmende Grenzen zwischen Journalismus, Public Relations, Werbung und Marketing*, Forschung und Praxis an der FHWien der WKW,
DOI 10.1007/978-3-658-13578-2_7

und PR auf der Textebene ermöglichen soll. Dabei arbeiten wir nicht mit dem schwer operationalisierbaren Qualitätsbegriff. Stattdessen orientieren wir uns am Kontingenz-begriff, mit dessen Hilfe es möglich sein soll, journalistische Texte deutlich von PR-Texten zu unterscheiden.

1 Einleitung

„Die Sitten verludern", konstatierte ein Redner am 13. Mai 2014 während einer Diskussi-onsveranstaltung des Bundesverbandes deutscher Pressesprecher in Berlin. Laut Jens Rehländer (2014), Leiter Kommunikation der Volkswagenstiftung, bezog sich diese Feststel-lung auf das von den Tagungsteilnehmern wahrgenommene Phänomen, dass „die Medien, insbesondere Online-Dienste und Regionalzeitungen, [...] Pressemitteilungen häufig eins zu eins publizieren würden – unbearbeitet, unreflektiert, ohne kritische Nachfragen bei den Absendern". Erstaunt resümiert Rehländer deshalb, „[d]ass Lobbyisten wie ich sich freuen, wenn Medien ihre Mitteilungen verbreiten, dürfte niemanden verwundern. Verwundert war ich aber, dass genau dies immer lauter ausgerechnet von den Kommunikatoren beklagt wird." (Rehländer 2014) Letztlich würden die Diskutanten befürchten, dass es mit „Fakten-treue, Relevanz und sachlich-moralische[r] Integrität" im deutschen Tagesjournalismus nicht zum Besten steht. Im Sinne des Intereffikationsmodells (Bentele et al. 1997) droht den PR-Praktikern also der Verlust von bisher effektiven, glaubwürdigen und damit vertrauens-schaffenden Multiplikatoren.

Diese Situationsbeschreibung scheint zunächst eine einseitige Pathologisierung zu sein, als deren Ursachen PR-Praktiker nachlässige Redaktionen ausmachen, die von Hoch-frequenzjournalismus sowie zunehmendem Zeit- bzw. Personaldruck getrieben werden. Doch auch Organisationen sind sich zunehmend ihrer publizistischen Verantwortung bewusst. So wollen einige der größten DAX-geführten Unternehmen laut „Manager Magazin" „mit einem Kodex den Sittenverfall im Umgang mit Medien stoppen" (Clausen 2015, S. 30). Nötig sei dies geworden, weil nach Ansicht von Tilmann Kruse (Clausen 2015, S. 30), dem Sprecher des Presserats, der „Pressekodex und Landespressegesetze, die das eigentlich gewährleisten sollen, [...] wegen der neuen Machtverhältnisse inzwischen wirkungslos [sind]". Kruse scheint darauf verweisen zu wollen, dass PR-treibende Organisationen finanziell und personell zunehmend besser ausgestattet sind als Redakti-onen. Wie das „Manager Magazin" weiter berichtet, sind bei Tageszeitungen, Wochen-zeitungen und Zeitschriften die Werbeeinnahmen seit 2011 gesunken, „[e]tliche Medienmacher haben sich bereits ergeben. Sie gewähren den Unternehmen Zugang zu ihren redaktionellen Inhalten oder bieten ihnen gar Kommunikationskonzepte wie eine Werbeagentur an." Jürgen Gramke vom Arbeitskreis Corporate Compliance spitzt diese Beobachtung weiter zu: „Unternehmen können heute in einem Ausmaß redaktionelle Berichterstattung kaufen, wie das früher völlig undenkbar war. Und sie machen davon Gebrauch." (Clausen 2015, S. 30)

Aus den Beschwerden der PR-Praktiker über ihre eigene determinative Macht leitet sich folgende, für die Journalistik hochrelevante Frage ab: Wie lässt sich Journalismus auf der Output-Ebene überhaupt (noch) von PR unterscheiden? Vor allem wenn Nachrichtentexte wegen der eingangs erwähnten Gründe direkt aus den Schreibstuben der PR-Abteilungen stammen, sie durch redaktionelle Bearbeitung aber nicht explizit als solche gekennzeichnet werden. Hinzu kommen weitere aktuelle Markttrends, wie freie Journalisten, die sowohl PR- als auch journalistisch-redaktionelle Texte verfassen (Koch und Obermaier 2013), oder Medienhäuser, die beides als kommunikative Dienstleistung verkaufen. Im bisher verfügbaren Theorieinventar klafft hier ein Lücke: Weder gängige, meist idealtypische Rollendifferenzierungen noch organisationale Zuordnungen von Akteuren reichen weit genug. Wir schlagen deshalb einen kontingenzorientierten Ansatz vor, der eine Unterscheidung von Journalismus und PR auf Textebene ermöglichen soll und organisationale bzw. rollenbasierte Ansätze um eine neue Analyseebene erweitert.

2 Öffentlichkeitsakteure und die Problematik akteurbezogener Analysen

Schon seit Langem konkurrieren Journalisten mit anderen Akteuren um die Herstellung von Öffentlichkeit: Waren es zunächst Public-Relations-Botschaften, die nachweislich Einzug in publizistische Produkte hielten (Baerns 1985), sind mit dem Internet (Bürgerjournalismus, partizipativer Journalismus) und Corporate Communications (z. B. Kundenzeitschriften) weitere Möglichkeiten erwachsen, „journalistisch" tätig zu sein. Diese Entwicklungen werden auch von der Kommunikations- und Journalismusforschung kritisch beäugt, die ihre Analysen – ganz im Sinne einer „Kommunikatorforschung" – auf den (Berufs-)Status der Akteure bezieht: Journalisten schreiben journalistische Texte, PR-Arbeiter PR-Texte. Eine solche Ausrichtung lässt zwangsläufig die Frage aufkommen, ob Journalisten auch PR-Texte schreiben (dürfen) oder ob dies moralisch verwerflich ist. Abgesehen davon, dass viele Journalisten zur Sicherung ihrer Existenz auf derartige Zusatzeinkünfte angewiesen sind (Koch und Obermaier 2013), erfasst eine ausschließlich akteurzentrierte Analyse nur einen Teilaspekt der Problematik: Selbst wenn Journalisten zeitgleich PR-Texte verfassen, müssten sich diese deutlich von ihrem journalistischen Pendant unterscheiden. Denn wenn Beiträge der PR für Medienprodukte (z. B. Zeitungen, Zeitschriften, Radio-, Fernsehprogramme, Internetauftritte) nicht ohne Weiteres von ureigenen journalistischen Beiträgen zu unterscheiden sind, ist es dann nicht egal, wer sie verfasst – ob also ein Journalist, ein PR-Texter oder eine Maschine, eine Software sie geschrieben hat? Oder anders gewendet: Von der Output-Ebene könnte man keine Rückschlüsse mehr auf die unterschiedlichen Rollen ziehen. Ohnehin ist die Sachlage durch die Digitalisierung nochmals komplexer geworden. Der B2B-Contenthandel[1] lässt die Herkunft vieler Inhalte/Artikel für den Rezipienten/User kaum mehr

---

[1] B2B meint: Business-to-Business.

erkennen. Bereits vor der Ausweitung des B2B-Contenthandels stellten Weischenberg et al. (2006, S. 348) fest,

> „dass [...] Onlinejournalismus in vielen Einzelfällen nur schwer von anderen Formen der Onlinekommunikation und Onlineinformation zu unterscheiden [ist]. Insbesondere bei Kommunikationsplattformen und themenspezifischen Portalen werden Journalismus, PR, Service, Archiv- und Nachschlagefunktionen sowie Laienkommunikation in einem einzigen Angebot zusammengeführt".

Angesichts dieser Gegebenheiten überrascht es nicht, dass die Vorstellungen der Bevölkerung darüber, wer ein „Journalist" ist, äußerst diffus sind: Neben Nachrichten-sprechern werden auch Redakteure von Kundenzeitschriften zu diesem Berufsstand ge-zählt (Donsbach et al. 2009).[2] Die Digitalisierung scheint diese Unsicherheiten noch zu verschärfen. Einer Studie von Neuberger zufolge fällt es den Rezipienten zunehmend schwer, „[...] im Internet zu entscheiden, ob bestimmte Angebote und Formate zum ‚Journalismus' zu rechnen sind oder nicht" (Neuberger 2011, S. 17). Die Studie belegt auch, dass sich 28 Prozent der Befragten schwertun, „[...] im Internet die Qualität von Informationen richtig einzuschätzen" (Neuberger 2011, S. 15).

Angesichts dieser unübersichtlichen Verhältnisse suchen sowohl Rezipienten/User als auch Anbieter journalistischer Produkte nach Möglichkeiten, mit diesen Unsicherheiten bezüglich Relevanz und Informationsqualität umzugehen. Die meist jüngeren Nutzer von sozialen Medien stellen dabei häufig auf persönliche Empfehlungen ab, andere Rezi-pientengruppen versuchen, sich über ein als verlässlich empfundenes Medienrepertoire zu orientieren (Schmidt et al. 2009; Hasebrink und Schmidt 2013). Die Anbieter journalisti-scher Kombinationsprodukte (Zeitungen, Zeitschriften, Rundfunkprogramme) argumen-tieren vor allem mit der „Qualität" ihrer Produkte und sind bemüht, diese zu einer „Marke" auszubauen. Die Proklamation von Qualität ist aber noch kein Nachweis derselben. Die akademische Diskussion um journalistische Qualität weist diese als multifaktorielles Phänomen aus (Ruß-Mohl 1992; Wallisch 1995; Bucher 2003; Wilke 2003; Arnold 2008; Handstein 2010), das zudem schwer empirisch zu erheben ist (Hagen 1995; Bentele 2008; Wellbrock und Klein 2014). Die Messung anhand von Akteuren (Journalisten, Publikum) erweist sich als wenig aussagekräftig, die Messung anhand von Produkten ist schwer, weil das Konstrukt „Qualität" in einzelne Kriterien zerlegt werden muss[3] und die Frage der Gewichtung der einzelnen Kriterien schwer zu beantworten ist, zumal sich nicht alle Kriterien als unabhängig voneinander erweisen.

---

[2] Selbst Berufsverbände verzichten mitunter auf die Differenzierung zwischen Journalisten und den in der PR Tätigen; Vertreter beider Berufsgruppen können beispielsweise Mitglied im Deutschen Journalistenverband (DJV) sein.

[3] Genannt werden meist Aktualität, Vielfalt, verständliche Gestaltung in Bezug auf die Vermittlung, Relevanz, Richtigkeit, Glaubwürdigkeit, Unterhaltsamkeit, Unabhängigkeit.

3   Texte als Analyseebene

Die Problematik der Zuordnung und Bewertung von Texten ist also weder mit Blick auf den (Berufs-)Status der Akteure noch mit Blick auf die traditionelle Qualitätsdebatte im Journalismus befriedigend zu lösen. Wie aber könnte man dieses Problem anders fassen? Wir schlagen vor, die Textebene – also die Outputs der jeweiligen Kommunikatoren – zum Ausgangspunkt einer Untersuchung zu machen. Textanalytische Verfahren haben bis dato in der Qualitäts- und Glaubwürdigkeitsdebatte im Journalismus keine große Rolle gespielt,[4] möglicherweise auch deshalb, weil textlinguistische Verfahren sehr aufwendig sind und erst ex post Auskunft über Textmerkmale liefern. Da es uns aber nicht oder zumindest nicht primär um Qualitätszuschreibungen geht, sondern darum, wie sich Journalismus auf der Output-Ebene von PR unterscheiden lässt, sind wir daran interessiert, auf der Textebene Merkmale zu finden, die es ermöglichen, eindeutige Zuordnungen zu unterschiedlichen Texttypen zu vollziehen. Dabei spielen durchaus Aspekte eine Rolle, die im Kontext der Qualitätsdiskussion immer wieder aufscheinen, und zwar unabhängig davon, aus welcher Warte man die Qualitätsdiskussion betreibt: aus der normativ demokratieorientierten Variante, die besonders auf die Kritik- und Kontrollfunktion von Journalismus verweist, aus der systemtheoretischen Version, die die Selbstbeobachtung von Gesellschaft durch Journalismus in den Mittelpunkt stellt, oder aus der Warte des Publikumsnutzens, in der die Orientierungsfunktion journalistischer Produkte für die Alltagswelt der Rezipienten betont wird.

Bei quasi allen Varianten tauchen die Begriffe „Binnenpluralismus", „Unparteilichkeit" und „Transparenz" immer wieder auf (Schönhagen 1998; Wagner 1998). „Binnenpluralismus" meint, dass „[j]ournalistische Vermittlung [...] allseitig, [...] binnenpluralistisch sein [muss]" (Wagner 1998, S. 105 f.). Sie muss also Vielfaltsanforderungen genügen.

„Unparteilichkeit" meint: „Von journalistischer Vermittlung werden ‚unvergreifliche' Berichte erwartet, das heißt: Berichte ohne unzulässigen ‚Vorgriff' auf das Urteil der Rezipienten. Aus der Vermittlung von sachlichen oder wertenden Mitteilungen Dritter hat der Journalist sein eigenes Urteil herauszuhalten" [...] „Die korrekte, trotz aller Form-Eingriffe [ATB/HK: Gemeint sind hier die verschiedenen Genres bzw. Darstellungsformen] sinntreue Vermittlung der empfangenen Mitteilung. Diese letzte Regel ist für das Unparteilichkeits-Ethos zentral" (Wagner 1998, S. 105 f.). Die Forderung nach Unparteilichkeit manifestiert sich in der Trennung von Nachrichten/Berichten einerseits und Kommentaren andererseits sowie dem Verzicht auf „missionarischen" Journalismus. Mit dem Argument der Unparteilichkeit spricht Wagner dem Journalismus eine Kritik- und Kontrollfunktion ab, da diese demokratisch nicht legitimiert sei.

---

[4] Siehe dazu Bentele 2008, insbesondere Kap. 2.4, das nur ganz wenige Seiten zu textanalytischen Verfahren aufweist und diese als sehr aufwändig beschreibt.

Das Kriterium der „Transparenz" bezieht sich darauf, dass

> „[d]ie Primärquellen (das sind die Urheber der vermittelten Mitteilungen, die Ausgangspartner oder Aussagenträger) [...] transparent zu machen [sind]; dies ist die Grundlage für die Möglichkeit des Rezipienten, ihre Glaubwürdigkeit zureichend einzuschätzen; nicht zuletzt bedeutet so der Journalist dem Rezipienten stets aufs Neue: ‚Ich gebe nur weiter', ‚relata refero' [Hervorhebung im Text]" (Wagner 1998, S. 105).

Es ist anzunehmen, dass diese Transparenz bei der nicht sichtbar gemachten Übernahme von PR-Texten durch Journalisten nicht gegeben ist. Auch die Tatsache, dass im Internet eine Vielzahl von Berichten keiner präzisen Quelle zugeordnet werden kann, erschwert die Qualitätstransparenz – ein Problem, das generell kennzeichnend für Medienprodukte ist und daher auch in der Medienökonomie beschrieben wird: Während die schlecht informierte Marktseite (das ist in der Regel der Rezipient) versucht, durch „Screening" zusätzliche Informationen über die Qualität der Produkte zu bekommen, sei die gut informierte Marktseite bemüht, ihre Angebote durch „Signaling" (z. B. Markenname) als Qualitätsprodukte auszuweisen (Heinrich 1999, S. 607). Damit einher geht die implizite Annahme, dass journalistische Produkte von Haus aus qualitativ besser seien als Produkte anderer Informationslieferanten. Diese Annahme ist prinzipiell und mit Blick auf aktuelle Gegebenheiten zu hinterfragen: Zum einen ist das journalistische Selbstverständnis entscheidend dafür, ob die von Wagner (1998) geforderten Qualitätskriterien eingehalten werden. Zum anderen steht den Personalkürzungen im redaktionellen Bereich ein Zuwachs an finanziellen und personellen Ressourcen für PR-Akteure während der letzten Dekaden entgegen.

Ein textorientiertes Vorgehen hätte zur Folge, dass journalistische Produkte nicht automatisch als qualitativ hochwertig(er) klassifiziert werden können als Texte anderer Informationslieferanten, wenn sie die Prinzipien des Binnenpluralismus, der Unparteilichkeit und der Transparenz verletzen. Entscheidend für die Zuordnung zu einem hochwertigen Informationsangebot wäre bei diesem Vorgehen ausschließlich das Produkt, nicht der Produzent.

4   Kontingenz als Referenzbegriff

Der erste Schritt hin zu einer solchen Textanalyse läuft über den Begriff der Kontingenz, der zunächst nichts anderes besagt, als dass etwas so oder auch anders möglich sein kann. Wenn man Kommunikation in Anlehnung an Luhmann (1984) als Einheit von Information, Mitteilung und Verstehen definiert, dann ist Kontingenz auf jeder Selektionsstufe möglich:

* Auf der Ebene der Information betrifft Kontingenz die Themensetzung: Über welches Thema wird berichtet, über welche Themen nicht? Über einige Sinnkomplexe wird bevorzugt berichtet, über andere nicht.
* Auf der Mitteilungsebene können Texte so, aber auch anders verfasst sein.
* Auf der Verstehensebene können kommunikative Angebote als solche verstanden oder aber gar nicht als solche wahrgenommen werden.

Wir interessieren uns für Kontingenz auf der Mitteilungsebene, weil diese besonders interessant für eine Textanalyse ist. So ließe sich beispielsweise die von Schönhagen (1998)

Abb. 1 Dimensionen
journalistischer Qualität als
Indikatoren für Kontingenz
(Quelle: Eigene Darstellung)

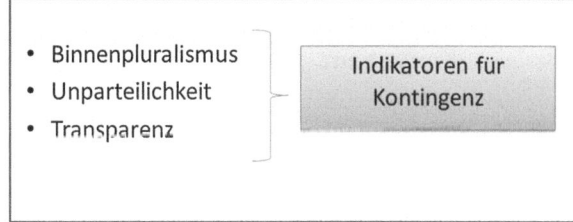

und Wagner (1998) formulierte Forderung nach Binnenpluralismus journalistischer Inhalte direkt mit dem Kontingenzbegriff in Verbindung bringen (Abb. 1). Auch „Transparenz" weist eine Kontingenzdimension auf, denn der Verweis auf Primärquellen bedeutet für den Rezipienten, dass auch andere Quellen möglich gewesen wären. Selbst das Kriterium der Unparteilichkeit ist kontingenzaffin, da das Heraushalten von Bewertungen Raum für unterschiedliche Bewertungen seitens des Rezipienten offenlässt. Eine kontingente Berichterstattung ermöglicht dem Betrachter Beobachtungen auf einer zweiten Ebene, weil die Relativität des Berichteten deutlich wird.

Wir gehen davon aus, dass journalistische Texte sich von PR-Texten dadurch unterscheiden lassen, dass sie zumindest auf der Mitteilungsebene eine deutlich ausgeprägte Kontingenz aufzeigen. Im Sinne der vom Journalismus geforderten Unparteilichkeit und Binnenpluralität müssten auch Informationsinputs mit geschlossener Kontingenz (z.B. PR-Texte) durch journalistische Bearbeitung wieder geöffnet werden. Wo PR eine Quelle mit Partikularinteressen sprechen lässt – und dadurch Kontingenz einseitig schließt –, öffnet Journalismus idealiter neue Kontingenzräume, indem er mehrere Quellen zu Wort kommen lässt und auf diese Weise auch mehrere Verweisungshorizonte aufzeigt. Während PR lediglich (reflexive) Selbstbeobachtungen zu Kommunikaten umwandelt, sollten Journalisten als Beobachter zweiter Ordnung verschiedene Perspektiven einnehmen und/ oder unabhängige Beobachter (z.B. Experten/Wissenschaftler, andere Organisationen) sprechen lassen (Abb. 2).

Aus diesen ersten Annahmen und Hypothesen leiten sich die uns interessierenden Fragen ab:

- Gibt es textimmanente oder Meta-Elemente, mit deren Hilfe sich „Qualitätsangebote" im Informationsbereich herausdestillieren lassen?
- Lassen sich diese textimmanenten oder Meta-Elemente mit dem Öffnen und Schließen von Kontingenz in Verbindung bringen?
- Können mithilfe dieser Elemente eindeutige Zuordnungen von Texten zu Journalismus oder PR erfolgen oder müssen wir mit anderen Unterscheidungen arbeiten, was gegebenenfalls zu Differenzierungen innerhalb des Journalismus und innerhalb der PR führt?

Bezüglich textimmanenter Elemente kann man beispielsweise untersuchen, ob und welche gewissheitsreduzierenden Klauseln verwendet werden.

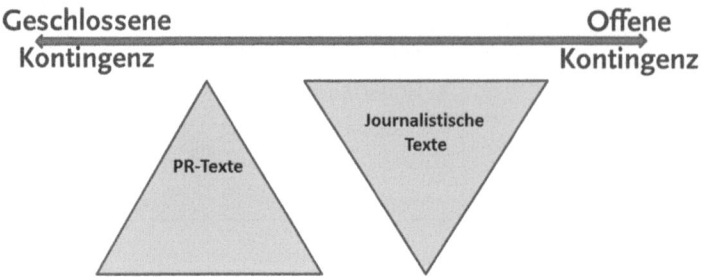

Abb. 2 Texte mit unterschiedlich ausgeprägter Kontingenz (Quelle: Eigene Darstellung)

„[…] [G]ewissheitsreduzierende(n) Klauseln reduzieren im allgemeinen (sic!) die Gewissheit einer Nachricht, indem sie dem abstrakten Leser auf irgendeine Art bewusst werden lassen, dass gewisse Instanzen als Vermittler zwischen realem Sachverhalt und Nachricht figurieren. Damit wird die Referenzillusion aufgehoben, d. h. dem Leser wird bewusst, dass es sich bei der Nachricht nicht um den realen Sachverhalt, sondern um das Ergebnis eines Bewusstseinsprozesses handelt." (Baeriswyl 1989, S. 175)

Wir gehen davon aus, dass Public Relations (und vermutlich auch Werbung) mit deutlich höheren Gewissheitsgraden einer Nachricht arbeiten als journalistische Texte dies tun. Aussagen wie „Mit diesem Auto fahren sie sicher wie auf Schienen", „Wenn Sie dieses Eau de Toilette verwenden, ist Ihnen der Erfolg bei Frauen gewiss" weisen einen extrem hohen Gewissheitsgrad auf, der nur durch Meta-Elemente (dezidierte Kenntlichmachung als Werbung) eine Einschränkung erfährt („Der Werbung kann man ohnehin nicht glauben"). Bei Pressemitteilungen ist hingegen nicht unbedingt ersichtlich, ob es sich um eine Behauptung, ein Versprechen oder eine Vermutung handelt, zumal explizite meta-kommunikative Elemente vom Rezipienten hier schwerer auszumachen sind.

5   Erste Operationalisierungen und Ergebnisse

In einer ersten kleineren qualitativ ausgerichteten Untersuchung mit Studierenden haben wir zwischenzeitlich damit begonnen, verschiedene Texte linguistisch zu analysieren. In Anlehnung an Baeriswyl (1989) haben wir nach gewissheitsreduzierenden Klauseln gesucht, wie sie über Modaladverbien der bedingten Gültigkeit zum Ausdruck gebracht werden (wohl, womöglich, offensichtlich, möglicherweise, kaum, vielleicht, sicherlich, bestimmt, garantiert, vermutlich, durchaus). Dadurch wird eine Nachricht als Bewusstseinsinhalt eines Erzählers oder einer vermittelnden Instanz deklariert und der Bewusstseinsinhalt als unterschiedlich wahrscheinlich dargestellt. Auch Modalverben (dürfen, müssen, können, mögen, wollen, sollen) können gewissheitsreduzierend wirken, weil der Sprecher/die Sprecherin damit eine persönliche Stellungnahme zum Ausdruck bringt. Er/sie macht deutlich, dass er seine/ihre Aussagen subjektiv beurteilt. Nicht zuletzt wirkt auch eine Redeerwähnung (z. B. direkte oder indirekte Rede) gewissheitsreduzierend. Die verschiedenen gewissheitsreduzierenden Klauseln lassen sich dabei drei semantischen Feldern (Dimensionen) zuordnen (Baeriswyl 1989):

- der Dimension „Bewusstseinsinhalt" (Wird die Nachricht als Bewusstseinsinhalt dargestellt und als wie gewiss wird dieser bewertet?)
- der Dimension „wissende Instanz" (Welcher Instanz wird die Nachricht zugeschrieben?)
- der Dimension „Stellungnahme des Erzählers" (In welcher Art wird Stellung zur Aussage der wissenden Instanz genommen?)

Für jede dieser Dimensionen lassen sich unterschiedliche Gewissheitsgrade ausmachen, vom „objektiven" Text bis hin zur völligen Ungewissheit. Analysiert wurden verschiedene Textsorten: journalistische Texte aus lokalen und überlokalen Zeitungen sowie Online-Publikationen von „Qualitätszeitungen", reine Pressemitteilungen sowie Pressemitteilungen und Veränderungen durch journalistische Bearbeitung (dpa-Texte). Erste Ergebnisse stützen unsere Vermutungen, wonach PR-Texte überwiegend „objektive" Texte sind, die kaum gewissheitsreduzierende Klauseln enthalten. Die Detailauswertung steht jedoch noch aus und erlaubt mit circa acht bis zehn Texten pro Textsorte noch keine verlässlichen Aussagen. Derzeit arbeiten wir weiter an der Vereinheitlichung der Operationalisierung und an der Auswertung eines größeren ‚Textkorpus'. In einem weiteren Schritt soll das Kategoriensystem mittels Automatisierung auf ein sehr großes Korpus angewendet werden, mit dem Ziel, einen algorithmusbasierten „Kontingenzdektor" zu entwickeln. Mithilfe dieses Instrumentes könnte man verschiedene Textsorten unabhängig von ihrem „Veröffentlichungsort" bereits vor der Lektüre bzw. Auswahl auf Kontingenz hin prüfen. Auch Längsschnittanalysen wären denkbar, etwa um eventuelle Veränderungen in der Öffnung und Schließung von Kontingenz in journalistischen Texten im Zeitverlauf beobachten zu können. Hier wäre etwa zu prüfen, ob deterministische Marktmechanismen in den letzten Dekaden stärker auf journalistische Texte durchschlagen als etwa in den frühen 1980er-Jahren. Nicht zuletzt ist die Ausprägung von Kontingenz auch für andere als journalistische oder PR-Texte relevant, beispielsweise für die Organisations- und Unternehmenskommunikation. Je nach Aufgabe werden hier Informationseingaben mit unterschiedlichen Gewissheitsgraden in den verschiedenen Dimensionen benötigt. So könnten sich Texte mit hoher Kontingenz eher als abteilungsübergreifend nutzbar erweisen als Texte mit niedriger Kontingenz.

Literatur

Arnold, Klaus (2008). Kann guter Journalismus unmoralisch sein? Zum Verhältnis von Qualität und Ethik in den Medien. *Communicatio Socialis, 41*(3), 254–275. AbAbgerufen unter: http://ejournal.communicatio-socialis.de/index.php/cc/article/view/369 [13.08.2015].

Baeriswyl, Othmar (1989). *Gewissheitsgrade in Zeitungstexten. Eine Analyse gewissheitsreduzierter Elemente informativer Texte der Schweizer Zeitungen „Neue Zürcher Zeitung", „Tages-Anzeiger" und „Blick". Öffentliche soziale Kommunikation: 20.* Freiburg, Schweiz: Univ.-Verlag.

Baerns, Barbara (1985). *Öffentlichkeit oder Journalismus. Zum Einfluss im Mediensystem.* Köln: Verlag Wissenschaft und Politik.

Bentele, Günter, Liebert, Tobias & Seeling, Stefan (1997). Von der Determination zur Intereffikation. Ein integriertes Modell zum Verhältnis von Public Relations und Journalismus. In Günter

Bentele & Michael Haller (Hrsg.), *Aktuelle Entstehung von Öffentlichkeit. Akteure – Strukturen – Veränderungen.* Schriftenreihe der Deutschen Gesellschaft für Publizistik und Kommunikationsforschung: Band 24 (S. 225–250). Konstanz: UVK Medien.

Bentele, Günter (2008). *Objektivität und Glaubwürdigkeit. Medienrealität rekonstruiert* (Herausgegeben und eingeleitet von Stefan Wehmeier, Howard Nothhaft, & René Seidenglanz). Wiesbaden: VS Verlag.

Bucher, Hans-Jürgen (2003). Zur Unabschließbarkeit der Debatte über journalistische Qualität. In Hans-Jürgen Bucher & Klaus-Dieter Altmeppen (Hrsg.), *Qualität im Journalismus: Grundlagen, Dimensionen, Praxismodelle* (S. 11–15). Wiesbaden: Westdeutscher Verlag.

Clausen, Sven (2015). Licht in der Grauzone. *manager magazin, o. Jg.*(3), 30.

Donsbach, Wolfgang, Rentsch, Mathias,Schielicke, Anna-Maria & Degen, Sandra (2009). *Entzauberung eines Berufs. Was die Deutschen vom Journalismus erwarten und wie sie enttäuscht werden.* Konstanz: UVK.

Hagen, Lutz M. (1995). *Informationsqualität von Nachrichten. Meßmethoden und ihre Anwendung auf die Dienste von Nachrichtenagenturen. Studien zur Kommunikationswissenschaft: Band 6.* Opladen: Westdeutscher Verlag.

Handstein, Holger (2010). *Qualität im lokalen Zeitungsjournalismus. Theoretischer Entwurf und empirische Fallstudie.* München: AVM.

Hasebrink, Uwe & Schmidt, Jan-Hinrik (2013). Medienübergreifende Informationsrepertoires. Zur Rolle der Mediengattungen und einzelner Angebote für Information und Meinungsbildung. *Media Perspektiven, o. Jg.*(1), 2–12. Abgerufen unter: http://www.media-perspektiven.de/fileadmin/user_upload/media-perspektiven/pdf/2013/01-2013_Hasebrink_Schmidt.pdf [27.08.2015].

Heinrich, Jürgen (1999). *Medienökonomie.* Opladen: Westdeutscher Verlag.

Koch, Thomas & Obermaier, Magdalena (2013). Schwieriger Spagat. Eine quantitative Befragung freier Journalisten mit Nebentätigkeiten im PR-Bereich. *Studies in Communication | Media (SCM)* 2, 115–127.

Luhmann, Niklas (1984). *Soziale Systeme. Grundriss einer allgemeinen Theorie* (1. Auflage). Frankfurt a. M.: Suhrkamp.

Neuberger, Christoph (2011). Im Netz nichts Neues: Presse und Rundfunk bleiben konkurrenzlos wichtig. In Deutscher Fachjournalisten-Verband (Hrsg.), *Fachjournalist. Fachjournalismus, Fach-PR & Fachmedien: Band 3* (S. 12–17). Abgerufen unter: http://www.fachjournalist.de/PDF-Dateien/2012/05/FJ_3_2011-Presse-und-Rundfunk-bleiben-konkurrenzlos-wichtig.pdf. [27.08.2015].

Rehländer, Jens (2014). *Damit ruinieren Journalisten ihre Glaubwürdigkeit.* Abgerufen unter: http://tmblr.co/ZhEENq1FqxsDr [27.08.2015].

Ruß-Mohl, Stephan (1992). Am eigenen Schopfe: Qualitätssicherung im Journalismus – Grundfragen, Ansätze, Näherungsversuche. *Publizistik, 37*(1), 83–96.

Schmidt, Jan-Hinrik, Paus-Hasebrink, Ingrid & Hasebrink, Uwe (Hrsg.) (2009). *Heranwachsen mit dem Social Web. Zur Rolle von Web 2.0-Angeboten im Alltag von Jugendlichen und jungen Erwachsenen. Schriftenreihe Medienforschung der Landesanstalt für Medien Nordrhein-Westfalen: Band 62.* Berlin: Vistas.

Schönhagen, Philomen (1998). *Unparteilichkeit im Journalismus. Tradition einer Qualitätsnorm. Medien in Forschung + Unterricht. Serie A: Band 46.* Tübingen: M. Niemeyer.

Wagner, Hans (1998). Das Unwandelbare im Journalismus. In Wolfgang Duchkowitsch & Wolfgang R. Langenbucher (Hrsg.), *Journalismus als Kultur. Analysen und Essays* (S. 95–111). Opladen: Westdeutscher Verlag.

Wallisch, Gianluca (1995). *Journalistische Qualität. Definitionen, Modelle, Kritik. Forschungsfeld Kommunikation: Band 6* (1. Auflage). Konstanz: UVK Medien/Ölschlager.

Weischenberg, Siegfried, Malik, Maja & Scholl, Armin (2006). *Die Souffleure der Mediengesellschaft. Report über die Journalisten in Deutschland.* Konstanz: UVK Verlagsgesellschaft.

Wellbrock, Christian-Mathias & Klein, Konstantin (2014). Journalistische Qualität – eine empirische Untersuchung des Konstrukts mithilfe der Concept Map Methode. *Publizistik, 59*(4), 387–410.

Wilke, Jürgen (2003). Zur Geschichte der journalistischen Qualität. In Hans-Jürgen Bucher & Klaus-Dieter Altmeppen (Hrsg.), *Qualität im Journalismus: Grundlagen, Dimensionen, Praxismodelle* (S. 35–54). Wiesbaden: Westdeutscher Verlag.

Anna M. Theis-Berglmair Institut für Kommunikationswissenschaft an der Otto-Friedrich-Universität Bamberg, An der Weberei 5, 96047 Bamberg, Deutschland
E-Mail: anna-maria.theis-berglmair@uni-bamberg.de

Holger Kellermann Institut für Kommunikationswissenschaft an der Otto-Friedrich-Universität Bamberg, An der Weberei 5, 96047 Bamberg, Deutschland
E-Mail: holger.kellermann@uni-bamberg.de

Der paradoxe Vertrauensverlusteffekt: Wie reale Wahrnehmungsinhalte die unbewusste Einstellung zu einer Marke verändern

Gerhard Brenner

Zusammenfassung

Jede Information zu einer Marke, die Konsumenten wahrnehmen, kann das Bild verändern, das sie von dieser Marke haben. Das betrifft sowohl reale Informationen als auch fiktive. Die Vertrauenseinstellung einer Marke gegenüber ist ein wesentliches Element in der Beziehung zwischen Konsumenten und der Marke. In der vorliegenden Studie wurden in einem Experiment Probanden in drei Gruppen mit je einem Polizeifilm konfrontiert – einer Docutainment-Folge mit realem Inhalt, einer Folge aus einer Krimiserie mit fiktivem Inhalt und einer Kontrollbedingung. Auf drei Bewusstseinsebenen (unbewusst, unterbewusst und bewusst) wurde gemessen, ob und welche Veränderungen sich in der Vertrauenseinstellung zur Polizei ergaben. Im Unbewussten, gemessen mit einem Implicit Association Test (IAT), zeigte sich ein signifikanter Gruppenunterschied zwischen der Bedingung „realer Inhalt" und der Kontrollbedingung zuungunsten des Vertrauens zur Polizei. Auf unterbewusster Ebene zeigten sich Unterschiede in der Beurteilung des Verhaltens der Polizei. Auf bewusster Ebene waren keine Unterschiede messbar.

G. Brenner (✉)
Fachhochschule Wiener Neustadt,
Johannes Gutenberg-Str. 3, 2700, Wiener Neustadt, Österreich
E-Mail: gerhard.brenner@fhwn.ac.at

© Springer Fachmedien Wiesbaden GmbH 2017
N. Gonser, U. Rußmann (Hrsg.), *Verschwimmende Grenzen zwischen Journalismus, Public Relations, Werbung und Marketing*, Forschung und Praxis an der FHWien der WKW,
DOI 10.1007/978-3-658-13578-2_8

1   Einführung

Kriminalbeamte duzen einander. Der Autor, damals Polizist und Mitarbeiter einer polizeiinternen Zeitschrift, traf 2004 den Schauspieler Wolfgang Böck für ein Interview in einem Wiener Café. Wolfgang Böck erschien zu dieser Zeit regelmäßig auf österreichischen TV-Bildschirmen als Chefinspektor „Trautmann" im gleichnamigen Krimi im Hauptabendprogramm. Der Autor fühlte sich während des Interviews seltsamerweise vertraut mit dem Schauspieler, den er bis zu dem Treffen in dem Wiener Café nur in seiner Rolle als Kriminalist im Fernsehen kannte, und war ständig kurz davor, ihn zu duzen. Wolfgang Böck erzählte ihm wiederum, dass ihn Unbekannte auf der Straße immer wieder als „Herr Kommissar" ansprechen würden. (Vgl. Brenner 2004)

Nach Horton und Wohl (1956) ist dieses Phänomen unter der Bezeichnung „parasoziale Interaktionen" bekannt. Laut Bonfadelli und Friemel (2015) kommt es bei Betrachtern einer Figur in einem Film oder einer Serie eher nicht zu direkten Identifikationsprozessen, sondern zu einer „Illusion der persönlichen Nähe", als handle es sich bei den Figuren (Rollen) im Film um „Freunde" oder enge „Bekannte". Für Perse und Rubin (1989) sind solche „parasozialen Beziehungen" vergleichbar mit Beziehungen, die im direkten menschlichen Kontakt zustande kommen. Die Analogien finden bei drei wesentlichen Beziehungskomponenten statt: (1) Sowohl soziale als auch parasoziale Beziehungen werden freiwillig geschlossen; (2) sie lassen ein Gefühl der Gemeinschaft entstehen; (3) und sie werden aufgrund wahrgenommener sozialer Attraktivität eingegangen. Schiappa et al. (2007) berichten vom Entstehen parasozialer Beziehungen mit Personen, die in Talkshows auftraten. Dort stellten diese sich zwar selbst dar; die Interaktionen waren aus Sicht der Zuschauer jedoch genauso fiktiv wie bei parasozialen Beziehungen mit Filmfiguren. Die Autoren sehen als wesentliches Element im Entstehungsprozess parasozialer Beziehungen, dass die Menschen am Bildschirm in sozialen Beziehungen mit anderen Menschen stehen, etwa in Familien (z. B. „Malcolm mittendrin"), Freundesgruppen (z. B. „Friends"), Ehe- oder eheähnlichen Beziehungen (z. B. „Sex and the City") oder Berufsbeziehungen (z. B. „CSI"). Eine Bewertung des Verhaltens der Personen am Bildschirm erfolge nach denselben Kriterien wie im wirklichen Leben anhand der wahrgenommenen Interaktionen der Personen am Schirm. (Vgl. dazu auch Sedikides und Gregg 2007; Shelton et al. 2006) Nach Hartmann und Goldhoorn (2011, S. 1105) besteht das Prinzip parasozialer Beziehungen in der Wahrnehmung der Rezipienten als „empfundenes konversationales Geben und Nehmen" und die Zuschauer erleben sich als Teil der Interaktion am Bildschirm. Belege (siehe Metaanalyse von Allen und Gregg 2007) deuten auf eine Generalisierbarkeit parasozialer Phänomene hin. Diese entstehen demnach nicht nur bei den oben genannten Formaten, sondern auch bei anderen Darstellungsformen wie Dokumentationen, Reportagen oder Kriminalfilmen.

2 Hintergrund

Mögliche Ursachen In den Kommunikationswissenschaften werden solchen Phänomenen Ursachen zugeschrieben, die im Bereich von falschen Erinnerungen liegen – beispielsweise dem „Sleeper-Effekt". Demnach bleiben Fakten und andere Inhalte gespeichert, die Quelle der Erinnerung geht mit der Zeit aber verloren – und mit ihr auch die Bewertung ihrer Glaubwürdigkeit (vgl. Jäckel 2011, S. 166). Übertragen auf parasoziale Interaktionen würde dies bedeuten, dass das Handeln des „Chefinspektors Trautmann" als dem Schauspieler zugeschrieben erhalten bliebe. Die Quelle – die fiktive Kriminalserie „Trautmann" – ginge hingegen verloren. Solche Übertragungsphänomene werden des Öfteren beobachtet. Als Klassiker gilt das Hörspiel „Krieg der Welten" von Orson Welles. Ausgestrahlt am 30. Oktober 1938, löste es bei Tausenden Amerikanern Panik aus. Sie glaubten, was im Radio dargestellt worden war, nämlich dass Menschen vom Mars auf der Erde gelandet wären. (Vgl. Burkart 2002, S. 312 f.)

Ein speziell erforschtes Illusions-Wirklichkeits-Phänomen stellt der nach der TV-Serie „CSI" („Crime Scene Investigation") benannte „CSI-Effekt" dar. Eingeführt wurde der Begriff „CSI-Effekt" von Andrew Thomas (2006), einem Oberstaatsanwalt in Maricopa County (Arizona), der im Jahr 2005 102 Staatsanwälte befragte: 38 Prozent der Befragten nannten Fälle, in denen Zeugenaussagen vorlagen, die die Schuld von Angeklagten belegten, es aber zu Freisprüchen gekommen war. In 40 Prozent dieser Fälle hatten die Geschworenen Spezialbegriffe wie „mitochondriale DNA" oder „latente Fingerabdrücke" ins Treffen geführt, obwohl diese Begriffe in den betreffenden Akten nicht vorgekommen waren. Möglicherweise hatten die Geschworenen diese Begriffe in TV-Sendungen wie „CSI New York" oder „CSI Miami" kennengelernt und daher eine gewisse Sachbeweislastigkeit an den Tag gelegt.

Mittlerweile wurde der „CSI-Effekt" auch in kontrollierten Experimenten erforscht und teilweise belegt. Mit dem „CSI-Effekt" wird heute nicht nur der Einfluss der TV-Serie auf das Verurteilungsverhalten von Geschworenen umschrieben, sondern ebenso ihr Einfluss auf das Verhalten von Polizisten, Staatsanwälten, Richtern, Forensikern und auf das Vorgehen von Straftätern sowie auf die öffentliche Meinung gegenüber kriminalpolizeilicher Arbeit generell (vgl. Englert 2014, S. 96).

Associative-Propositional Evaluation Modell „Dual-Process-Theorien" wurden in den 1980er- und 1990er-Jahren entwickelt und gelten als wichtige Konstrukte in den Sozialwissenschaften (vgl. Gawronski et al. 2014). Vertreter von „Dual-Process-Modellen" gehen davon aus, dass sich kommunikative Wirkungen auf zwei Wegen entfalten: einem unbewussten, automatischen, oft als „peripher" bezeichneten Weg und einem bewussten, kognitiv bestimmten und oft als „zentral" bezeichneten Weg (vgl. Hogg und Vaughan 2014, S. 206 ff.).

Besonders intensiv beforscht wurden Modelle wie das „Elaboration Likelihood Model" (ELM) (Petty und Brinol 2014), das „MODE Model" („Motivation Opportunity

Determinants") (Fazio und Olson 2014) und das „Heuristic-Systematic Model" (HSM) (Chaiken und Maheswaran 1994). Das Mitte der 2000er-Jahre entwickelte „APE-Model" (Associative-Propositional Evaluation Model) von Gawronski und Bodenhausen (2006a, b) stellt assoziative und propositionale Bewertungsprozesse in den Mittelpunkt der Informationsverarbeitung und -bewertung. Assoziative Prozesse in diesem Modell entsprechen dem „peripheren" Weg in anderen Dual-Process-Modellen; propositionale Prozesse des „APE-Modells" entsprechen dem „zentralen" Weg. Im Unterschied zu anderen Dual-Process-Theorien jedoch beziehen Gawronski und Bodenhausen (2006a, b) Wechselwirkungen zwischen assoziativen und propositionalen Verarbeitungsprozessen in ihr Modell mit ein (Abb. 1).

„Wahr" oder „unwahr" Ein bedeutendes Wesensmerkmal des APE-Modells ist, dass das Individuum bei der Bewertung eines Reizes im assoziativen Teil der Verarbeitung nicht beurteilt, ob dieser inhaltlich „wahr" oder „unwahr" ist. Assoziative Prozesse laufen automatisch ab. Durch Ähnlichkeiten zwischen Input-Reizen und Gedächtnisinhalten werden Muster aktiviert, wobei die Input-Reize nicht losgelöst von deren Umwelt interpretiert werden, sondern kontextabhängig sind. (Vgl. Gawronski und Bodenhausen 2006a, b) Ein wesentlicher Lernvorgang im assoziativen Teil der Verarbeitung ist das evaluative Konditionieren. Hofmann et al. (2010) definieren evaluatives Konditionieren als die Veränderung von Vorlieben gegenüber einem Reiz (Conditioned Stimulus), welche durch das gleichzeitige oder kurz vor- oder nacheinander erfolgende Auftreten mit einem positiven oder negativen Reiz (Unconditioned Stimulus) entsteht. Propositionale Prozesse sind nun gedankliche Vorgänge, die unter bestimmten Umständen eine Beurteilung von „wahr" oder „unwahr" vornehmen. Die Basis bilden logische Schlussfolgerungen, aber auch die viel schneller ablaufenden assoziativen Prozesse. (Vgl. Gawronski und Bodenhausen 2006a, b)

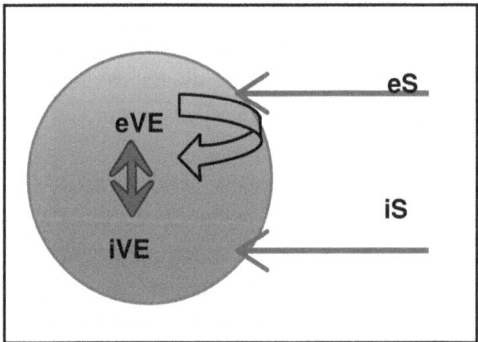

Abb. 1 „Associative-Propositional Evaluation (APE) Model" von Gawronski und Bodenhausen (2006a) **Legende:** eVE=explizite Vertrauenseinstellung; iVE=implizite Vertrauenseinstellung; eS=expliziter Stimulusanteil; IS=impliziter Stimulusanteil; durchgehender Pfeil=beeinflussende Größe; gekrümmter Pfeil=Revidierung des Einflusses durch Mechanismen kognitiven Konsistenzstrebens.

Kognitive Konsistenz Ein weiterer Aspekt des APE-Modells ist das Streben nach gedanklichem und emotionalem Ausgleich. Das Individuum ist stets bestrebt, in kognitiver Konsistenz, in einer Übereinstimmung zwischen Input-Reiz und Gedächtnisinhalten zu sein. Dies kann nach dem APE-Modell dadurch geschehen, dass Rezipienten den Wahrheitswert eines Input-Reizes in Zweifel ziehen oder durch neue Propositionen aus den Gedächtnisinhalten neutralisieren. Das Streben nach kognitiver Konsistenz ist eine Art „Sanierungsvorgang", der ständig vorgenommen wird. Er ist ein wesentlicher Prozess bei der Formation von Einstellungen und bei deren Beibehaltung, Veränderung bzw. Verwerfung. (Vgl. Festinger 1957; Gawronski et al. 2005)

Einstellungen „on the spot" Einstellungen werden nach dem APE-Modell – im Unterschied zu anderen Modellen – nicht ausgebildet und als bestehende Einheiten bleibend im Gedächtnis abgespeichert. Sie werden „on the spot" gebildet, also bei jeder Konfrontation mit einem Input-Reiz eines Einstellungsobjekts. Diese jedes Mal von Neuem erfolgende Einstellungsformation hängt auch vom Kontext ab, in dem ein Input-Reiz präsentiert wird. (Vgl. Gawronski und Bodenhausen 2006a, b) Gawronski und Bodenhausen (2006a) erläutern dies am Beispiel eines Schwarzen, der im Kontext einer Alltagssituation mitunter negativ vorurteilsbehaftet und im Kontext als Spitzensportler positiv gesehen wird.

Bewusst und unbewusst Gawronski und Bodenhausen (2006a) gehen davon aus, dass assoziative Prozesse bewusst gemacht werden können. Forschungsergebnisse der letzten Zeit jedoch liefern Belege, wonach Entscheidungen von unbewussten Prozessen determiniert sind. Gawronski et al. (2006) unterscheiden in der Bestimmung unbewusster Entscheidungsanteile zwischen erstens „Ursachenbewusstsein" (sprich: der Mensch ist sich der Wurzeln seiner Entscheidung bewusst bzw. nicht bewusst), zweitens „Inhaltsbewusstsein" (sprich: der Mensch ist sich des Inhalts seiner Entscheidungen bewusst bzw. nicht bewusst) und drittens „Wirkungsbewusstsein" (sprich: der Mensch ist sich der Auswirkungen seiner Entscheidungen bewusst bzw. nicht bewusst). Außerdem entwickeln sich bewusste und unbewusste Einstellungsveränderungen nicht immer parallel zueinander. Vor allem bei Einstellungen in Bezug auf vorurteilsbehaftete Einstellungsobjekte, bei denen in Befragungen oft ein sozial erwünschtes Antwortverhalten beobachtet werden kann, unterscheiden sich implizit gemessene Einstellungen – zum Beispiel mit einem Implicit Association Test – häufig von explizit gemessenen Einstellungen. (Vgl. Banaji und Greenwald 2013, S. 77 f.) Im Unterschied zu Gawronski und Bodenhausen (2006a, b) schlägt Walla (2011) eine dritte Bewusstseinsebene vor. Im impliziten Bereich postuliert er eine unterbewusste Ebene, bei der es dem Individuum möglich ist, Nichtbewusstes bewusst zu machen und zu verbalisieren; und er schlägt eine unbewusste Ebene vor, die dem Individuum gänzlich unzugänglich ist. Daher wurde im vorliegenden Forschungsprojekt das APE-Modell um die Erforschung des Einflusses der unterbewussten Ebene erweitert (Abb. 2).

| propositional | bewusst | kognitiv | bewusst |
| processes | | erfassbar | |

associative	unbewusst	kognitiv	unterbewusst
processes		ergründbar	
associative	unbewusst	kognitiv	unbewusst
processes		unzugänglich	

APE-Model..............................| **Adaptiertes APE-Model**........................

Abb. 2 Adaptiertes Modell des „Associative-Propositional Evaluation (APE) Model" (vgl. Gawronski und Bodenhausen 2006a)

Einstellungen und Verhalten Einstellungen werden deshalb als wesentliches Konstrukt in der Kommunikationswissenschaft gesehen, weil ihnen zumindest teilweise ein Zusammenhang mit dem Verhalten des Individuums unterstellt wird. Einstellungen einem Objekt bzw. einer Marke gegenüber entstehen aus unterschiedlichen Bewertungserlebnissen. Eagly und Chaiken (2007) definieren Einstellungen als Ergebnis der Summe aller Wahrnehmungs- und Beurteilungsprozesse „as a psychological tendency that is expressed by evaluating a particular entity with some degree of favor or disfavor" (Eagly und Chaiken 2007, S. 582).

Bereits Hovland et al. (1953, S. 7) stellte die Verhaltenskomponente in den Mittelpunkt des Interesses: Positive Einstellungen wirken sich demnach in einer Annäherungstendenz („approaching") und negative Einstellung in einer Vermeidungstendenz („avoiding") aus. Die Basis dafür bildet das Bestreben des Individuums, Positives („pleasure") anzustreben und Negatives („pain") zu vermeiden (vgl. Higgins 1997).

Der Implicit Association Test (IAT) etwa erreicht eine hohe Vorhersagekraft in Bezug auf menschliches Verhalten (vgl. Greenwald et al. 2009a), zum Beispiel auch im Zusammenhang mit der Urteilsfindung bei Gericht (vgl. Kang et al. 2012, S. 1141 ff.). Greenwald et al. (2009a) fanden in einer Metaanalyse einen besseren Zusammenhang zwischen Verhalten und Einstellungen, die mithilfe eines Implicit Association Test (IAT) gemessen wurden, als zwischen Verhalten und Einstellungen, die man auf Basis bewusster Aussagen der Probanden ermittelte. Die Korrelation zwischen Verhalten und impliziten Einstellungen betrug .24; jene zwischen Verhalten und expliziten Einstellungen .12.

Vor dem amerikanischen Präsidentschaftswahlkampf 2008 beispielsweise wurden in einer Studie implizite Einstellungen mittels IAT gemessen und mit expliziten Messungen verglichen. Die impliziten Einstellungen hatten eine höhere Vorhersagekraft in Bezug auf den Wahlsieg Barrack Obamas gegen John McCain. (Vgl. Greenwald et al. 2009b; Lane et al. 2007)

Behaviorismus als Ausgangspunkt Wenn nun – wie dargestellt – parasoziale Beziehungen zu Darstellungen im Film entstehen wie im realen Leben und filmische Darstellungen auf das Verhalten bestimmter Berufsgruppen wirken, wie dies beim „CSI-Effekt" der Fall ist, dann könnten diese Phänomene genauso Auswirkungen auf Einstellungen gegenüber einem Einstellungsobjekt wie einer Marke haben.

Diese streng behavioristische Sichtweise gilt zwar als überholt und überzogen, Kommunikationsmodelle gehen jedoch in der Regel davon aus, dass jeder Stimulus innerhalb des Organismus verortet, in Denkstrukturen eingeordnet wird und Wirkung entfaltet. Vor allem Modelle integrierter Kommunikation gehen von einer Kommunikationswirkung auf Einstellungen aus. Esch (2001) entwickelte eines der wenigen wirkungsorientierten Modelle integrierter Kommunikation. Basis dieses Modells bildet die Schematheorie (vgl. Bartlett 1932). Esch legt dem Modell eine gesamtheitliche Sicht eines „Bildes von einer Marke" zugrunde. Im Kopf der Konsumenten entsteht in Bezug auf (Produkt- oder Dienstleistungs-)Marken ein „Marken-Schema". Dabei wird die Marke mit Attributen assoziiert und es entsteht ein gesamtheitliches „Marken-Bild". Aufgabe der absichtsvollen Marken-Kommunikation sei es, ein bestimmtes beabsichtigtes „Marken-Schema" aufzubauen und zu verfestigen. Der Abruf dieses „Marken-Schemas" sollte mit der Zeit relativ spontan erfolgen können. Wechselwirkungen zwischen „Marken-Bild" und Umweltinformationen sollten einbezogen werden in die Ausbildung des „Marken-Schemas". Dabei sollten Schema-Kongruenzen bzw. Schema-Inkongruenzen mitbedacht werden – Übereinstimmungen und Widersprüche der Kommunikationsinhalte mit dem bis dahin gespeicherten „Marken-Schema". Mit Repositionierungen, also Veränderungen im „Marken-Schema", sei allerdings sparsam umzugehen. (Vgl. Esch 2001, S. 102 ff.)

Esch unterscheidet in seinem Modell nicht zwischen absichtsvoller Kommunikation, also von Marken-Inhabern gewollte, gesteuerte Kommunikation, und Kommunikationsinhalten, die von Markeninhabern nicht gesteuert werden. Das können zum Beispiel Kommunikationsinhalte der Inhaber einer anderen Marke sein oder Kommunikationsinhalte von Konsumenten, etwa in Neuen Medien wie Twitter oder Facebook. Des Weiteren lässt Esch in seinem Modell assoziative, unbewusst ablaufende Prozesse unberücksichtigt. Vor allem Vertreter von „Dual-Process-Modellen" gehen davon aus, dass sich kommunikative Wirkungen auf zwei Wegen entfalten: einem unbewussten, automatischen, oft als „peripher" bezeichneten Weg und einem bewussten, kognitiv bestimmten und oft als „zentral" bezeichneten Weg. (Vgl. Hogg und Vaughan 2014, S. 206 ff.)

„Gretchenfrage der Konsumentenforschung" Kroeber-Riel et al. (2009, S. 211) sehen es als „Gretchenfrage der Konsumentenforschung" zu klären, welche Vorhersagekraft Einstellungen in Bezug auf das Kaufverhalten der Konsumenten haben und ob dafür eher affektive (implizite, unbewusste, emotionale) oder kognitive (explizite, bewusste, gedankliche) Prozesse verantwortlich sind. Einige Belege sprechen dafür, dass unbewusste Einstellungen zumindest mitentscheidend sind für das Verhalten des Menschen (vgl. z. B. Gawronski und LeBel 2008; Peters und Gawronski 2011; Stanley et al. 2011). Diese Prozesse lassen sich durch indirekte Methoden messen.

Vertrauen bei Konsumenten Das Interesse der Marketingwissenschaften daran, wie Vertrauen bei Konsumenten entsteht sowie erhalten werden kann und wie es verloren geht, ist in den letzten Jahren gestiegen (vgl. Neumaier 2010, S. 2). Den Konsumenten dient es zur Reduktion der Komplexität, der sie ausgesetzt sind, bevor bzw. wenn sie Kaufentscheidungen treffen. Den Markeninhabern dient es dazu, langfristige Austauschbeziehungen mit ihren Kunden aufzubauen und dauerhafte Beziehungen zu entwickeln.

Die Rolle der Vertrauensgeber ist davon gekennzeichnet, dass sie über ein Informationsdefizit verfügen und gewisse Erledigungen nicht selbst bewältigen können und daher einem Produkt oder Dienstleistern überlassen. Vertrauensnehmer haben das Potenzial, diese Produkte herzustellen oder die Leistungserledigung zu übernehmen, und sie haben den Willen, die Erwartungen der Konsumenten zu erfüllen. (Vgl. Neumaier 2010, S. 15 f.)

Erwartungen bilden nach Bruhn (2013) den Referenzpunkt für die spätere Beurteilung eines Produktes oder einer Dienstleistung. Sie werden in einer „Erwartungsspirale" immer wieder überprüft und bestätigt oder verändert. Die Erwartungen der Konsumenten sollten daher bewusst gesteuert werden. (Vgl. Bruhn 2013, S. 216 f.)

Im Zentrum des Konstrukts „Vertrauen" vor allem im Dienstleistungsmarketing gibt es also aufseiten der Konsumenten ein Risiko, das mit einem Informationsdefizit im Zusammenhang steht. Da die Dienstleistung ein Prozess ist, ist ihr Ergebnis ungewiss. Die Konsumenten wissen nicht, wie Dienstleister bei der Leistungserstellung vorgehen. Aufseiten der Dienstleistungserbringer stehen deren Potenzial und deren Wille, mit denen die Dienstleistung abgewickelt wird. Nach Meffert et al. (2008) wird Vertrauen in Dienstleistungen wie folgt definiert:

> „Vertrauen existiert, wenn sich ein Nachfrager in einer risikobehafteten Situation freiwillig darauf verlässt, dass eine Marke bzw. ein Anbieter die Fähigkeit bzw. Bereitschaft dazu aufweist, eine bestimmte Leistung zu erfüllen, um so seinen Erwartungen gerecht zu werden." (Meffert et al. 2008, S. 129)

Diese Definition orientiert sich sehr stark an kognitiven Einstellungsanteilen. Nach dem „APE-Modell" von Gawronski und Bodenhausen (2006a, b) würde das propositionalen Prozessen entsprechen. Die automatisch ablaufenden assoziativen Vorgänge im Individuum könnten sich zwar genauso am Wollen und Können der Dienstleistungsanbieter orientieren, doch gemessen werden müssen sie auf andere Weise.

3   Forschungsprojekt

Im vorliegenden Forschungsprojekt (Vgl. Brenner 2016) wird davon ausgegangen, dass sowohl reale als auch fiktive Informationen in Bezug auf eine Marke auf Rezipienten wirken (vgl. Esch 2001, S. 102 ff.), wie Ergebnisse aus anderen Feldern belegen, etwa in Form von parasozialen Beziehungen (vgl. Allen und Gregg 2007) oder des CSI-Effekts (vgl. Englert 2014, S. 96). Um die Wirkung realer Information mit der Wirkung fiktiver

Information zu vergleichen, eignet sich der Vergleich der Wirkung auf die Dienstleistungsmarke „Polizei" in Form eines fiktiven Kriminalfilms und in Form realer Geschehnisse, dargestellt im Docutainment-Format.

Dienstleistung Polizei Die Frage, ob die Polizei eine „Dienstleistung" anbietet, kann anhand der Merkmale von Dienstleistungen beantwortet werden: Die Leistungen der Polizei können als „immaterielle Güter" (Vgl. Scheuch 2002, S. 12) betrachtet werden. Ein solches immaterielles Gut stellen Polizisten beispielsweise her, indem sie Straftäter ausforschen, alkoholisierte Lenker aus dem Straßenverkehr ziehen oder indem sie durch präventive Streifen an Hotspots Straftaten verhindern. Dienstleistungsempfänger sind Bürger eines Staates, die indirekt über Abgeordnete Gesetze beschließen lassen. Die Polizei hat als Dienstleisterin dafür zu sorgen, dass die Gesetze vollzogen und eingehalten werden. Dienstleistungshandlungen können zum Beispiel sein: das Abziehen von Fingerabdrücken, die Anhaltung von Fahrzeugen, Sicherung des Schulwegs, Entgegennahme von Anzeigen, Vernehmungen, Befragungen oder präventive Streifenfahrten. Immaterielle Güter können auch Rechtsansprüche sein, wie das Ausstellen eines Dokuments, etwa eines Führerscheins oder eines Waffenpasses. Nach Scheuch (2002, S. 12) sind Dienstleistungen meist eine Faktorkombination. Eine solche liegt im Fall der Polizei vor, wenn eine Polizistin oder ein Polizist beispielsweise ein Dokument ausstellt, wenn eine Bürgerin oder ein Bürger ein Recht in Anspruch nehmen möchte.

Ein Schlüsselfaktor in Bezug auf das Vertrauen zu einer Institution ist ein mit einem Risiko verbundener Informationsmangel (vgl. Meffert et al. 2008, S. 129). Er besteht im Fall der Polizei insofern, als Normalverbraucher zwar erahnen können, wie die Polizei arbeitet – etwa bei der Ermittlung von Straftätern; genau wissen können sie es aber nicht. Zwischen dem, was Normalverbraucher erahnen, und dem, wie die Polizei wirklich arbeitet, liegt eine „Line of Visibility". Die Polizei hat wie jede Dienstleistungsorganisation die Möglichkeit, Einblick zu geben und diese „Line of Visibility" beispielsweise durch die möglichst realitätsnahe Darstellung der Polizeiarbeit in Medien (etwa durch Docutainments) zu senken. (Vgl. Scheuch 2002, S. 32 ff.)

Vertrauen in die Polizei Nach der Definition von Vertrauen von Meffert et al. (2008, S. 129) ist Vertrauen in die Polizei als Dienstleisterin dann gegeben, wenn Konsumenten darauf vertrauen, dass die Polizei ihre Aufgaben den Erwartungen der Konsumenten entsprechend erledigen will – das heißt: Polizisten fühlen sich zuständig, sind motiviert, wenden alles an, was sie über Polizeiarbeit gelernt haben, und nutzen ihre Ausrüstung, Werkzeuge und Techniken. Vertrauen ist zudem dann gegeben, wenn Konsumenten darauf vertrauen, dass die Polizisten ihre Aufgaben den Erwartungen der Konsumenten entsprechend erledigen können – das heißt: Sie haben die rechtlichen Voraussetzungen (Gesetze, Verordnungen, Dienstanweisungen) zur Verfügung, die persönlichen (z. B. sichergestellt durch Auswahlprüfungen, die Ausbildung, Erfahrungen) sowie die technischen Voraussetzungen (z. B. Ausrüstung, körperliche Techniken).

Krimis enden immer gut Durch eine bestimmte Form des Kriminalfilms wird vermittelt, dass Polizistinnen und Polizisten die Voraussetzungen erfüllen, die zu Vertrauen führen – also, dass sie ihre Aufgaben zu hundert Prozent erfüllen wollen und können. Das sind Kriminalfilme, die nach dem Muster ablaufen: Es geschieht ein Verbrechen, die Polizei ermittelt, dies gestaltet sich schwierig, doch am Ende gelingt es dann doch, die richtigen Täter zu überführen. Im Docutainment hingegen begleitet ein Kamerateam Polizisten bei echten Einsätzen, die nicht wie ein Film planbar sind. Es handelt sich häufig um Konfliktsituationen, die oft anders verlaufen und von Polizistinnen und Polizisten nicht in einem Ausmaß beeinflussbar sind, wie die Zuseher es erwarten würden. Damit kann es bei Docutainments zu Erwartungsverstößen kommen und dies kann sich negativ auf das Vertrauen in die Polizei auswirken. Daraus ergibt sich folgende Forschungsfrage: Wie wirken Polizei-Reality-Reportagen im Docutainment-Format und für die Polizei gut ausgehende Kriminalfilme im Hinblick auf die Vertrauenseinstellung der Rezipienten gegenüber der Polizei bzw. Polizisten im Bewussten, im Unterbewussten und im Unbewussten?

Design des Experiments Um diese Frage zu untersuchen, wurde ein Experiment entwickelt, bei dem 70 Versuchsteilnehmer nach dem Zufallsprinzip auf drei Gruppen aufgeteilt wurden. Als Versuchspersonen-Pool wurden Berufsschullehrer aus Niederösterreich gewählt. Der Versuchspersonen-Pool sollte eine möglichst homogene Personengruppe umfassen. Berufsschullehrer müssen in der Regel einen Beruf erlernen, in diesem Beruf die Meisterprüfung ablegen, können sich erst dann zum Unterrichten melden und müssen danach eine akademische Ausbildung an der Pädagogischen Hochschule absolvieren. Zudem haben sie täglich mit Jugendlichen zu tun. Sie selbst sind naturgemäß meist deutlich älter. Die Probanden waren durchschnittlich 46 Jahre alt.

Die Versuchsteilnehmer wurden in drei Richtungen experimentell manipuliert. Die Probanden der Versuchsgruppe A wurden mit einer Folge „Polizei – Einsatz in Graz" („Docutainment") konfrontiert, die Probanden der Versuchsgruppe B mit einer Folge aus der Kriminalserie „Kommissar Rex" (gut ausgehender Kriminalfilm) und die Probanden der Kontrollgruppe C mit einer Folge aus der Serie „Desperate Housewives". In „Polizei – Einsatz in Graz" wurde die Realität der Polizeiarbeit gezeigt, in „Kommissar Rex" eine fiktive Geschichte, in der einiges nicht realitätsnah war, und in der Kontrollbedingung „Desperate Housewives" kam die Polizei nicht vor.

Die jeweilige Folge wurde den Teilnehmern einzeln (allein in einem Fernsehraum) präsentiert (45 Minuten). Danach wurde jede Probandin bzw. jeder Proband einem Implicit Association Test (IAT) unterzogen (ca. 20 Minuten). Außerdem kamen ein Fragebogen (ca. fünf Minuten) sowie eine qualitative Nachbefragung (zwischen fünf und 30 Minuten) zum Einsatz. In Abb. 3 wird der Handlungsstrang des Experiments dargestellt.

Implicit Association Test (IAT) Im IAT wurde das unbewusste Vertrauen der Probanden gegenüber Polizisten und Journalisten erhoben (vgl. Greenwald et al. 1998). Der IAT beruht darauf, dass verfestigte Assoziationen gut gespeichert sind und rasche Reaktionen hervorrufen; Reaktionen auf nicht verfestigte Assoziationen treten verzögert auf. Hat zum Beispiel jemand hohes Vertrauen in die Polizei, so kann die Verbindung zwischen Wörtern, die polizeiassoziiert sind (z. B. Blaulicht), und Wörtern, die mit Vertrauen zusammenhängen (z. B. zuverlässig), rasch hergestellt werden. Die Reaktion beim IAT wird in Form eines Tastendrucks verlangt (z. B. „Kommt ein Wort, das mit Polizei oder Vertrauen zu tun hat, drücken Sie die Taste d."). Werden misstrauensinduzierende Wörter mit polizeiassoziierten Wörtern gekoppelt, so tritt die Reaktion mit Verzögerung auf (z. B. „Kommt ein Wort, das mit Polizei oder Misstrauen zu tun hat, drücken Sie die Taste k."). Die Differenz zwischen den Reaktionszeiten ergibt einen Wert, der je nach unbewusster Verbindung kleiner oder größer ist und der in Relation zu einem Konterpart gestellt und berechnet wird. (Vgl. Greenwald et al. 1998)

Im Fall der vorliegenden Studie wurde dieser Konterpart Journalisten zugeordnet, da laut bisherigen Studien (vgl. u. a. Reader's Digest trust study 2015; Meedia 2015) das Vertrauen in diese Berufsgruppe geringer ist als in die Berufsgruppe der Polizisten. Um zu sehen, ob das auch für die getestete Versuchsgruppe gilt, wurde jedoch eine Kontrollbedingung (KG C) eingeführt.

Da durch ein Konstanthalten der Präsentationsreihenfolge Polizei/Vertrauen, Polizei/Misstrauen Reihenfolgeeffekte zu erwarten waren, wurde die Abfolge rotiert (vgl. Nosek et al. 2007; Greenwald et al. 2009). Die Anweisungen wurden ausschließlich schriftlich gegeben, um Versuchsleitereffekte zu vermeiden. Die Anweisungen, die polizei-, journalismus-, vertrauens- und misstrauensinduzierten Wörter (sowie der Fragebogen) wurden in Pretests mit 17 Versuchsteilnehmern vorgetestet und nachformuliert, deren Ergebnisse

VERSUCHSGRUPPE A	VERSUCHSGRUPPE B	KONTROLLGRUPPE
22 Personen	22 Personen	21 Personen
Fokusreiz	**Fokusreiz**	**Neutraler Reiz**
Film „Polizei – Einsatz in Graz"	Film „Kommissar Rex"	„Desperate Housewives" (neutral)
IAT	**IAT**	**IAT**
Polizei / Journalisten	Polizei / Journalisten	Polizei / Journalisten
Fragebogen	**Fragebogen**	**Fragebogen**
Vertrauen in Ärzte, Polizei und Journalisten	Vertrauen in Ärzte, Polizei und Journalisten	Vertrauen in Ärzte, Polizei und Journalisten
Fokussiertes Interview	**Fokussiertes Interview**	**Problemzentr. Interview**
zu vertrauens- bzw. misstrauensinduzierenden Szenen aus „Polizei – Einsatz in Graz"	zu vertrauens- bzw. misstrauensinduzierenden Szenen aus „Kommissar Rex"	zu Vertrauen der Polizei gegenüber

Abb. 3 Handlungsstrang des Experiments (Quelle: Eigene Darstellung)

nicht in die Studie eingingen. Ausgewertet wurden die zuletzt verwerteten IAT-Daten mit dem „Improved Algorithm" nach Greenwald et al. (2003). Demnach wurde ein „D-measure" für jede Versuchsteilnehmerin bzw. jeden Versuchsteilnehmer berechnet.

Experimentelle Manipulation und Fragebogen Im Fragebogen spiegelte sich die Definition des Vertrauens in die Dienstleistungen „Polizei" und „Journalismus" wider. Um einerseits bei den Probanden ein Verständnis für den Fragebogen hervorzurufen und andererseits die Absichten hinter dem Versuch zu verschleiern, wurde den Fragebogenabschnitten zu den Dienstleistungen „Polizei" und „Journalismus" ein Abschnitt zur Dienstleistung „Ärzte" vorgeschaltet, in dem genauso das nach Meffert et al. (2008) operationalisierte Vertrauen zu Berufsgruppen abgefragt wurde. Die Positionen der Abschnitte „Polizei" und „Journalismus" wurden randomisiert. Der Abschnitt zu Ärzten wurde konstant am Beginn der Befragung präsentiert. Alle Anweisungen zum Fragebogen wurden schriftlich gegeben, um Versuchsleitereffekte zu vermeiden.

Nosek et al. (2006, S. 273) fassen zusammen, dass die Reihenfolge, in der IAT und Fragebögen präsentiert werden, keinen Einfluss auf die Ergebnisse hat. Dennoch empfehlen sie, diese beiden Testinstrumente zu rotieren. In der vorliegenden Untersuchung wurde das unterlassen und die Testreihenfolge konstant gehalten, um zu ermöglichen, dass die Versuchsteilnehmer erst möglichst spät realisieren, was im Versuch getestet wird. Damit wurde in Kauf genommen, dass der Fragebogen erst über 20 Minuten nach Filmende vorgelegt wurde. Das ist ein Zeitraum, nach dem keine kurzzeitigen Effekte mehr zu erwarten sind.

Nachbefragung Die qualitative Nachbefragung diente einerseits dazu herauszufinden, ob das Vertrauen der Versuchsteilnehmer in die Polizei beeinflusst war, etwa durch positive bzw. negative Erlebnisse oder Konfrontationen mit Polizistinnen und Polizisten. Andererseits sollten mit der qualitativen Nachbefragung unterbewusste Prozesse in den Tiefeninterviews ergründet werden. Das erfolgte in erster Linie mithilfe von fokussierten Interviewanteilen bei den beiden Versuchsgruppen A und B. (Vgl. Merton und Kendall 1946; Merton 1987) Also wurden die Probanden gebeten, das Verhalten der Polizei in den Filmen zu bewerten. Das betraf in der Bedingung „Polizei – Einsatz in Graz" folgende neun Szenen: Fahrerflucht, Drogenrazzia, Randalierer im Stiegenhaus, Streit zwischen Fahrgast und Busfahrer, 14-jährige Heiminsassin, Pkw-Einbruch, Alarm in Trafik-Container, Sturz in der Wohnung, ein geistig Verwirrter glaubt, eine „Schnapsbrennerei" in seiner Nachbarschaft zu haben. In der Bedingung „Kommissar Rex" beurteilten die Versuchsteilnehmer in den fokussierten Interviewanteilen folgende acht Szenen: Todesnachrichtenüberbringung, Rufdatenauswertung, Akten durchforsten, Stimmenanalyse, Analyse der Wohnorte und Arbeitsplätze der Opfer, Analyse der Genehmigungen der Standplätze, Verfolgungsjagd, Überlistung mit Stimmenanalyse. Im Fall der Kontrollgruppe wurde kein fokussierter Interviewanteil eingeführt, da der Film „Desperate Housewives" lediglich die Funktion hatte, die Stimmung der Versuchsteilnehmer konstant zu halten.

Durchführung Die Zuweisung zu den Versuchsgruppen bzw. zur Kontrollgruppe erfolgte randomisiert. Ein Teilnehmer verweigerte nach dem Ansehen des Films den IAT, weil er im ersten Durchgang „Polizei" und „Misstrauen" zu koppeln gehabt hätte und er sagte, das sei ihm nicht möglich, weil er hohes Vertrauen in die Polizei habe. Bei vier Versuchsteilnehmern waren die IAT-Ergebnisse nicht verwertbar; die Probanden hatten offenbar die Anweisungen teilweise missverstanden. Somit wurden für die Studie die Ergebnisse von je 22 Versuchsteilnehmern in den Versuchsgruppen A und B sowie 21 Versuchsteilnehmern in der Kontrollgruppe ausgewertet. Alle übrigen Daten wurden verworfen. Die Versuchsteilnehmer wurden nach Abschluss ihrer Interviews umfassend über Ziel und Zweck des Experiments aufgeklärt. Sie erhielten als Dankeschön ein Schlüsselband mit Polizeiaufschrift.

4 Ergebnisse

Implizites Vertrauen Beim „D-measure" nach Greenwald et al. (2003) handelt es sich um einen Wert, der sich aus der Differenz errechnet, die sich aus der verzögerten Reaktion auf die nicht passende Kombination (z. B. „Polizei/Misstrauen") und der kürzeren Reaktion auf die passende Kombination (z. B. „Polizei/Vertrauen") ergibt. Je größer diese Differenz ist, desto größer ist das implizite Vertrauen in die jeweilige Kategorie Im Folgenden werden die IAT-Werte getrennt nach Polizei und Journalisten angeführt.

Für das Vertrauen zur Polizei ergab sich in der „Polizei-Einsatz-in-Graz-Bedingung" (VG A) ein Mittelwert von 0,11 (SD = 0,38); in der „Kommissar-Rex-Bedingung" (VG B) ein Mittelwert von 0,47 (SD = 0,31); und in der Kontrollbedingung „Desperate Housewives" (KG C) ein Mittelwert von 0,47 (SD = 0,33). In der Varianzanalyse ergaben sich signifikante Unterschiede zwischen den Gruppen VG A („Graz") und KG C sowie zwischen VG A und VG B („Kommissar Rex"); F (2,62) = 8,088, p = 0,001. Varianzhomogenität betrug nach Levene (p = 0,407).

Für das Vertrauen in Journalisten ergab sich in der „Polizei-Einsatz-in-Graz-Bedingung" (VG A) ein Mittelwert von −0,18 (SD = 0,37); in der „Kommissar-Rex-Bedingung" (VG B) ein Mittelwert von −0,11 (SD = 0,48); und in der Kontrollbedingung „Desperate Housewives" ein Mittelwert von −0,34 (SD = 0,46). In der Varianzanalyse ergaben sich keine signifikanten Unterschiede zwischen den Gruppen im Vertrauen zu Journalisten.

Explizites Vertrauen In den Fragebögen wurde unterschieden zwischen Fragen, die sich auf persönliches Engagement der Polizistinnen und Polizisten beziehen (z. B. „Polizisten schöpfen alle rechtlichen Möglichkeiten aus, um ans Ziel zu kommen") (p-trust), Fragen, die sich auf die Organisation „Polizei" beziehen (z. B. „Die Polizei verfügt über die bestmögliche Ausrüstung") (o-trust), und eine Frage bezog sich auf das „allgemeine Vertrauen" in die Polizei (11er-Skala) (e-trust). Zur Berechnung des p-trusts und des o-trusts wurden die Zustimmungswerte („stimme sehr zu" und „stimme zu") zusammengefasst, ebenso die Ablehnungswerte („lehne ich absolut ab" und „lehne ich ab"). Ein neutraler Wert wurde nicht erhoben, um eine Flucht zur Mitte nicht zuzulassen. In Bezug auf das allgemeine

Vertrauen (e-trust) in den Gruppen zeigten sich in den Mittelwerten keine signifikanten Unterschiede.

Für das allgemeine Vertrauen zur Polizei ergab sich in der „Polizei-Einsatz-in-Graz-Bedingung" (VG A) ein Mittelwert von 7,18 (SD = 1,68); in der „Kommissar-Rex-Bedingung" (VG B) ein Mittelwert von 7,04 (SD = 1,93); und in der Kontrollbedingung „Desperate Housewives" ein Mittelwert von 7,47 (SD = 1,16). In der ANOVA waren keine signifikanten Unterschiede messbar.

Für das allgemeine Vertrauen in den Journalismus ergab sich in der „Polizei-Einsatz-in-Graz-Bedingung" (VG A) ein Mittelwert von 4,59 (SD = 1,79); in der „Kommissar-Rex-Bedingung" (VG B) ein Mittelwert von 5,09 (SD = 1,37); und in der Kontrollbedingung „Desperate Housewives" ein Mittelwert von 4,95 (SD = 1,50). In der ANOVA waren auch hier keine signifikanten Unterschiede messbar.

In Bezug auf den p-trust und den o-trust in den Gruppen zeigten sich in den Mittelwerten ebenfalls keine signifikanten Unterschiede. Für den p-trust zur Polizei ergab sich in der „Polizei-Einsatz-in-Graz-Bedingung" (VG A) ein Mittelwert von 3,10 (SD = 0,43); in der „Kommissar-Rex-Bedingung" (VG B) ein Mittelwert von 3,10 (SD = 0,34); und in der Kontrollbedingung „Desperate Housewives" ein Mittelwert von 3,09 (SD = 0,45). In der ANOVA waren keine signifikanten Unterschiede messbar.

Für den o-trust zur Polizei ergab sich in der „Polizei-Einsatz-in-Graz-Bedingung" (VG A) ein Mittelwert von 2,68 (SD = 0,55); in der „Kommissar-Rex-Bedingung" (VG B) ein Mittelwert von 2,47 (SD = 0,63); und in der Kontrollbedingung „Desperate Housewives" ein Mittelwert von 2,07 (SD = 0,54). In der ANOVA waren keine signifikanten Unterschiede messbar.

Unterbewusstes Die qualitativen Interviews wurden transkribiert und inhaltsanalytisch ausgewertet (vgl. Mayring 2010). In der Bedingung „Polizei – Einsatz in Graz" (VG A) wurden insgesamt 182 Verhaltensbewertungen codiert. Die Probanden bewerteten das Verhalten der Polizei in 113 Fällen positiv (62 %), in 33 Fällen ambivalent (18 %) und in 36 Fällen negativ (19 %). In der Bedingung „Kommissar Rex" (VG B) beurteilten die Versuchsteilnehmer das Verhalten der Polizei weitaus positiver, nämlich in 100 Fällen positiv (89 %), in zehn Fällen ambivalent (19 %) und in zwei Fällen negativ (2 %).

Bei näherem Nachfragen äußerten die Versuchsteilnehmer Unzufriedenheit mit dem Verhalten der Polizei in der Bedingung „Polizei – Einsatz in Graz" (VG A) insofern, als sie sich mehr Durchgriffskompetenz der Polizei erwartet hätten. In der Szene „Randalierer im Stiegenhaus" beispielsweise intervenierten zwei Polizistinnen bei einem Streit zwischen Ex-Lebensgefährten. Der Mann hatte vor der Wohnung seiner ehemaligen Partnerin randaliert und war von den Polizistinnen weder weggewiesen noch festgenommen worden. In der Szene „Sturz in der Wohnung" brachen eine Polizistin und ein Polizist eine Wohnungstür nicht selber auf, sondern warteten auf die Feuerwehr, die die Tür fachgerecht öffnete. Es verstrichen 45 Minuten. Der Wohnungsbesitzer war in seiner Wohnung gestürzt und gab kein Lebenszeichen mehr von sich. Die Versuchsteilnehmer gaben an, sie hätten sich ein energischeres Einschreiten der Polizei erwartet.

Einige Probanden ordneten diesen Erwartungsverstoß nicht den Polizisten zu, sondern dem System. In 27 der 33 Fälle, in denen das Verhalten der Polizei ambivalent beurteilt worden war, zeigten die Versuchsteilnehmer Verständnis für die Polizisten. In den 36 negativ beurteilten Fällen war dies nur 17 mal der Fall.

Eine solche Tendenz belegen die Ergebnisse der Fragebogenauswertung nicht. Auch waren keine Gruppenunterschiede zwischen den Bedingungen „Polizei – Einsatz in Graz" (VG A), „Kommissar Rex" (VG B) und „Desperate Housewives" (KG C) feststellbar.

5 Diskussion

Ausgangspunkt der vorliegenden Studie (Vgl. Brenner 2016) war, dass Einstellungen gegenüber einer Marke nicht nur durch reale Geschehnisse und Informationen verändert werden, sondern auch durch fiktive. Jede eingehende Information hat das Potenzial, ein Markenschema zu beeinflussen (vgl. Esch 2001, S. 102 f.). Eine der Wurzeln liegt in parasozialen Beziehungen (vgl. Horton und Wohl 1956; Schiappa et al. 2007).

Bewusste, verbalisierbare Einstellungen verändern sich mitunter nicht parallel zu unbewussten, nicht verbalisierbaren Einstellungen. In manchen Fällen können Informationen (sowohl reale als auch fiktive) eher implizite Einstellungen ins Positive oder Negative verändern als explizite. Nach Greenwald et al. (2009a) hat die Messung impliziter Einstellungen eine höhere Vorhersagekraft in Bezug auf das Verhalten als die Messung expliziter Einstellungen.

Das Vertrauen einer Marke gegenüber ist ein wesentlicher Aspekt in der Markenführung in Bezug auf das Konsumentenverhalten (vgl. Kroeber-Riel et al. 2009, S. 211). Daher setzte sich das vorliegende Forschungsprojekt mit Fragen nach der Wirkung von Polizei-Reality-Reportagen im Docutainment-Format und für die Polizei gut ausgehenden Kriminalfilmen hinsichtlich der Vertrauenseinstellung der Rezipienten gegenüber der Polizei auseinander. Die Ergebnisse zeigen, dass die reale Darstellung die unbewusste Vertrauenseinstellung signifikant verschlechtert. Die nicht realistische Darstellung verändert die implizite Einstellung nicht. In der bewussten Vertrauenseinstellung wurde keine signifikante Änderung der Vertrauenseinstellung gemessen. Das ist ein bemerkenswertes Ergebnis.

Grundsätzlich gibt es Belege, dass implizite Einstellungen stabiler sind als explizite; jedoch gibt es Fälle, in denen sich implizite Einstellungen geändert haben und die expliziten nicht (vgl. Sritharan und Gawronski 2010). Die Ursachen für den impliziten Vertrauensverlust jedoch können aus der vorliegenden Untersuchung nicht oder nur sehr vage abgelesen werden. Die Ergebnisse aus der qualitativen Befragung könnten einen Hinweis darauf geben: In der Bedingung „Polizei – Einsatz in Graz" (VG A) wurde das Verhalten der Polizei zu 62 Prozent positiv bewertet; in der Bedingung „Kommissar Rex" war das zu 89 Prozent der Fall. Diese Einschätzung könnte auf die implizite Einstellung abgefärbt haben. Allerdings könnte die implizite Vertrauenseinstellung auch durch direkte Einwirkung verändert worden sein, da Filme beim Betrachter eine bestimmte emotionale Stimmung bewirken.

5.1   Limitationen

In der vorliegenden Studie wurde versucht, Drittvariablen so weit wie möglich auszu-
schließen: Der IAT wurde in der Reihenfolge als erster Test ausgeführt, bevor für die
Probanden erkennbar war, worum es ging. Als Probandenpool wurde eine relativ homogene Gruppe gewählt, vor allem hinsichtlich des Alters und der lebensgeschichtlichen Entwicklung sowie deren Einstellung zu Polizei und Journalismus. Das zeigen auch die
homogenen Ergebnisse im IAT und im Fragebogen der Kontrollgruppe. Die dargebotenen
TV-Folgen dauerten konstant 45 Minuten. Das ist eine Zeitdauer, in der Rezipienten in das
Geschehen eines Filmes hineinkippen, sodass davon ausgegangen werden kann, dass die
Versuchsteilnehmer in relativ konstanter Stimmung an die Tests herangingen. Die Probanden saßen jeweils allein vor dem Fernsehgerät, sodass eine Beeinflussung wie etwa
durch Gespräche mit Mitprobanden ausgeschlossen werden konnte. Das Fernsehgerät war
immer dasselbe; auch der Abstand zum Bildschirm wurde konstant gehalten. In den
Nachbefragungen wurde erhoben, ob sonstige, dauerhafte Einflüsse durch persönliche,
lebensgeschichtliche Ereignisse die Einstellung zur Polizei besonders positiv oder negativ
beeinflusst haben könnten.

Auch die Versuchsreihenfolge (Film, IAT, Fragebogen, Interview) wurde konstant gehalten. Somit lagen zwischen der Darbietung des Films und dem Ausfüllen des Fragebogens
immer mindestens 20 Minuten. Dadurch könnten kurzzeitige Effekte auf die Vertrauenseinstellung abgeklungen sein, die bei einer Umkehrung in der Reihenfolge zwischen
IAT und Fragebogen möglicherweise noch messbar gewesen wären. Vielleicht hätte die
konstante Umkehrung ein umgekehrtes Bild zwischen explizitem Vertrauen (gemessen
mittels Fragebogen) und implizitem Vertrauen (gemessen mittels IAT) ergeben.

6   Schlussfolgerungen und Ausblick

Die vorliegende Studie gibt klare, aber nur erste Hinweise darauf, dass das Vertrauen in
Menschen und Organisationen unter bestimmten Umständen zumindest im Unbewussten
verletzlich sein könnte. Im Bewussten unterstützen möglicherweise kognitive Vorgänge
den Vertrauenserhalt.

Schwierig ist die Zuordnung des Ergebnisses zu Ursachen anhand der Daten aus der
vorliegenden Studie. Die Schlussfolgerung „Verletzung des Vertrauens durch nicht erwar-
tetes Verhalten der Polizisten" kann als erste Vermutung gewertet werden: Für Vertrauen
ist ein Schlüsselfaktor nach Meffert et al. (2008) ein Informationsmangel über den
Ausgang einer Dienstleistung, der mit einem Risiko verbunden ist. Eine Schlussfolgerung
daraus könnte sein, dass das Vertrauen in eine Institution steigt, wenn sie vor der Dienst-
leistungserbringung dafür sorgt, dass die Informationslücke verringert wird – indem die
„Line of Visibility" gesenkt wird und Konsumenten einen besseren Einblick in die
Dienstleistungsprozesse erhalten (vgl. Scheuch 2002, S. 32 ff.). Eine Folgerung aus den
vorliegenden Ergebnissen könnte sein, dass das nicht immer gilt und eine Senkung der

„Line of Visibility" nicht unter allen Umständen zuträglich ist. Solche Umstände könnten dynamische Situationen sein, deren Verlauf nicht in einer Weise vorhersehbar ist, wie sich das Dienstleister wünschen. Ob oder wie weit die Ergebnisse der vorliegenden Studie generalisierbar sind, sollte durch weitere Untersuchungen erforscht werden.

Implizite, aber keine explizite Einstellungsänderung Nach dem „Associative-Propositional Evaluation (APE) Model" von Gawronski und Bodenhausen (2006a) haben sowohl explizite als auch implizite Stimulusanteile Einfluss auf die Einstellungen von Rezipienten, wobei es eine Interaktion zwischen beiden gibt. Somit kommen vier Möglichkeiten in Betracht, weshalb sich die implizite Vertrauenseinstellung verringerte und sich in der expliziten Vertrauenseinstellung keine signifikanten Veränderungen nachweisen ließen: a) Die implizite Vertrauenseinstellung Polizisten gegenüber wurde direkt durch implizite Stimulusanteile beeinflusst, und die expliziten Stimulusanteile waren zu schwach, um die explizite Vertrauenseinstellung zu verändern. Somit bleibt offen, warum die implizite Vertrauenseinstellung verändert wurde und die explizite nicht. Für diese Variante könnte sprechen, dass Filmdarbietungen Menschen in einer bestimmten Stimmung zurücklassen. Der Vertrauensverlusteffekt wäre dann stimmungsinduziert entstanden. Es ist jedoch anzunehmen, dass ein 45 Minuten dauernder Film nicht nur eine bestimmte Stimmung erzeugt, sondern auch kognitive Prozesse auslöst und dass diese Vorgänge Spuren in der Einstellung hinterlassen. b) Die implizite Vertrauenseinstellung Polizisten gegenüber wurde indirekt durch explizite Stimulusanteile beeinflusst. Hier bleibt ebenfalls offen, warum die implizite Vertrauenseinstellung verändert wurde, die explizite jedoch nicht – noch dazu, wo die explizite Vertrauenseinstellung indirekt auf die implizite Vertrauenseinstellung gewirkt haben soll. c) Die implizite Vertrauenseinstellung Polizisten gegenüber wurde direkt durch implizite Stimulusanteile beeinflusst; die explizite Vertrauenseinstellung wurde zwar kurzfristig verändert, jedoch durch Prozesse neutralisiert, die zu kognitiver Konsistenz führen. Es trat keine Interaktion zwischen impliziter und expliziter Vertrauenseinstellung auf. Fraglich ist, warum es zu keinen Interaktionsprozessen zwischen der expliziten (beeinflussten und dann „reparierten") und der impliziten Vertrauenseinstellung gekommen sein soll. d) Die implizite Vertrauenseinstellung Polizisten gegenüber wurde sowohl direkt durch implizite Stimulusanteile beeinflusst als auch indirekt durch explizite Stimulusanteile. Die explizite Vertrauenseinstellung wurde zwar durch Prozesse verändert, die zu kognitiver Konsistenz führen, außerdem kam es zu Interaktionsprozessen; diese hatten jedoch keine Auswirkungen auf die implizite Vertrauenseinstellung (Abb. 4).

Offen bleibt auch, warum die „Reparatur" der expliziten Vertrauenseinstellung keine Auswirkung in diese Richtung auf die implizite Vertrauenseinstellung hatte, obwohl es Interaktionseffekte gab. Des Weiteren sollte erwartet werden können: Wenn das kognitive Konsistenzstreben zur Folge hat, dass (wie in den qualitativen Interviews angegeben) die Schuld dem System Polizei zugeschrieben wird und nicht dem einzelnen Polizisten bzw. der einzelnen Polizistin, dann sollte sich das auch im Fragebogenteil widerspiegeln, der sich mit dem o-trust bzw. mit dem p-trust auseinandersetzt.

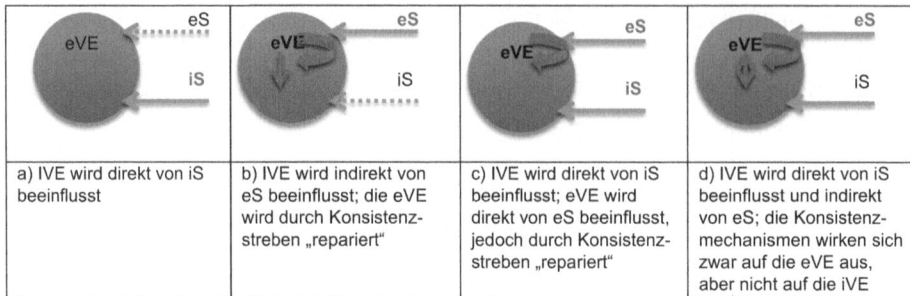

a) IVE wird direkt von iS beeinflusst	b) IVE wird indirekt von eS beeinflusst; die eVE wird durch Konsistenz-streben „repariert"	c) IVE wird direkt von iS beeinflusst; eVE wird direkt von eS beeinflusst, jedoch durch Konsistenz-streben „repariert"	d) IVE wird direkt von iS beeinflusst und indirekt von eS; die Konsistenz-mechanismen wirken sich zwar auf die eVE aus, aber nicht auf die iVE

Abb. 4 Mögliche Prozesse, die zur Verringerung der Vertrauenseinstellungsvalenz geführt haben, nach dem „Associative-Propositional Evaluation (APE) Model" von Gawronski und Bodenhausen (2006a) **Legende:** eVE = explizite Vertrauenseinstellung; iVE = implizite Vertrauenseinstellung; eS = expliziter Stimulusanteil; IS = impliziter Stimulusanteil; durchgehender Pfeil = beeinflussende Größe; strichlierter Pfeil = nicht beeinflussende Größe; gekrümmter Pfeil = Revidierung des Einflusses durch Mechanismen kognitiven Konsistenzstrebens. (Vgl. Festinger 1957)

Insgesamt muss festgehalten werden, dass das Vertrauen gegenüber der Polizei mögli-cherweise sehr spezifisch ist und sehr spezifische Wurzeln hat. Wer Installateuren vertraut, begibt sich zwar auch in deren Hände, aber wahrscheinlich mit als weniger bedeutend wahrgenommenen Folgen. Schließlich muss bedacht werden, dass die gewählte Proband-engruppe der Berufsschullehrer ebenfalls sehr speziell ist. Die Versuchsteilnehmer in der Kontrollgruppe wiesen in allen Messbedingungen hohes Vertrauen in die Polizei aus. Das ist möglicherweise in anderen Berufsgruppen nicht der Fall. Wichtig wäre daher herauszu-finden, wie die experimentellen Bedingungen auf Zielgruppen wirken, die ein weniger hohes Vertrauen in die Polizei haben.

Literatur

Banaji, Mahzarin & Greenwald, Anthony G. (2013). *Blindspot – Hidden Biases of Good People.* New York: Delacorte Press.

Bartlett, Frederic C. (1932). *Remembering: A Study in Experimental and Social Psychology.* Cambridge: Cambridge University Press.

Bonfadelli, Heinz & Friemel, Thomas N. (2015). *Medienwirkungsforschung.* Konstanz: UVK.

Brenner, Gerhard (2004). Kieberer ohne Vornamen. *Öffentliche Sicherheit, 9–10,* 39–40.

Brenner, Gerhard (2016). The illusion of control. Journal of Neuroscience, Psychology, and Economics, in press.

Bruhn, Manfred (2013). *Qualitätsmanagement für Dienstleistungen: Handbuch für ein erfolgreiches Qualitätsmanagement. Grundlagen, Konzepte, Methoden.* Berlin/Heidelberg: Springer Gabler.

Burkart, Roland (2002). *Kommunikationswissenschaft – Grundlagen und Problemfelder – Umrisse einer interdisziplinären Sozialwissenschaft (4. Auflage).* Wien: UTB Böhlau.

Chaiken, Shelly & Maheswaran, Durairaj (1994). Heuristic processing can bias systematic proces-sing: Effects of source credibility, argument ambiguity, and task importance on attitude judg-ment. *Journal of Personality and Social Psychology, 66,* 460–473.

Eagly, Alice H. & Chaiken, Shelly (2007). The advantages of an inclusive definition of attitude. *Social Cognition, 25,* 582–602.

Englert, Carina Jasmin (2014). *Der CSI-Effekt in Deutschland – Die Macht des Crime-TV.* Wiesbaden: Springer Fachmedien.

Esch, Franz-Rudolf (2001). *Wirkung integrierter Kommunikation – ein verhaltenswissenschaftlicher Ansatz für die Werbung (3. Auflage).* Wiesbaden: Gabler Edition Wissenschaft.

Fazio, Russell H. & Olson, Michael A. (2014). The MODE Model: Attitude-behavior processes as a function of motivation and opportunity. In Jeffrey W. Sherman, Bertram Gawronski & Yaacov Trope (Hrsg.), *Dual-Process Theories of the Social Mind* (S. 155–171). New York: The Guilford Press.

Festinger, Leon (1957). *A theory of cognitive dissonance.* Stanford: Stanford University Press.

Gawronski, Bertram & Bodenhausen, Galen V. (2006a). Associative and propositional processes in evaluation: An integrative review of implicit and explicit attitude change. *Psychological Bulletin, 132*(5), 692–731.

Gawronski, Bertram & Bodenhausen, Galen V. (2006b). Associative and propositional processes in evaluation: Conceptual, empirical, and metatheoretical issues: Reply to Albarracin, Hart, and McCulloch (2006), Kruglanski and Dechesne (2006), and Petty and Brinol (2006). *Psychological Bulletin, 132*(5), 745–750.

Gawronski, Bertram & Bodenhausen, Galen V. (2011). The Associative-Propositional Evaluation Model: Theory, evidence, and open questions. *Advances in Experimental Social Psychology, 44*, 59–127.

Gawronski, Bertram & Bodenhausen, Galen V. (2014). The Associative-Propositional Evaluation Model: Operating principles, and operating conditions of evaluation. In Jeffrey W. Sherman, Bertram Gawronski & Yaacov Trope (Hrsg.), *Dual-Process Theories of the Social Mind* (S. 188–203). New York: The Guilford Press.

Gawronski, Bertram, Hofmann, Wilhelm & Wilbur, Christopher J. (2006). Are „implicit" attitudes unconscious? *Consciousness and Cognition, 15*, 485–499.

Gawronski, Bertram & LeBel, Etienne P. (2008). Understanding patterns of attitude change: When implicit measures show change, but explicit measures do not. *Journal of Experimental Social Psychology, 44*, 1355–1361.

Gawronski, Bertram, Sherman, Jeffrey W. & Trope, Yaacov (2014). Two of what? A conceptual analysis of dual-process theories. In Bertram Gawronski, Jeffrey W. Sherman & Yaacov Trope (Hrsg.), *Dual-Process Theories of the Social Mind* (S. 3–19). New York/London: The Guilford Press.

Gawronski, Bertram, Walther, Eva & Blank, Hartmut (2005). Cognitive consistency and the formation of interpersonal attitudes: Cognitive balance affects the encoding of social information. *Journal of Experimental Social Psychology, 41*, 618–626.

Greenwald, Anthony G., Banaji, Mahzarin R. & Nosek, Brian A. (2003). Understanding and using the Implicit Association Test: An improved scoring algorithm. *Journal of Personality and Social Psychology, 85*, 197–216.

Greenwald, Anthony G., McGhee, Debbie E., Schwartz, Jordan L. K. (1998). Measuring individual differences in implicit cognistion: The Implicit Association Test. *Journal of Personality and Social Psychology, 74*, 1464–1480.

Greenwald, Anthony G., Poehlman, T. Andrew, Uhlmann, Eric Luis & Banaji, Mahzarin R. (2009a). Understanding and using the Implicit Association Test: III. meta-analysis of predictive validity. *Journal of Personality and Social Psychology, 97*(1), 17–41.

Greenwald, Anthony G., Smith, Colin T., Sriram, N, Bar-Anan, Yoav & Nosek, Brian A. (2009b). Race attitude measures predicted vote in the 2008 presidential election. *Analysis of Social Issues and Public Policy, 9*, 241–253.

Hartmann, Tilo & Goldhoorn, Charlotte (2011). Horton and Wohl revisited: Exploring viewers' experience of parasocial interaction. *Journal of Communication, 61*, 1104–1121.

Higgins, Tory E. (1997). Beyond pleasure and pain. *American Psychologist, 52*(12), 1280–1300.

Hofmann, Wilhelm, De Houwer, Jan, Perugini, Marco, Baeyens, Frank & Crombez, Geert (2010). Evaluative conditioning in humans: A meta-analysis. *Psychological Bulletin, 136*(3), 390–421.

Hofmann, Wilhelm, De Houwer, Jan, Perugini, Marco, Baeyens, Frank & Vrombez, Geert (2010). Evaluative conditioning in humans: A meta-analysis. *Psychological Bulletin, 136*(3), 390–421.

Hogg, Michael A. & Vaughan, Graham M. (2014). *Social Psychology* (7. Auflage). Harlow: Pearson Education Limited.

Horton, Donald & Wohl, Richard (1956). Mass communication and para-social interaction: Observations on intimacy at a distance. *Psychiatry, 19*(3), 215–229.

Hovland, Carl I., Janis, Irving L. & Kelley, Harold H. (1953). *Communication and persuasion: Psychological studies of opinion change.* New Haven: Yale University Press.

Jäckel, Michael (2011). *Medienwirkungen* (5. Auflage). Wiesbaden: VS.

Kang, Jerry, Bennett, Judge Mark, Carbado, Devon, Casey, Pam, Dasgupta, Nilanjana, Faigman, David, Godsil, Rachel, Greenwald, Anthony G., Levinson, Justin & Mnookin, Jennifer (2012). Implicit bias in the courtroom. *UCLA Law Review, 59,* 1124–1186.

Kroeber-Riel, Werner, Weinberg, Peter & Gröppel-Klein, Andrea (2009). *Konsumentenverhalten* (9. Auflage). München: Vahlen.

Lane, Kristin A., Banaji, Mahzarin, R., Nosek, Brian A. & Greenwald, Anthony G. (2007). Understanding and Using the Implicit Association Test IV: What we know (so far) about the method. In Bernd Wittenbrink & Norbert Schwartz (Hrsg.), *Implicit Measures of Attitudes* (S. 59–102). New York: The Guilford Press.

Mayring, Philipp (2010). *Qualitative Inhaltsanalyse – Grundlagen und Techniken* (11. Auflage). Weinheim/Basel: Beltz.

Meedia (2015). *Studie: Nur Taxifahrer haben mehr Vertauen eingebüßt als Journalisten.* Abgerufen unter: http://meedia.de/2015/03/19/studie-nur-taxifahrer-haben-mehr-vertrauen-eingebuesst-als-journalisten/ [23.03.2015].

Meffert, Heribert, Burmann, Christoph & Kirchgeorg, Manfred (2008). *Marketing – Grundlagen marktorientierter Unternehmensführung; Konzepte, Instrumente, Praxisbeispiele* (10. Auflage). Wiesbaden: Gabler.

Merton, Robert K. (1987). The focussed interview and focus groups: Continuities and Discontinuities. *Public Opinion Quarterly, 51,* 550–566.

Merton, Robert K. & Kendall, Patricia L. (1946). The focused interview. *American Journal of Sociology, 51,* 541–557.

Neumaier, Maria (2010). *Vertrauen im Entscheidungsprozess. Der Einfluss unbewusster Prozesse im Konsumentenverhalten.* Wiesbaden: Gabler.

Nosek, Brian A. & Banaji, Mahzarin R. (2001). The go/no-go association task. *Social Cognition, 19,* 625–666.

Nosek, Brian A., Greenwald, Anthony G. & Banaji, Mahzarin R. (2007). The Implicit Association Test at age 7: A methodological conceptual review. In John A. Bargh (Hrsg.), *Automatic processes in social thinking and behavior* (S. 265–292). New York: Psychology Press.

Perse, Elizabeth M. & Rubin, Rebecca B. (1989). Attribution in social and parasocial relationships. *Communication Research, 16,* 59–77.

Peters, Kurt R. & Gawronski, Bertram (2011). Are we puppets on a string? Comparing the impact of contingency and validity on implicit and explicit evaluations. *Personalitiy and Social Psychology Bulletin, 37*(4), 557–569.

Petty, Richard E. & Brinol, Pablo (2014). The elaboration Likelihood and metacognitive models of attitudes: Implications for prejudice, the self, and beyond. In Jeffrey W. Sherman, Bertram Gawronski & Yaacov Trope (Hrsg.), *Dual-Process Theories of the Social Mind* (S. 172–187). New York: The Guilford Press.

Scheuch, Fritz (2002). *Dienstleistungsmarketing* (2. Auflage). München: Vahlen.

Schiappa, Edward, Allen, Mike & Gregg, Peter B. (2007). Parasocial Relationships and Television: A meta-analysis of the effects. In Raymond W. Preiss, Barbara Mae Gayle, Nancy Burrell, Mike Allen & Jennings Bryant (Hrsg.), *Mass Media Effects Research, Advances Through Meta-Analysis* (S. 301–314). Mahwah/New Jersey/London: Lawrence Erlbaum Associates Publishers.

Sedikides, Constantine & Gregg, Aiden P. (2007). Portraits of the Self. In Michael Hogg & Joel Cooper (Hrsg.), *Sage Handbook of Social Psychology* (S. 110–138). London/Thousand Oaks/New Delhi: Sage Publications.

Shelton, Donald E., Kim, Young S. & Barak, Gregg (2006). A study of juror expectations and demands concerning scientific evidence: Does the CSI-effect exist? *Vanderbilt Journal of Entertainment and Technology Law, 9,* 331–368.

Sritharan, Rajees & Gawronski, Bertram (2010). Changing implicit and explicit prejudice: Insights from the Associative-Propositional Evaluation Model. *Social Psychology, 4*(3), 113–123.

Stanley, Damian A., Sokol-Hessner, Peter, Banaji, Mahzarin R. & Phelps, Elizabeth (2011). Implicit race attitudes predict trustworthiness judgments and economic trust decisions. *PNAS, 108*(19), 7710–7715.

Thomas, Andrew P. (2006). The CSI-Effect: Fact or Fiction. *The Yale Law Journal Pocket Part, 115,* 70–72.

Trommsdorff, Volker (2004). *Konsumentenverhalten* (4. Auflage). Stuttgart: Kohlhammer Verlag.

Walla, Peter (2011). Non-conscious brain processes revealed by Magnetoencephalography (MEG). In Elizabeth Pang (Hrsg.), *Magnetoencephalography* (S. 235–252). InTech. Abgerufen unter: doi 10.5772/28211 und http://www.intechopen.com/books/magnetoencephalography/non-conscious-brain-processes-revealed-by-magnetoencephalography-meg- (28.08.2014).

Gerhard Brenner Fachhochschule Wiener Neustadt, Johannes Gutenberg-Str. 3, 2700 Wiener Neustadt, Österreich
E-Mail: gerhard.brenner@fhwn.ac.at

Teil IV

Berufsethik

Ein Plädoyer für die Medienethik: Transparenz als Wert medialer Qualität. Eine normative Reflexion empirischer Ergebnisse zur Werbewahrnehmung in Jugendprintmedien

Nina Köberer

Zusammenfassung

Um „Verantwortungsverhältnisse zu formulieren und moralische Forderungen oder Leitlinien zu geben" und auch zu institutionalisieren, benötigt die Medienethik – verstanden als anwendungsorientierte Disziplin – Informationen über den Stand und die Wirkung medialer Anwendungen (Rath 2000, S. 72). In diesem Sinne folgt der Beitrag einer medienethischen Fragestellung und zielt darauf ab, am Beispiel einer umfassenden Studie zu Advertorials in Jugendprintmedien (vgl. Köberer 2014) zu erläutern, inwiefern die Trennung von Werbung und redaktionellen Inhalten aus normativer Perspektive geboten ist und welche Konsequenzen sich daraus für die Produzenten sowie die RezipientInnen ergeben. Das Forschungsdesign ist orientiert an einer normativen Zielsetzung und greift methodisch auf ein trianguliertes Konzept empirischer Medienforschung zurück:

- Inhaltsanalyse und medienethische Evaluation der Jugend-Printtitel YAEZ, SPIESSER und BRAVO mit Fokus auf Advertorials
- Erhebung der Werbewahrnehmung von 454 jugendlichen RezipientInnen von YAEZ und SPIESSER über ein Quasi-Experiment an deutschen, weiterführenden Schulen
- Interviews mit Jugendlichen in Bezug auf ihre normativen Vorstellungen zu Werbung im Allgemeinen sowie den Umgang mit hybriden Werbeformen im Besonderen

N. Köberer (✉)
Fachbereich Medienbildung Niedersächsisches Landesinstitut für schulische Qualitätsentwicklung, Richthofenstr. 29, 31137, Hildesheim, Deutschland
E-Mail: koeberer@nlq.nibis.de

© Springer Fachmedien Wiesbaden GmbH 2017
N. Gonser, U. Rußmann (Hrsg.), *Verschwimmende Grenzen zwischen Journalismus, Public Relations, Werbung und Marketing*, Forschung und Praxis an der FHWien der WKW, DOI 10.1007/978-3-658-13578-2_9

Es zeigt sich, dass Jugendliche Sonderwerbeformen meist nicht als Werbung erkennen. Dies hat nicht nur medienethische und medienrechtliche Konsequenzen, sondern muss auch (me-dien-)bildungstheoretisch mit Blick auf eine medienethisch relevante Kompetenzbildung jugendlicher RezipientInnen diskutiert werden. Im Sinne einer medienethischen Analyse und Reflexion werden unter Rückbezug auf die Ergebnisse Anforderungen an die Medien-produzenten formuliert, als auch die RezipientInnen in den Blick genommen.

1   Einleitung

In einer Zeit des Medienwandels und der Medienkonvergenz erscheinen etablierte Medien-strukturen in vielerlei Hinsicht reformbedürftig. Allerdings finden ethische Erwägungen in medienökonomischen Diskussionen nur selten Platz, und das, obwohl sowohl die Wirtschaft als auch die Medien Objekte der Praktischen Philosophie sind und dementsprechend unter normativen Gesichtspunkten – im Hinblick auf bestimmte Sollensvorstellungen – beleuchtet werden müssen. Diese normative Komponente, welche die Frage nach Sinn, Zweck und Wert der Medienprodukte und Dienstleistungen beantwortet, lässt sich aus medienethischer Pers-pektive mit dem allgemeinen ethischen Kriterium der Verallgemeinerbarkeit für alle Betrof-fenen qua Kommunikation begründen und über eine diskursethische Argumentation (vgl. Habermas 1981) einholen. Die Medienethik erfüllt dabei einerseits eine Steuerungs-, anderer-seits eine Reflexionsfunktion (vgl. Debatin 2002), um die Ebenen theoretischer Begründung und praktischer Anwendung zu verbinden. Sofern die Medienethik in empirischer Perspektive normative Fragestellungen aufgreift, kann sie ihr Potenzial als Akteur der Medienkritik sinn-voll nutzen und damit auch (potenziell) Entscheidungen der relevanten Akteure in Medien-politik und Medienpraxis beeinflussen.

In diesem Sinne folgt der Beitrag[1] einer medienethischen Fragestellung und zielt auf Transparenz als Wert medialer Kommunikation und die damit verbundene Zuschreibung von Glaubwürdigkeit. Dies werde ich am Beispiel von Advertorials[2] aufzeigen. Darunter sind bezahlte Werbeinhalte zu verstehen, die in ihrer Erscheinung redaktionellen Beiträgen ähneln (vgl. Burkart et al. 2004, S. 65). Zu Beginn gehe ich auf die Problematik einer zu-nehmenden Hybridisierung und Integration von Werbung und redaktionellen Angeboten ein, um sodann die Medienethik als angewandte Ethik und als Bezugsdisziplin normativer Medienforschung vorzustellen. Anschließend werde ich die zentralen Ergebnisse einer umfassenden Studie zu Advertorials in deutschen Jugendprintmedien darlegen, um schließlich unter Rückbezug auf die empirischen Ergebnisse zu erörtern, inwiefern die Trennung von Werbung und redaktionellem Inhalt aus normativer Perspektive geboten ist

---

[1] Diesem Beitrag liegt eine Dissertation (vgl. Köberer 2012, 2014) zugrunde.

[2] Die Bezeichnung Advertorial tauchte erstmals in den 1980er-Jahren im englischsprachigen Raum auf und setzt sich aus den Begriffen *advertisement* (Anzeige) und *editorial* (redaktioneller Beitrag) zusammen.

und welche möglichen Handlungsempfehlungen sich für die Praxis formulieren lassen. Im Sinne medienethischer Analyse und Reflexion werden sowohl die Medienprodu- zenten[3] als auch die Rezipienten in den Blick genommen.

2 Ausgangslage: Hybridisierung von Werbung und redaktionellen Inhalten

„Journalist.online" fragte 2014 bei Chefredakteuren deutscher Qualitätsmedien nach, ob Werbung denn auch Inhalt sein dürfe. Die meisten der befragten Journalisten gaben an, dass sie die Übertragung der Werbeform Sonderveröffentlichung, wie man sie aus Print- produkten kennt, auf den Onlinekanal als unproblematisch empfinden, solange erstens die Werbekunden keinen Einfluss auf die Berichterstattung nehmen und zweitens die Werbung immer eindeutig gekennzeichnet wird, so dass die Nutzer Werbung und redaktionellen Inhalt klar unterscheiden können (vgl. Journalist.online 2014). In der Praxis sieht dies je- doch anders aus: Die Orientierung am Trennungsgrundsatz und eine entsprechende Kenn- zeichnung werden auch in Qualitätsmedien immer wieder missachtet (vgl. u. a. Deutscher Presserat 2015; Siegert und Daniel 2015).

Der ökonomische Druck, die veränderten Rahmenbedingungen innerhalb der Medien- und Informationsgesellschaft und die Nichtbeachtung von Werbung führen unter anderem dazu, dass neue Wege der Werbekommunikation gesucht werden. Dabei haben die Erkennbarkeit und Trennung vom Programm als Kennzeichen von Werbung immer weni- ger Gewicht (vgl. Siegert et al. 2007, S. 15), es entstehen neue Werbeformen mit hybridem Charakter, die nicht eindeutig als Werbung erkennbar sind und sich in klassischen Printmedien ebenso wie in Onlinemedien finden. So werden z. B. im Onlinebereich „alte" Werbeformen wie Advertorials im Zuge des Native Advertising wiederentdeckt. In vielen Fällen ist es für die Konsumenten schwierig zu entscheiden, ob es sich um einen redakti- onellen Beitrag oder eine Werbebotschaft handelt, da oftmals eine klare Trennung und Kennzeichnung von redaktionellen und werbenden Anteilen fehlt. Dem Trend, hybride Werbeformen einzusetzen, liegt die Annahme zugrunde, dass Werbebotschaften durch die Verknüpfung mit Programminhalten eine höhere Glaubwürdigkeit erhalten, als Werbe- botschaften ohne redaktionelles Gewand sie haben. Inzwischen ist die Nutzung hybrider Werbeformen als „systemimmanenter Bestandteil der kommunikationsstrategischen Ver- klammerung" (Baerns 2004a, S. 29) nicht mehr wegzudenken. Transparenz als Wert me- dialer Qualität tritt immer mehr in den Hintergrund.

Doch nicht nur im Online-Bereich und in Presseprodukten im Erwachsenensektor, auch in Kinder- und Jugendformaten wird immer wieder die Kennzeichnungspflicht unter- laufen. Dies zeigen beispielsweise Entscheidungen des Deutschen Presserats, die sich auf redaktionell gestaltete Werbung in der „Bravo" beziehen (vgl. Deutscher Presserat 2010,

---

[3] Aufgrund der besseren Lesbarkeit wird bei Personenbezeichnungen auf die explizite Nennung bei- der Geschlechter verzichtet. Angesprochen sind in allen Fällen selbstverständlich beide Geschlechter.

2011). Für die Medien- und Werbebranche stellen gerade Kinder und Jugendliche eine interessante Zielgruppe dar, denn sie beeinflussen das Konsumverhalten der Familie, verfügen selbst über finanzielle Kaufkraft und sind die Kunden von morgen. Dabei sind

> „Kinder und Jugendliche [aufgrund der asymmetrischen Kommunikationsstruktur] in besonderem Maße abhängig von den Kommunikatoren und den durch sie vermittelten Inhalten der Informationen, aber auch verfügen der Glaubwürdigkeit der Quellen und der Transparenz der Kommunikationsformen. Durch die asymmetrische Beziehung erlangt auch die Werbekommunikation gegenüber Kindern eine moralische Qualität" (Stapf 2009, S. 7 f.).

Dementsprechend sind auch Werbeangebote daraufhin zu befragen, was sie an Inhalten und an normativer Orientierung anbieten und an welchen Kriterien medialer Qualität sie sich orientieren sollen. Dies ist von der Medienethik her zu leisten.

3 Medienethik als angewandte Ethik: Eine wissenschaftssystematische Verortung

Die Medienethik ist eine wissenschaftliche Teildisziplin, die Medienpraxis reflexiv begleitet, Wert- und Normvorstellungen für mediales Handeln systematisch begründet und die sinnvolle Verbindung von Theorie und Praxis unter Rückbezug auf ethisch fundierte, normative Maßstäbe leistet. In diesem Sinne wendet die Medienethik Prinzipien der allgemeinen Ethik[4] auf das Handlungsfeld der Medien und auf konkrete Fragestellungen der jeweiligen Praxisfelder an. Das heißt, die Medienethik reflektiert das mediale Handeln und das Mediensystem unter ethischen Gesichtspunkten und begründet medienethische Werte und Normen. Dabei kommt der Medienethik eine Reflexionsfunktion zu (vgl. Debatin 2002, S. 262). Ergänzend werden pragmatische Fragen der Verantwortungsverteilung aufgegriffen, die in Form einer Institutionalisierung medienethischer Leitwerte und Grundnormen Anwendung finden. Damit übernimmt die Medienethik auch eine handlungsorientierende Steuerungsfunktion (vgl. Debatin 1999, S. 43).

Als Ethik, die versucht, bereichsspezifische Handlungsnormen für das mediale Handlungsfeld unter Rückbezug auf allgemeingültige Prinzipien der Ethik zu begründen und zu formulieren, ist die Medienethik angewandte Ethik. Die angewandte Ethik lässt sich als Teildisziplin der

---

[4] Die Ethik lässt sich bestimmen als eine philosophische Disziplin, welche die menschliche Praxis mit Hinblick auf die Bedingungen ihrer Moralität untersucht. Als normative Ethik versucht sie, allgemeine Prinzipien oder Beurteilungskriterien zur Beantwortung der Frage des richtigen Handelns zu formulieren, die in ihrer Begründung epochen- und kulturunabhängige Geltung beanspruchen können (vgl. Düwell et al. 2002, S. 25). Als Disziplin der praktischen Philosophie geht es ihr um ein „rationales, undogmatisch-argumentatives Vorgehen" (Rath 1988, S. 38) unter Rückbezug auf die menschliche Vernunft, mithilfe derer bestimmte moralische Aussagen als sinnvoll, nachvollziehbar und verallgemeinerbar ausgezeichnet werden können. Die Letztbegründung ethischer Prinzipien geschieht folglich unabhängig von religiösen oder politischen Autoritäten unter dem Gesichtspunkt der Verallgemeinerbarkeit und intersubjektiven Nachvollziehbarkeit und Anerkennung der Argumente.

Ethik, konkret der normativen Ethik, zuordnen. Damit hat die Medienethik ihren systematischen Ort als wissenschaftliche Disziplin innerhalb der Philosophie (vgl. Köberer 2015). Bei einer Systematisierung angewandt-ethischer Konzeptionen einzelner Handlungsfelder ist jedoch nicht nur die Praktische Philosophie als Bezugspunkt heranzuziehen. Im Rahmen normativer Reflexion und Begründung werden immer auch die Einzelwissenschaften eingebunden. Die Medienethik ist sowohl im Kontext der Praktischen Philosophie als auch der Kommunikations- und Medienwissenschaft zu verorten (vgl. Rath 2010).

Aufgabe der Medienethik ist es, die verantwortbaren Folgen medialen Handelns im Rahmen der Produktion, der Distribution und der Rezeption von Medienangeboten zu formulieren und zu begründen. Im medienethischen Diskurs bezieht sich der Prozess der Rechtfertigung einer zu verantwortenden Handlung auf einen Verantwortungsbegriff, bei dem verschiedene Ebenen berücksichtigt werden (vgl. Debatin 1998; Funiok 2007; Rath 2003). So kann zwischen der Individualverantwortung einzelner Subjekte und der korporativen Verantwortung auf institutioneller und organisationeller Ebene unterschieden werden. Diese Differenzierung ermöglicht es, einzelne Akteure ebenso wie Medienunternehmen als moralische Handlungssubjekte zu bestimmen, an die normative Erwartungen gestellt werden.

4 Medienethik als Bezugsdisziplin normativer Medienforschung

Um „Verantwortungsverhältnisse zu formulieren und moralische Forderungen oder Leitlinien zu geben" und auch zu institutionalisieren, bedarf die Medienethik – verstanden als anwendungsorientierte Disziplin – „der genauen Information über den Stand und die Wirkung medialer Anwendungen" (Rath 2000, S. 72). In diesem Sinne ist Medienethik sowohl prinzipiengeleitete als auch empiriegeleitete Ethik: Medienethik bedarf der empirischen Forschung, um überhaupt sinnvolle Aussagen machen zu können, welche die Sachgesetzlichkeit des Handlungsfeldes betreffen, ohne dabei dem Fehler zu unterliegen, normative Forderungen direkt aus empirischen Ergebnissen abzuleiten. Es gibt eine Differenz von Sein und Sollen, von Istzustand und normativem Anspruch (vgl. Karmasin 2000). Auch wenn im Sinne einer gegenseitigen Ergänzung von Medienforschung und Medienethik die Ethik nicht auf die Empirie verzichten kann, darf das Verhältnis von Praxisbezug und Ethik, von Empirie und Medienethik, nicht missverstanden werden: Handlungsnormen lassen sich nicht direkt als normativ legitimiert aus der Praxis ableiten, also über empirische Ergebnisse einholen und begründen. Wenn (normative) Sollensvorstellungen anhand empirischer Befunde hergeleitet werden und demnach ein Schluss *from is to ought* gezogen wird, spricht man vom naturalistischen Fehlschluss (natural fallacy) (vgl. Moore 1970, S. 168). Obwohl also normative Forderungen nicht direkt aus empirischen Ergebnissen hergeleitet werden können, benötigt die Medienethik dennoch Informationen über den Stand aktueller Entwicklungen der Medienpraxis, über das moralische Selbstverständnis der handelnden Akteure und über die Rezeptions- und Wirkungsweisen der Medieninhalte. Die Beurteilung von Realität im Kontext aktueller Entwicklungen ist immer auch angewiesen auf die Kenntnis dieser Realität. Die Befunde medienethischer Forschung bzw. normativer Medienforschung können nicht für die Legitimation moralischer Prinzipien herangezogen werden, dennoch haben sie ihre Berechtigung im Rahmen angewandter Ethik. Denn nur unter Rückbezug auf eine systematisch erfasste und verstandene Realität – im Sinne einer ethischen Reflexion empirischer Ergebnisse – können Handlungsempfehlungen für die Akteure in der Medienpraxis sinnvoll formuliert werden.

5   Transparenz als medienethisches Prinzip

Heute zeigt sich die zunehmende Hybridisierung von Werbung und redaktionellen Inhalten nicht nur anhand der Wiederentdeckung von Advertorials im Printbereich und dem Einsatz von Native Advertising in der Online-Kommunikation. Auch die allmähliche Aufweichung der strengen Regeln zu integrierter Werbung auf EU-Ebene sowie die Lockerung des Verbots von Schleichwerbung im Fernsehen (vgl. Staatsvertrag für Rundfunk und Telemedien 2013) machen diese Entwicklung deutlich. Mag man Verstöße gegen den Trennungsgrundsatz in der Praxis sowie die Tendenz einer zunehmenden Integration von Werbung in das Programm deskriptiv als Realität zur Kenntnis nehmen, so ist aus normativer Perspektive der Anspruch auf Transparenz (und die Überprüfbarkeit von Transparenz) plausibilisierbar und im Rahmen medialer Kommunikation weiterhin zu fordern (vgl. Köberer 2013, 2014). Einerseits gilt die Trennung von Werbung und redaktionellen Inhalten als Kriterium journalistischer Qualität (vgl. Pöttker 1999, 2000), andererseits ist Transparenz von Werbung im Sinne des Verbraucherschutzes wichtig, da sie eine kategoriale Zuordnung und differenzierte Bewertung der Inhalte ermöglicht. Sofern Werbeinhalte nicht als Werbung erkannt, sondern als redaktioneller Beitrag kategorisiert werden, können die Werbebotschaften von den Rezipienten aufgrund der redaktionellen Gestaltung fälschlicherweise als wahrhaftig, objektiv und damit glaubwürdig eingestuft werden.

Werbung erfüllt andere Funktionen als journalistische Beiträge. Daher müssen Kategorien wie beispielsweise die Richtigkeit und Wahrhaftigkeit der Informationsdarlegung im Sinne der Transparenz unterschiedlich ausgelegt werden. Wahrhaftigkeit gilt als ein wesentliches Kriterium journalistischer Qualität (vgl. Rath 2006, 2011). Dabei meint Wahrhaftigkeit den Aspekt einer allumfassenden Berichterstattung und auch die Offenlegung von Interessen. Ebenso wie Wahrhaftigkeit ist Glaubwürdigkeit eine Eigenschaft, die vom Rezipienten zugeschrieben wird. Der Umstand, dass eine Aussage als wahrhaftig angenommen wird, führt dazu, dass diese als glaubwürdig bewertet wird. Nach Bentele (1988, S. 408) ist Glaubwürdigkeit zu verstehen als „eine Eigenschaft, die Menschen, Institutionen oder deren kommunikativen Produkten zugeschrieben wird und sich darauf bezieht, dass der Rezipient darauf vertraut, dass die Aussage des Kommunikators über ein Ereignis wahr ist". Demzufolge ist für die Zuschreibung von Glaubwürdigkeit nicht der tatsächliche Wahrheitsgehalt der Aussage bzw. der Wahrhaftigkeitsvorsatz des Kommunikators bestimmend, sondern die subjektive Wahrnehmung derselben. Im Unterschied zum Journalismus hat die Werbung nicht den Anspruch, Informationen umfassend und objektiv darzustellen. Im Gegenteil:

Glaubwürdigkeitsprobleme sind der Werbung rahmenimmanent (vgl. Willems 2002), zentrales Anliegen der Werbung ist es, Aufmerksamkeit zu generieren. Dazu werden Informationen immer möglichst positiv, zumeist auch einseitig dargestellt.

Zurstiege und Schmidt (2003) gehen davon aus, dass Werbung immer auf die Konkurrenzsituation verweist, aus der heraus ein Angebot Aufmerksamkeit für sich reklamiert, sodass die Erkennbarkeit von Werbung als Werbung auch eine Grundvoraussetzung für erfolgreiche Werbung ist (vgl. Zurstiege und Schmidt 2003, S. 493). Hybride Werbeformen wie Advertorials folgen jedoch einer anderen Funktionalität. Sie haben zum Ziel, möglichst nicht als Werbung erkannt, sondern als redaktioneller Beitrag wahrgenommen zu werden. Die Annahme, dass eine klare Trennung von redaktionellem und nicht-redaktionellem Angebot sich als wesentliche Voraussetzung erfolgreicher Werbung erweist (vgl. Zurstiege 2006, S. 99), scheint mit Blick auf aktuelle Tendenzen der Werbekommunikation nicht mehr uneingeschränkt haltbar. Die Bestimmung von Werbung über den Indikator nicht-redaktionell greift im Hinblick auf klassische Werbekonzeptionen nach wie vor – hybride Werbeformen hingegen leben auch von der Nicht-Erkennbarkeit der Werbemaßnahmen. Dennoch ist Transparenz auch im Bereich der Werbung zu fordern. Die Forderung nach Transparenz von Werbekommunikation bezieht sich – besonders vor dem Hintergrund der Interessengeleitetheit der Werbung – auf die Erkennbarkeit von Werbung selbst.[5]

6 Trennungsgrundsatz: Rechtliche und professionsethische Regelungen

Hybride Werbeformen zeichnen sich dadurch aus, dass sie nicht auf den ersten Blick als Werbung erkennbar sind. Da Werbebotschaften andere Funktionen erfüllen als redaktionelle Beiträge, ist es wichtig, dass Werbung in Abgrenzung zu redaktionellen Inhalten für den Verbraucher erkennbar und damit kategorisierbar ist. Zugleich gewährleistet der Trennungsgrundsatz die Sicherung journalistischer Qualität. Um diesem Anspruch Rechnung zu tragen, finden sich in Deutschland sowohl rechtliche Vorgaben und ergänzend professionsethische Richtlinien, die eine klare Trennung von Werbung und redaktionellen Inhalten gewährleisten sollen. So ist für den Bereich der Printmedien in allen deutschen Landespressegesetzen vermerkt, dass Veröffentlichungen, für die ein Entgelt erhalten wurde und die anhand der gestalterischen Merkmale nicht eindeutig als Werbung erkennbar sind, mit dem Hinweis *Anzeige* zu kennzeichnen sind:

---

[5] Mit Blick auf Formen personalisierter Werbung beispielsweise bezieht sich Transparenz darüber hinaus auf die Kenntnis über die Daten(-Verwertung) der Nutzer, denn es besteht beispielsweise die Gefahr, dass die gesammelten Informationen langfristig zu Nutzerprofilen zusammengeführt werden. An solchen Daten besteht ein großes wirtschaftliches Interesse, denn Banken möchten beispielsweise wissen, ob ein Kunde zahlungsfähig ist, und Versicherungen interessieren sich z. B. für das Risikoverhalten ihrer Kunden.

„Hat der Verleger eines periodischen Druckwerks oder der Verantwortliche (§ 8 Abs. 2 Satz 4) für eine Veröffentlichung ein Entgelt erhalten, gefordert oder sich versprechen lassen, so hat er diese Veröffentlichung, soweit sie nicht schon durch Anordnung und Gestaltung allgemein als Anzeige zu erkennen ist, deutlich mit dem Wort ‚Anzeige' zu bezeichnen." (Landespressegesetz Baden-Württemberg, § 10).

Darüber hinaus finden sich in Deutschland Richtlinien im Rahmen der freiwilligen Selbstkontrolle der Presse (Pressekodex, Ziffer 7) und der freiwilligen Selbstkontrolle der Werbewirtschaft (ZAW-Richtlinien für redaktionell gestaltete Anzeigen), die sich auf die Trennung von Werbung und redaktionellen Inhalten beziehen und in ihrer Formulierung an den Vorgaben der Landespressegesetze orientieren. Eine Regelung für eine einheitliche, klare Kennzeichnung von Werbeformen wie Advertorials in Abgrenzung zu redaktionellen Inhalten findet sich allerdings nicht. Unabhängig von staatlichen Regulierungsmaßnahmen ist es daher eine medienethisch aktuelle Frage, wie im Sinne medialer Selbstregulierung unternehmerische Leitsätze aufgestellt werden können, welche die Orientierung an werbeethischen Kriterien und die Umsetzung journalistischer Qualität gewährleisten.

Die Orientierung am Trennungsgrundsatz ist vor allem für Kinder und Jugendliche von Bedeutung. Heranwachsende müssen Werbung zunächst identifizieren und von redaktionellen Inhalten abgrenzen können, um die Werbeinhalte dann auch vor dem Hintergrund ihrer Funktionen und ökonomischen Interessen bewerten zu können.

7 Advertorials in Jugendprintmedien: Eine medienethische Untersuchung

Angewandt-ethische Beurteilungen beziehen sich immer auch auf die Klärung der Frage, wie mediale Verantwortung unter spezifischen Bedingungen nach möglichen Trägern dieser Verantwortung differenziert und zugeschrieben werden kann. Im Rahmen der vorzustellenden Untersuchung wird die Frage nach der Werbe- und Kennzeichnungsproblematik von Advertorials aus normativer Perspektive beleuchtet. Dabei wird anhand von Jugendmagazinen untersucht, ob redaktionell gestaltete Werbung in (Gratis-)Jugendmagazinen den rechtlichen und professionsethischen Vorgaben entsprechend als Anzeige gekennzeichnet sind und anhand welcher Kriterien diese Werbeinhalte von jugendlichen Rezipienten tatsächlich als Werbung erkannt werden.

7.1 Advertorials als Sonderwerbeform

Advertorials sind bezahlte Anzeigen in Printmedien, die in ihren Gestaltungsmerkmalen redaktionellen Beiträgen ähneln. Ein Kennzeichen von Advertorials ist die nahtlose Einbettung in das redaktionelle Umfeld der Werbeträger, in denen sie erscheinen. Sie imitieren „the editorial content of a publication in terms of design/structure, visual/verbal content, and/or context" (Eckman und Lindlof 2003, S. 65) und lassen sich anhand ihrer

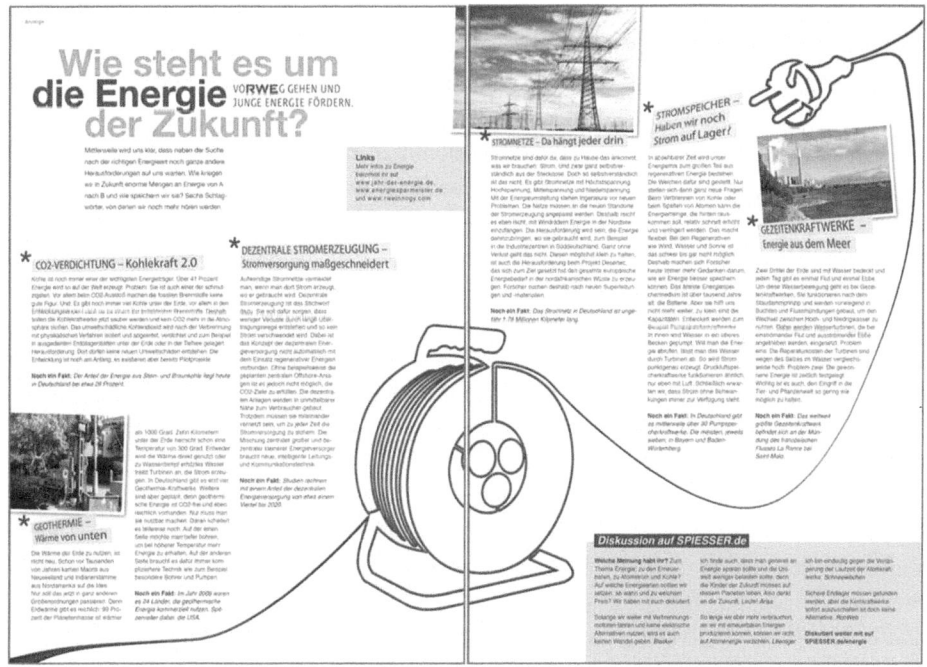

Abb. 1 Advertorial der RWE im SPIESSER (2010, S. 12 f.)

Gestaltung kaum von den redaktionellen Inhalten abgrenzen. Im Unterschied zu Werbeanzeigen, die darauf angelegt sind, mit einem einprägsamen Slogan oder Claim Werbeerinnerung zu erzeugen, sollen Advertorials informativer und glaubwürdiger wirken als klassische Printanzeigen. Aufgrund der redaktionellen Gestaltung erwecken Advertorials den Eindruck unabhängiger Berichterstattung. Advertorials erlangen auf diese Weise eine hohe Glaubwürdigkeit, da „sie von der wiederum höheren Glaubwürdigkeit der wirklichen redaktionellen Inhalte […] profitieren" (Hoepfner 2003, S. 2). Die folgende Abbildung zeigt ein (gekennzeichnetes) Advertorial aus dem Jugendprintformat „Spiesser" (2010), das explizit der jugendlichen Zielgruppenansprache dient (Abb. 1).

7.2 Anlage der Untersuchung und Forschungsdesign

Im wissenschaftlichen Kontext finden sich bereits Studien, die sich mit redaktionell gestalteten Anzeigen in Printmedien beschäftigen und neben der Analyse einzelner Printprodukte mit Blick auf den Trennungsgrundsatz auch die Beachtung und Wirkung der Advertorials vonseiten der Rezipienten untersuchen (vgl. u. a. Kim 1995; Cameron und Curtin 1996; Baerns 2004b; Burkart et al. 2004). Vorliegende Studien, die sich mit Advertorials in Printmedien beschäftigen, beziehen sich auf Tageszeitungen und Zeitschriften aus dem Erwachsenensektor. Bisher finden sich keine wissenschaftlichen

Untersuchungen, welche speziell Advertorials in (Gratis-)Jugendmagazinen aus normativer Perspektive zum Gegenstand haben und empirisch die Wahrnehmung der Advertorials vonseiten der jugendlichen Rezipienten untersuchen. Dieses Forschungsdesiderat zu schließen war Ziel des vorzustellenden Forschungsprojekts.

Gegenstand der Untersuchung sind die kostenlosen Jugendtitel YAEZ und SPIESSER sowie das auflagenstärkste entgeltliche Jugendformat BRAVO.[6] Die beiden Gratisjugendzeitungen wurden als Untersuchungsgegenstand gewählt, da – ausgehend von der unterschiedlichen Finanzierungsstruktur von Gratis- und entgeltlichen Formaten – das Werbeaufkommen in Gratiszeitungen höher anzunehmen ist als in entgeltlichen Zeitschriften. Gratiszeitungen finanzieren sich im Unterschied zu entgeltlichen Formaten rein über Werbeeinnahmen. Daher stehen sie auch mehr als entgeltliche Formate unter Verdacht, redaktionelle Inhalte an potenzielle Werbekunden anzupassen und redaktionelle Beiträge und Werbemaßnahmen nicht immer klar voneinander zu trennen (vgl. Siegert und Brecheis 2010). Die „Bravo" wurde herangezogen, um einen Vergleich mit Blick auf das Werbeaufkommen und die Einhaltung der Kennzeichnungspflicht in kostenlosen Jugendformaten und entgeltlichen Titeln im Jugendprintbereich ziehen zu können. Zudem wurden in den Jahren 2010/2011 bereits in zwei Fällen Missbilligungen des Deutschen Presserats gegen die „Bravo" ausgesprochen, da Verstöße gegen den Trennungsgrundsatz (Ziffer 7) vorlagen (vgl. Deutscher Presserat 2010, 2011). Daher wurde die Einhaltung der Kennzeichnungspflicht auch in der „Bravo" empirisch überprüft.

Methodisch wird ein trianguliertes Forschungsdesign vorgestellt, das orientiert ist an einer normativen Zielsetzung und neben quantitativen und qualitativen Inhaltsanalysen der Medien selbst auf ein Quasi-Experiment zur Wahrnehmung von Werbung in den Gratisjugendzeitungen YAEZ und SPIESSER und auf leitfadengestützte Interviews mit jugendlichen Rezipienten zurückgreift. Im Rahmen der Leitfadeninterviews fand auch die Methode des Lauten Denkens Anwendung. Die Untersuchungen fanden zwischen Dezember 2010 und März 2011 statt (Tab. 1).

7.3   Ergebnisse der empirischen Untersuchung

In diesem Beitrag werden nicht alle Ergebnisse der Gesamtstudie vorgestellt. In einem ersten Schritt wird auf den Aspekt der inhaltsanalytischen Auswertung eingegangen, der sich auf die Überprüfung der Einhaltung der Kennzeichnungspflicht und die Gestaltung der Advertorials bezieht. In einem zweiten Schritt werden zentrale Ergebnisse des Quasi-Experiments und der Leitfadeninterviews dargelegt, die Aufschluss darüber geben, wie Advertorials von jugendlichen Rezipienten wahrgenommen werden.

---

[6]Zum Zeitpunkt der Untersuchung ist der SPIESSER Marktführer im Bereich der Jugendgratiszeitungen mit einer bundesweiten Auflage von 772.450 Exemplaren (IVW 3/2011), gefolgt von der Jugendzeitung YAEZ mit einer Auflage von 376.235 Exemplaren (IVW 3/2011). Die BRAVO verfügte über 480.210 Exemplare (IVW 3/2011).

Tab. 1 Organisation der Forschung: Datenerhebung (Quelle: Eigene Darstellung)

Erhebungsmethode	Erkenntnisinteresse
Kriteriengestützte Inhaltsanalyse (YAEZ, SPIESSER, BRAVO)	Werbemittel in den Heften? Kennzeichnung der Advertorials?
Semiotische Werbeanalyse (Advertorials in YAEZ, SPIESSER, BRAVO)	Gestaltung der Advertorials?
Quasi-Experiment (454 Jugendliche)	Wahrnehmung von Werbung?
Qualitative Leitfadeninterviews (6 Jugendliche, 15 Jahre)	Merkmale zur Kategorisierung der Advertorials?
Lautes Denken (6 Jugendliche, 15 Jahre)	Merkmale zur Kategorisierung der Advertorials?

Produzenten und Produkt: Inhaltsanalytische Auswertung der untersuchten Jugendmagazine

Wirft man einen Blick auf die Ergebnisse der inhaltsanalytischen Auswertung zur Überprüfung der Kennzeichnungspflicht, zeigt sich, dass alle Verlage explizit gegen die bestehenden rechtlichen und professionsethischen Regelungen verstoßen. So wird die Kennzeichnung in einigen Fällen gänzlich unterlassen und in einigen Fällen umgangen, indem die Advertorials in den Heften lediglich mit Hinweisen wie Promotion, Initiative oder Aktion umschrieben werden. Von allen untersuchten Advertorials war insgesamt nur knapp die Hälfte als Anzeige gekennzeichnet (Tab. 2).

Vergleicht man die insgesamt 13 Advertorials in den untersuchten Ausgaben miteinander, zeigen sich darüber hinaus Unterschiede in Bezug auf die formale Gestaltung der Kennzeichnung. In der YAEZ wird der Hinweis *Anzeige* einheitlich in Großbuchstaben geschrieben, bei allen Advertorials im oberen rechten Eck des Beitrags platziert und als Anzeige gekennzeichnete Advertorials sind zusätzlich schwarz gerahmt. Im SPIESSER wird der Anzeigehinweis nicht bei allen Advertorials an der gleichen Stelle platziert, er wird je nach Hintergrundfarbe der Advertorials dem Layout des jeweiligen Werbeinhalts angepasst.

Die semiotische Werbeanalyse der Advertorials in den untersuchten Heften zeigt zudem, dass sich drei Grundtypen von Advertorials in Jugendmagazinen bestimmen lassen: Bilddominante Advertorials, Advertorials mit annähernd gleichwertigem Text-Bild-Verhältnis und textdominante Advertorials. Von den insgesamt 13 untersuchten Advertorials in den Heften ist eins bilddominant, sieben verfügen über ein annähernd gleichwertiges Text-Bild-Verhältnis und fünf sind textdominant (Abb. 2).

Rezipienten: Zur Wahrnehmung von Advertorials als Werbung in YAEZ und SPIESSER

Die Frage, in welchem Umfang jugendliche Rezipienten Advertorials in Jugendmagazinen als Werbung erkennen oder nicht, wurde über ein Quasi-Experiment mit Schülern und

Tab. 2 Gekennzeichnete und nicht gekennzeichnete Advertorials in YAEZ, SPIESSER und BRAVO. (Quelle: Eigene Darstellung)

	YAEZ	SPIESSER	BRAVO
Als *Anzeige* gekennzeichnete Werbeinhalte	SBK Serfaus-Fiss-Ladis Gamesload.de	RWE Deutsche Bahn EADS Fahranfänger	
Als *Promotion/Aktion/Initiative* gekennzeichnete Werbeinhalte	EF Education		o.b. Bravo-Job-Attacke
Nicht gekennzeichnete Werbeinhalte	Bayer Aktion Mensch	Spiesser Testlabor	

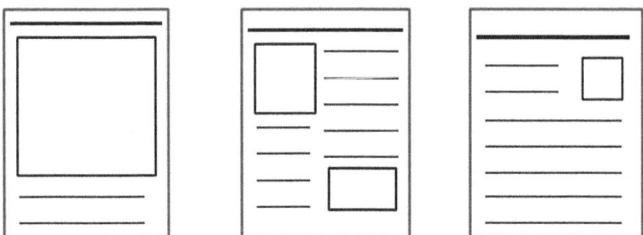

Abb. 2 Idealtypische Darstellung der drei Grundtypen von Advertorials (Quelle: Eigene Darstellung)

SchülerInnen der Klassen acht und neun an zwei Gymnasien, zwei Realschulen und an einer Hauptschule (insgesamt 19 Klassen) in Baden-Württemberg eingeholt. Die Probanden wurden gebeten, in den Gratiszeitungen YAEZ und SPIESSER all das zu kennzeichnen, von dem sie dachten, dass es Werbung sei. An die Schüler und SchülerInnen wurde jeweils die gesamte Ausgabe der Hefte verteilt, damit die Werbung eingebettet in ein redaktionelles Umfeld wahrgenommen und nicht aufgrund ihrer Einzelstellung direkt als Werbung verortet werden konnte. Insgesamt nahmen 454 Jugendliche im Alter von 13 bis 16 Jahren an dem Quasi-Experiment teil.

Die Ergebnisse zeigen, dass die Advertorials in den untersuchten Heften in acht von elf Fällen lediglich von weniger als der Hälfte der jugendlichen Rezipienten komplett als Werbung erkannt wurden. Die Advertorials, die als Anzeige gekennzeichnet waren, wurden von den Jugendlichen insgesamt häufiger komplett als Werbung erkannt als die Advertorials, die nicht als Anzeige ausgewiesen waren. Es zeigt sich jedoch auch, dass die Erkennungswerte zwischen den gekennzeichneten Advertorials ebenso variieren wie die Erkennungswerte zwischen den nicht gekennzeichneten Advertorials (Abb. 3).

Der Befund, dass die Advertorials von den Jugendlichen – unabhängig von der Werbekennzeichnung – in unterschiedlichem Umfang komplett als Werbung kategorisiert werden, deutet darauf hin, dass die bestehende Vorgabe einer formalen Anzeigenkennzeichnung nicht ausschlaggebend ist für die Wahrnehmung der Advertorials als Werbung. Vielmehr scheint die

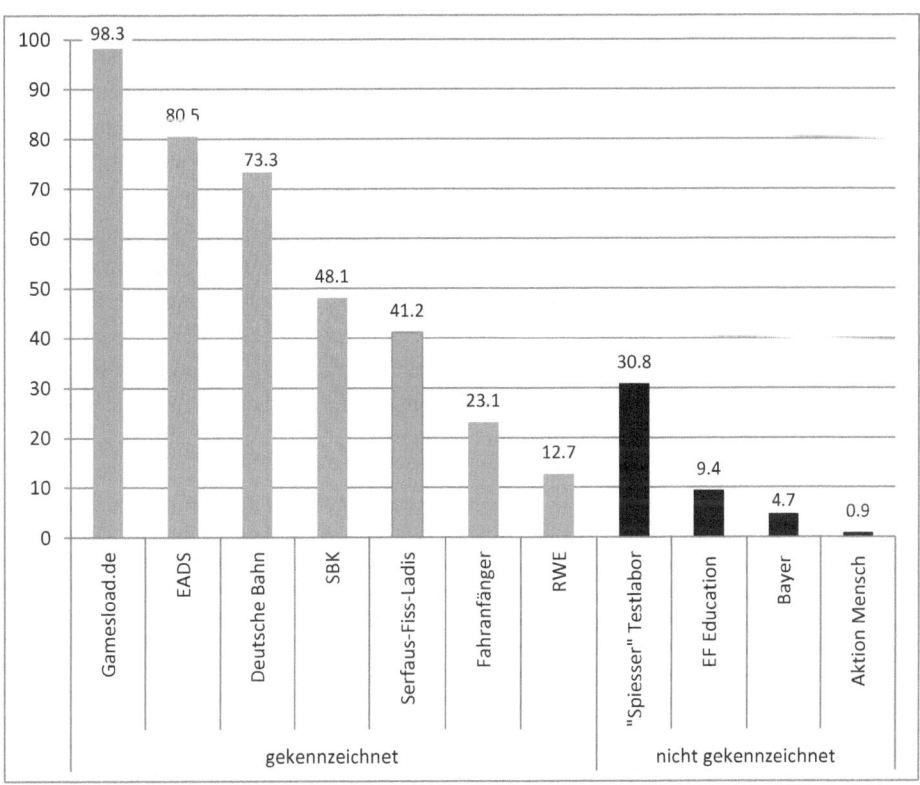

Abb. 3 YAEZ/SPIESSER: Advertorials komplett als Werbung erkannt (YAEZ n = 233, SPIESSER n = 221; in %) (Quelle: Eigene Darstellung)

Gestaltung der Advertorials ausschlaggebend dafür zu sein, ob die Advertorials von den Jugendlichen als Werbung kategorisiert werden oder nicht. Unter Rückbezug auf die Ergebnisse der semiotischen Werbeanalyse der Advertorials wird deutlich, dass die Werbeinhalte, die eher wie Werbeanzeigen wirken (Stichwort: „dominantes Bildverhältnis"), von den Jugendlichen häufiger komplett als Werbung erkannt werden als Advertorials, die eher redaktionellen Beiträge ähneln (Stichwort: „dominantes Textverhältnis"). In den anschließenden Leitfadeninterviews[7] ging es um die Frage, warum die Advertorials in unterschiedlichem Umfang als Werbung erkannt werden bzw. anhand welcher Merkmale die Jugendlichen Advertorials als Werbung kategorisieren.

---

[7] Insgesamt wurden sechs Schüler im Alter von 15 Jahren aus der Klasse acht oder neun interviewt. Teilgenommen haben je ein Mädchen und ein Junge aus der Hauptschule, der Realschule und dem Gymnasium. Die Auswahl der Interviewpartner erfolgte unter Rückbezug auf die Untersuchungspopulation des Quasi-Experiments zur Wahrnehmung von Werbung. Ebenso wie mit den Schulklassen wurde auch mit den Interviewteilnehmern das Quasi-Experiment zur Wahrnehmung von Werbung durchgeführt. Anschließend wurden die angekreuzten Werbeinhalte gemeinsam besprochen.

Im Unterschied zu den anderen Advertorials, die über ein annähernd gleichwertiges Text-Bild-Verhältnis verfügen, ist das RWE-Advertorial textzentriert gestaltet. Trotz der Kennzeichnung als Anzeige wird dieses Advertorial von den 221 Jugendlichen, die den „Spiesser" im Rahmen des Quasi-Experiments zur Werbewahrnehmung bearbeitet haben, vergleichsweise selten als Werbung kategorisiert. Insgesamt erkennen nur 12,7 Prozent das Advertorial der RWE komplett als Werbung. Auch keiner der Interviewteilnehmer nimmt dieses Advertorial komplett als Werbung wahr. Die beiden Mädchen, die das Advertorial nicht als Werbung markiert haben, antworten auf die Frage, was auf der Seite zu sehen sei, dass es sich um einen Artikel handle. Eine Teilnehmerin denkt, es sei ein Artikel, weil „das gibt ja Informationen über verschiedene Dinge wieder. Also es wird ja erklärt, was da dieses, also was da, wie es um die Energie steht [...] und sonst hätten die ja nicht so viel geschrieben, wenn es 'ne Werbung hätte sein sollen" (Lfd. 1, 4.1). Die andere Teilnehmerin meint, dass man es auch sähe,

> „wenn's 'n Artikel ist, dann steht 'ne Überschrift drauf. Zum Beispiel jetzt hier ‚Wie steht es um die Energie der Zukunft?', und da stehen noch zum Beispiel hier unten das ‚Welche Meinung habt ihr?' und Link-Adressen, wo man sich austauschen kann. Das ist jetzt keine Werbung, find ich. Das ist jetzt 'n Artikel. [...] Da steht 'ne große Überschrift, da steht 'ne Zeile drunter mit 'ner kurzen Beschreibung. Also, ich glaub, das ist einfach ein Artikel, weil in der Werbung stehen nicht zum Beispiel, hier, viele Überschriften und dann kommt nicht irgendwo noch ein Fakt und ne Zusammenfassung und solche Sachen (Lfd. 3, 4.1)."

Von den beiden Teilnehmerinnen wird das Advertorial der RWE unter Rückbezug auf Merkmale wie die Überschrift oder den hohen Textanteil als redaktioneller Inhalt und nicht als Werbung kategorisiert. Interessanterweise hat ein Jugendlicher Teile des RWE-Advertorials als Werbung angekreuzt. Als er gefragt wird, was auf der Doppelseite zu sehen sei, antwortet er erst nicht. Dann fällt ihm plötzlich das RWE-Logo auf. Er überlegt und meint, dass die Seite möglicherweise Werbung sei, weil in der Überschrift die RWE genannt werde und wenn man „das genau durchgelesen hätte, dann hätte man es vielleicht auch gemerkt" (Lfd. 6, 4.1). Dieser Junge hat bei dem Advertorial lediglich die Links als Werbung angekreuzt. Er hat das Advertorial nicht als Werbung erkannt, auch wenn er Teile davon als Werbung markiert hat. Er hat die Links bei diesem Advertorial explizit als Werbung kategorisiert, das Logo der RWE ist ihm erst während der Besprechung aufgefallen und die Kennzeichnung als Anzeige hat er überhaupt nicht registriert. Hier zeigt sich, dass explizit Links und Logos als Merkmal für die Kategorisierung von Werbung verstanden werden. Dieser Teilnehmer kategorisiert das Advertorial teilweise als Werbung, weil er Links grundsätzlich als eigenes Werbeformat wahrnimmt. Eine Jugendliche meint, sie würde den Beitrag auch als Grundlage für ein Referat zum Thema Energie in der Schule nehmen. Hier zeigt sich die Problematik der Nicht-Erkennbarkeit von Advertorials deutlich: Werbeinhalte werden wie redaktionelle Beiträge als wahrhaftig und glaubwürdig aufgefasst.

Darüber hinaus zeigen die Ergebnisse der Leitfadeninterviews, dass keinem der Jugendlichen vor Durchführung des Quasi-Experiments zur Werbewahrnehmung die Kennzeichnungspflicht oder bestehende Kennzeichnungskriterien bekannt waren. Während der Besprechung wurde den

Jugendlichen anhand des ersten Advertorials, das sie nicht als Werbung erkannt hatten, erklärt, dass es sich hierbei um eine bezahlte Veröffentlichung handle, die mit dem Hinweis *Anzeige* zu kennzeichnen sei. Bei der weiteren Besprechung fiel den Jugendlichen dann bei Advertorials, die sie bei der Durchführung des Quasi-Experiments zur Wahrnehmung von Werbung nicht als Werbung kategorisiert hatten, die Kennzeichnung immer wieder auf. Die Ergebnisse deuten darauf hin, dass redaktionell gestaltete Werbung – auch wenn zugleich Gestaltungsmerkmale zum Zuge kommen, die eher typisch für redaktionelle Beiträge denn für klassische Werbung sind –, von den jugendlichen Rezipienten als Werbung erkannt werden können, wenn sie über Kriterien zur Kategorisierung von Werbung und über das Wissen zur Anzeigenkennzeichnungspflicht verfügen. Was bedeutet dies nun aus medienethischer Perspektive?

8 Empirie und Ethik: Medienethische Reflexion der Untersuchungsergebnisse

Die Medienethik folgt dem Anspruch, Normen und Werte für das mediale Handlungsfeld unter Rückbezug auf die allgemeine Ethik zu begründen, auf das mediale Handlungsfeld anzuwenden und schließlich normative Handlungsempfehlungen für die am Medienprozess beteiligten Berufsgruppen, Branchen, Institutionen und Individuen sowie Empfehlungen für das seiner Mitverantwortung bewusste Publikum zur Verfügung zu stellen. Die medienethische Frage nach der Übernahme von Verantwortung und die normative Forderung nach Transparenz von Werbung werden nachfolgend im Rahmen einer angewandtethischen Beurteilung der vorliegenden empirischen Ergebnisse erörtert.

Der Befund, dass knapp die Hälfte der Advertorials in den untersuchten Heften überhaupt nicht oder wenn, dann nicht einheitlich als Anzeige gekennzeichnet wird, ist aus normativer Perspektive kritisch zu sehen. Diese formalen Verstöße gegen den Trennungsgrundsatz sind problematisch, da die Trennung von Werbung und Redaktion eine Grundvoraussetzung journalistischer Qualität darstellt. Die Tendenz, Werbung und redaktionelle Inhalte zu verschränken und Werbeinhalte, die den Anschein eines redaktionellen Beitrags haben, nicht zu kennzeichnen, wirkt sich – eine normative Zielperspektive wie Transparenz, Objektivität oder zumindest Wahrhaftigkeit der medialen Berichterstattung (vgl. Rath 2011) vorausgesetzt – negativ auf die Qualität der Produkte und die Glaubwürdigkeit journalistischer Berichterstattung aus. Die Trennung von Werbung und redaktionellem Inhalt ist jedoch nicht nur mit Blick auf die Wahrung journalistischer Qualität zu fordern. Eine einheitliche formale Kennzeichnung ist zunächst die Grundvoraussetzung dafür, dass Werbeinhalte von den Rezipienten erkannt und vor dem Hintergrund ihrer Funktionen und Wirkungsweisen bewertet werden können.

Die Ergebnisse der vorgestellten Untersuchung verweisen darüber hinaus auf einen weiteren problematischen Umstand: Es zeigt sich, dass die Advertorials in den untersuchten (Gratis-)Jugendmagazinen von den Jugendlichen trotz Anzeigehinweis weitgehend nicht als Werbung erkannt werden. Das deutet darauf hin, dass die bestehende Vorgabe einer formalen Anzeigenkennzeichnung nicht ausschlaggebend dafür ist, ob Advertorials von jugendlichen Rezipienten als Werbung identifiziert werden. Dieser Befund ließe natürlich zunächst die pragmatische Schlussfolgerung zu, dass die Kennzeichnung als Anzeige in Jugendprintmedien wegfallen könnte, da jugendliche Rezipienten diesen Werbehinweis ohnehin nicht wahrnehmen. Unter Rückbezug auf die vorliegenden Untersuchungsergebnisse auf die Anzeigenkennzeichnung verzichten zu wollen, wäre allerdings eine Fehlinterpretation. Die vorliegenden Ergebnisse zeigen aus medienethischer Perspektive vielmehr in doppelter Weise das Ungenügen der formalen Kennzeichnungspflicht – sowohl in Bezug auf die Produktions- bzw. die Produzentenseite als auch in Bezug auf die Rezeptions- bzw. die Rezipientenseite.

Die Forderung nach einer klaren Kennzeichnung von Sonderwerbeformen wie Advertorials, die den Anschein eines redaktionellen Beitrags erwecken, bleibt unumgänglich und die Kriterien der Kennzeichnung müssen weiter konkretisiert und vereinheitlicht werden, denn die einheitliche Kennzeichnung von Werbeinhalten vereinfacht für den Rezipienten die Kategorisierung von Werbung und redaktionellem Inhalt und ermöglicht dadurch eine differenzierte Bewertung der Inhalte. Aus medienethischer Perspektive ist die Erfüllung einer professionsethischen Standardisierung eine notwendige, aber keine hinreichende Maßnahme. Um die notwendige Bedingung einer einheitlichen Kennzeichnung von Advertorials durch eine hinreichende Bedingung zu ergänzen, müssen neben den Produzenten auch die Rezipienten mit einbezogen werden. Es ist wichtig, dass die Gestaltung von Advertorials sich mit Blick auf die Rezeption an normativen Kriterien wie der Kennzeichnungspflicht orientiert. Die erlernten Kriterien für eine Kategorisierung von Werbung lassen sich nur anwenden, wenn Werbung klar als Werbung erkennbar ist. Ebenso wichtig ist es jedoch auch, dass Jugendlichen über medienethisch relevante Kompetenzen verfügen, die es ermöglichen, Werbung und Redaktion ihren Funktionen und Wirkungsweisen nach zu kategorisieren und zu bewerten. Aus medienethischer Perspektive ist der Erwerb von kritischer Reflexionskompetenz und Werbekompetenz – auch im Sinne einer Sensibilisierung für die Werbekennzeichnung als Anzeige – im Rahmen der Medienbildung daher ebenso zu fordern wie die Umsetzung einer einheitlichen Anzeigenkennzeichnung (vgl. dazu z. B. Neuß 2000, 2005; Sander 2007; Köberer 2010). Eine kritische und reflektierte Auseinandersetzung mit Medien- und Werbethemen sollte bereits im Vorschul- und Grundschulalter stattfinden und in den Bildungsplänen der weiterführenden Schulen curricular verankert sein. Die Vermittlung von Werbekompetenz als Bereich von Medienkompetenz beinhaltet dabei notwendigerweise immer auch den Erwerb von Werturteilskompetenz und damit die Fähigkeit, Medienangebote vor dem Hintergrund ihrer Inhalte, ihrer Funktionen und ihrer intentionalen Wirkungsweisen beurteilen zu können.

9   Handlungsempfehlungen für die Medienpraxis

Abschließend und mit Blick auf die Orientierung am Trennungsgrundsatz bedeutet dies für die Praxis, dass professionsethische Kriterien von den Verlagen aufgegriffen werden müssen, und zwar auf unterschiedlichen Konkretionsstufen. In den unternehmerischen

Leitsätzen erhalten Professionsnormen auf dem Abstraktionsniveau der Branchenkodizes organisatorische Verbindlichkeit. In den Allgemeinen Geschäftsbedingungen (AGBs) werden diese allgemeinen Regeln konkreter, das heißt operationalisiert auf die konkrete unternehmerische Handlungsebene, verankert. Beispiele für diesen Konkretionsgrad bieten die Richtlinien der Ziffern des Pressekodex des Deutschen Presserats. Auf der Individualebene schließlich realisiert sich eine organisatorisch umgesetzte Professionsethik in operativen Standards wie etwa in Checklisten bzw. Empfehlungen, welche die einzelnen Handlungsschritte explizit beschreiben, zum Beispiel: „Werbung, die aufgrund ihrer redaktionellen Gestaltung nicht als Werbung erkennbar ist, muss, bevor die Ausgabe in Druck geht, final von den Layoutern geprüft und gegebenenfalls mit dem Hinweis *Anzeige* kenntlich gemacht werden". Um eine solche durchgreifende Realisierung der Professionsethik im Unternehmen zu sichern, sind natürlich auch Implementierungsmaßnahmen wie Schulungen/Workshops mit den Mitarbeitern der Anzeigenakquise und den Redakteuren notwendig, um zu gewährleisten, dass (korporative) Verantwortung in Summe von allen Beteiligten und Mitarbeitern wahrgenommen werden kann (Abb. 4).

Um auch über das Einzelunternehmen hinausgehend eine einheitliche Gestaltung des Anzeigenhinweises in der praktischen Umsetzung zu sichern, müsste diese Thematik innerhalb der ganzen werbetreibenden Branche im weitesten Sinne geregelt sein. So könnte beispielsweise über die jeweilige Internet-Präsenz des Deutschen Presserats und des Deutschen Werberats als Download ein Anzeige-Item speziell zur Kennzeichnung redaktionell gestalteter Werbeinhalte zur Verfügung gestellt werden. Auf diese Weise wäre eine einheitliche Kennzeichnung von redaktionell gestalteter Werbung in der Praxis nicht nur eindeutig definiert, sondern die Medienunternehmen könnten sich an einer markteinheitlichen grafischen Form orientieren. Damit könnte der von der Medienethik her geforderten normativen Orientierung in der Praxis Rechnung getragen werden.

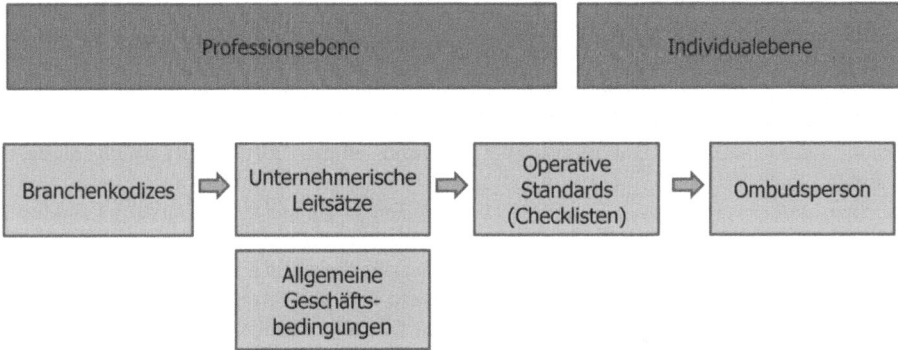

Abb. 4 Realisierung professionsethischer Standards auf Unternehmensebene (Quelle: Eigene Darstellung)

Literatur

Baerns, Barbara (2004a). Leitbilder von gestern? Zur Trennung von Werbung und Programm. In Barbara Baerns (Hrsg.), *Leitbilder von gestern? Zur Trennung von Werbung und Programm* (S. 13–42). Wiesbaden: VS Verlag.

Baerns, Barbara (Hrsg.) (2004b). *Leitbilder von gestern? Zur Trennung von Werbung und Programm.* Wiesbaden: VS Verlag.

Bentele, Günter (1988). Der Faktor Glaubwürdigkeit: Forschungsergebnisse und Fragen für die Sozialisationsperspektive. *Publizistik, 33*(4), 406–426.

Bravo (2010). *Miley Cyrus: Geile Party! Knutschen, tanzen, hotte boys.* Ausgabe 49. Hamburg: Bauer Media KG.

Burkart, Roland, Kratky, Martin & Stalzer, Lieselotte (2004). Advertorials im Wandel. Innenansichten aus der österreichischen PR-Forschung und -Praxis. In Barbara Baerns (Hrsg.), *Leitbilder von gestern? Zur Trennung von Werbung und Programm* (S. 153–174). Wiesbaden: VS Verlag.

Cameron, Glen T. & Curtin, Patricia A. (1996). Tracing Sources of Information Pollution. A survey and experimental test of print media's labeling policy for feature advertising. *Journal of Mass Communication Quarterly, 72*(1), 178–185.

Debatin, Bernhard (1998). Verantwortung im Medienhandeln. Medienethische und handlungstheoretische Überlegungen zum Verhältnis von Freiheit und Verantwortung in der Massenkommunikation. In Wolfgang Wunden (Hrsg.), *Freiheit und Medien. Beiträge zur Medienethik: Band 4* (S. 113–130). Frankfurt a. M.: Abt. Verlag.

Debatin, Bernhard (1999). Medienethik als Steuerungsinstrument? Zum Verhältnis von individueller und korporativer Verantwortung in der Massenkommunikation. In Adrian Holderegger (Hrsg.), *Kommunikations- und Medienethik. Interdisziplinäre Perspektiven* (S. 39–53). Freiburg: Herder.

Debatin, Bernhard (2002). Zwischen theoretischer Begründung und praktischer Anwendung: Medienethik auf dem Weg zur kommunikationswissenschaftlichen Teildisziplin. *Publizistik, 47*(3), 259–264.

Deutscher Presserat (2010). *Entscheidung des Beschwerdeausschusses 2. Bravo. Missbilligung. Ziffer 7. Entscheidung 0279/10/2-BA.* Abgerufen unter: http://recherche.presserat.info/ [19.07.2015].

Deutscher Presserat (2011). *Entscheidung des Beschwerdeausschusses 1. Bravo. Ziffer 7. Missbilligung. Entscheidung 0188/11/1.* Abgerufen unter: http://recherche.presserat.info/ [19.07.2015].

Deutscher Presserat (2015). *Entscheidungen nach Ziffer 7.* Abgerufen unter: http://recherche.presserat.info/ [19.07.2015].

Düwell, Markus, Hübenthal, Christoph & Werner, Micha H. (2002). Einleitung. In Markus Düwell, Christoph Hübenthal & Micha H. Werner (Hrsg.), *Handbuch Ethik* (S. 1–24). Stuttgart/Weimar: Metzler.

Eckman, Alyssa & Lindlof, Thomas (2003). Negotiating the Gray Lines. An ethnographic case study of organizational conflict between advertorials and news. *Journalism Studies, 4*(1), 65–77.

Funiok, Rüdiger (2007). *Medienethik: Verantwortung in der Mediengesellschaft.* Stuttgart: Kohlhammer.

Habermas, Jürgen (1995 [1981]). *Theorie des kommunikativen Handelns* (in 2 Bänden). Frankfurt a. M.: Suhrkamp.

Hoepfner, Jörg (2003). Advertorials. Redaktionell gestaltete Anzeigen sowie empirische Studien zu ihrer Zielsetzung und Rezeption. In Günter Bentele, Manfred Piwinger & Gregor Schönborn (Hrsg.), *Handbuch Kommunikationsmanagement* [Ständig aktualisierte Loseblattsammlung] (S. 1–23). Neuwied: Luchterhand.

Informationsgemeinschaft zur Feststellung der Verbreitung von Werbeträgern e.V. (IVW) (2011). *Publikumszeitschriften mit nationaler Verbreitung.* Abgerufen unter: http://daten.ivw.eu/index. php?menuid=1141&u=&p=&t=Publikumszeitschriften+mit+nationaler+Verbreitung [02.08.2011].

Journalist.online (2014). *Native Advertising. Darf Werbung Inhalt sein?* Abgerufen unter: http://www.journalist.de/ratgeber/handwerk-beruf/menschen-und-meinungen/umfrage-zu-native-advertising-darf-werbung-inhalt-sein.html [09.05.2015].

Karmasin, Matthias (2000). Ein Naturalismus ohne Fehlschluß? Anmerkungen zum Verhältnis von Medienwirkungsforschung und Medienethik. In Matthias Rath (Hrsg.), *Medienethik und Medienwirkungsforschung* (S. 127–148). Wiesbaden: Westdeutscher Verlag.

Kim, Bong-Hyun (1995). The Effectiveness of Camouflaged Advertising Format on Audiences with Special Focus on Advertorial Advertising. Dissertation. Tuscaloosa: University of Alabama.

Köberer, Nina (2010). Journalismus für lau: Gratiszeitungen als medienethisch relevantes Problemfeld – Ergebnisse einer empirischen Studie. *Zeitschrift für Kommunikationsökonomie und Medienethik, 12*(1), 54–60.

Köberer, Nina (2012). *„Trojanische Pferde" – Advertorials in Jugendprintmedien als medienethisches Problem.* Ludwigsburg: Pädagogische Hochschule Ludwigsburg. Abgerufen unter: http://opus.bsz-bw.de/phlb/volltexte/2012/3033/pdf/Dissertation_Koeberer_12.07.2012_Online.pdf [29.07.2015].

Köberer, Nina (2013). Wert-volle Werbung – Transparenz als werbeethisches Prinzip. In Thomas Schierl & Jörg Tropp (Hrsg.), *Wert und Werte der Marketingkommunikation* (S. 17–34). Köln: Halem.

Köberer, Nina (2014). *Advertorials in Jugendprintmedien. Ein medienethischer Zugang.* Wiesbaden: VS Verlag.

Köberer, Nina (2015). Medienethik als angewandte Ethik – eine wissenschaftssystematische Verortung. In Marlis Prinzing, Matthias Rath, Christian Schicha & Ingrid Stapf (Hrsg.), *Neuvermessung der Medienethik. Bilanz, Themen und Herausforderungen seit 2000. Reihe Kommunikations- und Medienethik: Band 3* (S. 99–113). Weinheim: Beltz Juventa.

Landespressegesetz Baden-Württemberg in der Fassung vom 04. Februar 2003. Abgerufen unter: http://www.presserecht.de/index.php?option=com_content&task=view&id=13&Itemid=27 [29.07.2015].

Moore, George Edward (1970). *Principia Ethica.* Stuttgart: Reclam.

Neuß, Norbert (2000). „Werbung ist, wenn da was mit ‚geschmackvoll' kommt" – Medienpädagogische Ansätze zur Vermittlung von Werbekompetenz. *pro-jugend, 2,* 21–23.

Neuß, Norbert (2005). Medienpädagogische Ansätze zur Stärkung der Verbraucher- und Werbekompetenz. *merz. medien + erziehung, 49*(1), 31–36.

Pöttker, Horst (1999). Berufsethik für Journalisten? Professionelle Trennungsgrundsätze auf dem Prüfstand. In Adrian Holderegger (Hrsg.), *Kommunikations- und Medienethik. Interdisziplinäre Perspektiven* (S. 299–327). Freiburg: Universitätsverlag.

Pöttker, Horst (2000). Kompensation von Komplexität. Journalismustheorie als Begründung journalistischer Qualitätsmaßstäbe. In Martin Löffelholz (Hrsg.), *Theorien des Journalismus. Ein diskursives Handbuch* (S. 375–390). Wiesbaden: Westdeutscher Verlag.

Rath, Matthias (1988). *Intuition und Modell. Hans Jonas' „Prinzip Verantwortung" und die Frage nach einer Ethik für das wissenschaftliche Zeitalter.* Frankfurt a. M.: Peter Lang.

Rath, Matthias (2000). Kann denn empirische Forschung Sünde sein? Zum Empiriebedarf der angewandten Ethik. In Matthias Rath (Hrsg.), *Medienethik und Medienwirkungsforschung* (S. 63–88). Wiesbaden: Westdeutscher Verlag.

Rath, Matthias (2003). Medien in Zeiten der Globalisierung – Selbstregulierung zwischen Freiheit und Verantwortung. *Medienjournal, 27*(1), 41–50.

Rath, Matthias (2006). Wahrhaftigkeit des Journalismus: Moralanspruch oder Marktfaktor? In Horst Niesyto, Matthias Rath & Hubert Sowa (Hrsg.), *Medienkritik heute. Grundlagen, Beispiele und Praxisfelder* (S. 117–128). München: Kopaed.

Rath, Matthias (2010). Vom Flaschenhals zum Aufmerksamkeitsmanagement. Überlegungen zum Online-Journalismus und einer Ethik der öffentlichen Kommunikation 2.0. *Zeitschrift für Kommunikationsökologie und Medienethik, 12*(1), 17–24.

Rath, Matthias (2011). Wahrhaftigkeit. In Armin G. Wildfeuer und Petra Kolmer in Verbindung mit Wolfram Hogrebe, Ludger Honnefelder, Christoph Horn, Wolfgang Kluxen & Wilhelm Vossenkuhl (Hrsg.), *Neues Handbuch philosophischer Grundbegriffe (NHPG)* (begründet von

Hermann Krings (†), Hans Michael Baumgartner (†) und Christoph Wild) (S. 2389–2397). Freiburg/München: Alber.

Staatsvertrag für Rundfunk und Telemedien (RStV) (2013). *Rundfunkstaatsvertrag vom 31.08.1991*, in der Fassung des Fünfzehnten Staatsvertrages zur Änderung rundfunkrechtlicher Staatsverträge vom 15./21. Dezember 2010 (vgl. GVBl. Berlin 2011 S. 211), in Kraft getreten am 01.01.2013. Abgerufen unter: http://www.die-medienanstalten.de/fileadmin/Download/Rechtsgrundlagen/Gesetze_aktuell/15_RStV_01-01-2013.pdf [19.07.2015].

Sander, Uwe (2007). Medienkompetenz – eine Alternative zum Medienschutz? *tv diskurs, 11*(2), 56–57.

Siegert, Gabriele & Brecheis, Dieter (2010). *Werbung in der Medien- und Informationsgesellschaft* (2., überarbeitete Auflage). Wiesbaden: VS Verlag.

Siegert, Gabriele, Wirth, Werner, Matthes, Jörg, Pühringer, Martin, Rademacher, Patrick, Schemer, Christian & Rimscha, Bjorn von (2007). *Die Zukunft der Fernsehwerbung. Produktion, Verbreitung und Rezeption von programmintegrierten Werbeformen in der Schweiz*. Zürich: Haupt.

Siegert, Svenja & Daniel, Matthias (2015). Was geht?! *journalist, 05*, 8–17.

Spiesser (2010). *Klima satt. Ständig sollen wir die Erde retten – dabei geht das gar nicht. Oder?* Ausgabe 132. Dezember 2010/Januar 2011. Dresden: Spiesser GmbH.

Stapf, Ingrid (2009). Medienethik und Ästhetik. Neue Werbeformen als Herausforderung für die Medienselbstkontrolle. In Joachim von Gottberg & Roland Rosenstock (Hrsg.), *Werbung aus allen Richtungen. Crossmediale Markenstrategien als Herausforderung für den Jugendschutz* (S. 45–67). München: Kopaed.

Willems, Herbert (2002). Vom Handlungstyp zur Weltkultur: Ein Blick auf Formen und Entwicklungen der Werbung. In Herbert Willems (Hrsg.), *Die Gesellschaft der Werbung. Kontexte und Texte. Produktionen und Rezeptionen. Entwicklungen und Perspektiven* (S. 55–100). Wiesbaden: Westdeutscher Verlag.

Yaez (2010). *Wie ticken Geschwister? Warum die Beziehung zu Bruder oder Schwester manchmal ganz schön kompliziert sein kann – und wie aus Konkurrenten irgendwann doch Verbündete werden*. Ausgabe 50. Dezember 2010/Januar 2011 Stuttgart: Yaez Verlag.

Zurstiege, Guido (2006). Dominanz-/Dependenzbeziehungen? Werbung und Medien. In Dieter Altmeppen & Matthias Karmasin (Hrsg.), *Medien und Ökonomie. Anwendungsfelder der Medienökonomie: Band 3* (S. 89–101). Wiesbaden: VS Verlag.

Zurstiege, Guido & Schmidt, Siegfried J. (2003). Werbekommunikation. In Günter Bentele, Hans-Bernd Brosius & Otfried Jarren (Hrsg.), *Öffentliche Kommunikation. Handbuch Kommunikations- und Medienwissenschaft* (S. 492–503). Wiesbaden: VS Verlag.

Nina Köberer Fachbereich Medienbildung Niedersächsisches Landesinstitut für schulische Qualitätsentwicklung, Richthofenstr. 29, 31137 Hildesheim, Deutschland
E-Mail: koeberer@nlq.nibis.de

Ethik in der Medienpraxis. Analyse, Etablierung und Evaluierung von Maßnahmen zur Einhaltung des Trennungsgrundsatzes in einem Fachverlag – der Österreichische Wirtschaftsverlag

Stefan Böck und Diana Danbauer

Zusammenfassung

Seit dem Jahr 2011 beschäftigt sich der Österreichische Wirtschaftsverlag (ÖWV) intensiv mit der Thematik des Trennungsgrundsatzes. Hierunter fällt üblicherweise die gesetzlich gebotene deutliche Abgrenzung und unabhängige Behandlung von inhaltlichen Beiträgen und werblichen Teilen. Dabei geht es um den Schutz der Nutzerinnen und Nutzer, die durch spezielle Kennzeichnungen redaktionelle und werbliche Teile zum Beispiel in Zeitschriften unterscheiden können. Oftmals ist aber genau diese Trennung in der Medienpraxis unzureichend. Die Motivation für die Auseinandersetzung mit diesem Thema innerhalb des Österreichischen Wirtschaftsverlages war vielseitig. Einerseits sollte dadurch die Qualität der redaktionellen Beiträge erhöht bzw. hervorgehoben werden, nicht zuletzt, um sich vom Mitbewerb am Markt abheben zu können. Andererseits ging es dabei um das Selbstverständnis der Redaktionen hinsichtlich der Qualität ihrer Arbeit. Dazu wurden 2012 konkrete Maßnahmen entwickelt und umgesetzt, um qualitativ hochwertigen Fachjournalismus im Verlag zu etablieren und zu festigen.

S. Böck (✉)
Chefredakteur Österreichischer Wirtschaftsverlag (Gesamtleitung),
Grünbergstr. 15/Stiege 1, 1120, Wien, Österreich
E-Mail: s.boeck@wirtschaftsverlag.at

D. Danbauer
Redakteurin Österreichischer Wirtschaftsverlag, Grünbergstr. 15/Stiege 1, 1120,
Wien, Österreich
E-Mail: d.danbauer@wirtschaftsverlag.at

© Springer Fachmedien Wiesbaden GmbH 2017
N. Gonser, U. Rußmann (Hrsg.), *Verschwimmende Grenzen zwischen Journalismus, Public Relations, Werbung und Marketing*, Forschung und Praxis an der FHWien der WKW,
DOI 10.1007/978-3-658-13578-2_10

Im nachfolgenden Beitrag wird dieser Prozess des Verlags genauer vorgestellt, der haus-
intern unter den Stichworten „Trennungsgrundsatz" (§ 26 MedienG) bzw. „Redaktions-
tatuten" lief und der folglich die Einführung von Maßnahmen zur Selbstregulierung (u. a.
journalistische Ethik, Antikorruption) umfasste. Im Mittelpunkt stehen dabei die Ergebnisse
einer Vorbefragung aus dem Jahr 2011 und vor allem einer evaluierenden Nachbefragung
von Mitarbeiterinnen und Mitarbeitern im Umfeld dieser Einführung aus dem Jahr 2015.

1 Was sind Fachmedien?

Fachmedien wie „die wirtschaft", „color", „Pharmaceutical Tribune" oder die „Handelszei-
tung" richten sich an eine ganz bestimmte, abgeschlossene Leserinnen- und Leserzielgruppe.
Zudem haben sie eigene Vertriebswege und werden nicht über den Kioskverkauf angeboten.
Häufig sind solche Fachzeitschriften für die Leserinnen- und Leserzielgruppe gratis. Ursprünglich wurden die ÖWV-Fachzeitschriften entlang der Wirtschaftskammer-Nomenklatur entwickelt und weisen daher entsprechende historische Hintergründe auf.[1]

Die Leserinnen- und Leserzielgruppen haben ganz bestimmte Erwartungen an die
ÖWV-Fachmedien. Sie möchten branchenrelevante Nachrichten und technische Informationen ebenso wie spezielle Services, wie etwa zielgruppenrelevante Rechtsbeiträge,
erhalten. Zudem sind Best-Practice-Beispiele oder Hilfestellungen zur Entscheidungsfindung
ebenso von Bedeutung wie auch Lobbying der jeweiligen Interessenvertretungen oder Unterhaltung im Rahmen von informativen Reportagen, Interviews oder Porträts. Aus diesen
Erwartungshaltungen einerseits und den Marktgegebenheiten andererseits ergibt sich für
Fachmedien eine Sonderstellung in der Medienlandschaft, insbesondere in Bezug auf den
Trennungsgrundsatz.

Fachmedien unterliegen einer besonderen Situation, zumal sie zu einem Großteil mo-
netär anzeigenabhängig sind. Die Anzeigenkundschaft erwartet die Veröffentlichung ihrer
PR-Texte ebenso, wie sie redaktionelle Leistungen erwartet. Die Redaktionen sind personell ausgedünnt und die wirtschaftliche Situation von (Fach-)Verlagen wird zunehmend
schwieriger. So sind Fachzeitschriften teilweise zum Inbegriff von Gefälligkeitsjournalismus
geworden. Es gibt Fachmedien, die nur nach Bezahlung über Anzeigen für Kundschaften
schreiben, und es gibt Fachmedien, die sogar redaktionelle Inhalte verkaufen.

---

[1] Der Österreichische Wirtschaftsverlag (ÖWV) wurde 1945 von Julius Raab gegründet und beschäftigt derzeit rund 130 Mitarbeiterinnen und Mitarbeiter. Der Business-to-Business-Verlag publiziert
mehr als 30 Fachmedien in den Bereichen Wirtschaft, Handel, Gastronomie, Tourismus, Bau, Automo-
tive sowie in einem eigenen Medizinbereich „Medizinmedien Austria" und erreicht damit jährlich
400.000 Empfängerinnen und Empfänger von Fachzeitschriften. Werden die digitalen Services wie
Websites und Newsletter mit einbezogen, erweitert sich der Kreis von Leserinnen und Lesern auf
1.450.000 im Jahr. Darüber hinaus bietet der Wirtschaftsverlag Veranstaltungen und Kongresse sowie
Produkte im Bereich Corporate Publishing an (www.wirtschaftsverlag.at).

Diese Tatsachen haben Konsequenzen: Wenn innerhalb dieser Rahmenbedingungen Fachmedien hergestellt werden, braucht es dafür keine Journalistinnen und Journalisten mehr. Die Anzeigenkundschaft bestimmt den Inhalt. Daraus resultiert, dass die Glaubwürdigkeit verloren geht und die Existenzberechtigung verschwindet.

2 Rechtliche Grundlagen: Trennungsgrundsatz nach § 26 MedienG

Der besondere Schutzbedarf ist bereits durch den gesetzlich festgeschriebenen Trennungsgrundsatz erkennbar. § 26 des in Österreich geltenden Mediengesetzes fordert:

> „Ankündigungen, Empfehlungen sowie sonstige Beiträge und Berichte, für deren Veröffentlichung ein Entgelt geleistet wird, müssen in periodischen Medien als ‚Anzeige', ‚entgeltliche Einschaltung' oder ‚Werbung' gekennzeichnet sein, es sei denn, daß [sic!] Zweifel über die Entgeltlichkeit durch Gestaltung oder Anordnung ausgeschlossen werden können." (§ 26 MedienG)

Der Oberste Gerichtshof sieht ein generelles wettbewerbsrechtliches Kennzeichnungsgebot für werbliche Inhalte vor, Schleichwerbung ist ausdrücklich gesetzlich als unlautere (irreführende) Geschäftspraktik verboten (vgl. Ziffer 11 des Anhangs zum UWG – Unlauterer-Wettbewerbs-Gesetz). Werden diese rechtlichen Ge- und Verbote entsprechend umgesetzt, ergibt sich für die Beteiligten eine Win-win-Situation. Der Anspruch der Legalität ist dabei ebenso zentral wie jener der Qualität und Seriosität. Daraus ergeben sich für Verlage insgesamt und die einzelnen Medien im Besonderen wichtige Aspekte wie Fragen der Glaubwürdigkeit und der Verlässlichkeit sowie in weiterer Folge der Wertbeständigkeit der Produkte und Dienstleistungen des Verlages. Sämtlichen Medien des Österreichischen Wirtschaftsverlages enthalten ausschließlich zwei Formen von Flächen: bezahlte und unbezahlte.

3 Allgemeiner Ist-Stand der klaren Trennung

Die klare Unterteilung in bezahlte und unbezahlte Flächen scheint auf den ersten Blick unmissverständlich und entsprechend einfach in der Umsetzung. Die Praxis sieht häufig anders aus. Aus diesem Grund wurden im Österreichischen Wirtschaftsverlag Definitionen für beide Flächentypen festgelegt. So fallen unbezahlte Flächen in das alleinige Aufgabengebiet der Redaktion und werden im Zuge der Blattplanung erfasst. Die Informationen darüber gelangen über die jeweiligen Blattplanungstools an die Verkaufsteams. Die Redakteurin oder der Redakteur kann ausschließlich unbezahlte Flächen erstellen und verantworten. Die redaktionelle Verantwortung besteht darin, dass die Inhalte in den Magazinen den Kriterien des Österreichischen Wirtschaftsverlages für Qualitätsjournalismus wie Relevanz der Inhalte und Aufbereitungsprofessionalität entsprechen müssen. Die Inhalte unterliegen dabei der journalistischen Freiheit einerseits und der Sorgfaltspflicht

andererseits, ebenso wie dem Ehrenkodex der Österreichischen Presse. Die Quellen –
Aussender, Agenturen, Pressestellen und Ähnliches – haben kein Recht auf Freigabe oder
Korrekturläufe.

Die bezahlten Flächen fallen im Gegensatz dazu in das Aufgabengebiet des Verkaufes
und werden im Verlagsmanager erfasst. Diese Informationen gelangen via Customer-
Relationship-Management (CRM) an die Redaktion. Die Anzeigenverkäuferin oder der
Anzeigenverkäufer kann ausschließlich bezahlte Flächen verkaufen. Es gibt in diesem
Zusammenhang zwei verschiedene Arten von bezahlten Flächen. Zum einen klassische
Anzeigen, die nach § 26 MedienG keiner gesonderten Kennzeichnung bedürfen, und zum
anderen Beiträge, Berichte, Empfehlungen oder Ankündigungen, für deren Veröffentlichung
direkt oder indirekt ein Entgelt gezahlt wurde. Jene Flächen müssen nach § 26 MedienG
als „Anzeige", „Entgeltliche Einschaltung" oder „Werbung" gekennzeichnet werden.

4 Stand im Wirtschaftsverlag 2011: Motivation, Imitierung und Erwartung

Die Diskussion rund um Qualitätsansprüche in Medien ist evidenter Bestandteil der Kommunikationswissenschaft. Public Relations leisten einen wesentlichen Beitrag: Als Infor-
mationsbeschaffer oder Händler der Ware Information stellen sie eine nicht wegzudenkende
Größe im Beziehungsgeflecht dar, Journalistinnen und Journalisten ihrerseits sind als
Gatekeeper für die wahrheitsgemäße Weitergabe von Informationen an die Öffentlichkeit
verpflichtet. Die Qualitätsdebatte im Fachjournalismus ist seit geraumer Zeit auf vielen
Ebenen entfacht, so auch in der Praxis und konkret im Wirtschaftsverlag.

Angespornt von der wissenschaftlichen Arbeit (unveröffentlicht) der Kollegin Christina
Mothwurf und den eigenen Ansprüchen an Qualitätsjournalismus wurden Abläufe und
Arbeitsweisen der Redaktionen im Wirtschaftsverlag genauer betrachtet, hinterfragt und
Erwartungen formuliert, die schließlich in dem Projekt „§ 26/Redaktionsstatuten-Prozess"
bzw. „Trennungsgrundsatz" herausgearbeitet wurden.

5 Analyse und erste Befragung

5.1 Commitment zu Ethikrichtlinien und Befragung 1

Innerhalb einer ganzheitlichen Nachhaltigkeitsstrategie hat der Österreichische Wirtschaftsverlag im Jahr 2011 damit begonnen, sich mit dem Thema Ethik im Allgemeinen und dem
Trennungsgrundsatz im Besonderen auseinanderzusetzen. Die Redaktionen haben sich geschlossen für die Einführung von Ethikrichtlinien entschieden. Zum einen sollten die
Glaubwürdigkeit der Magazine, die Fachkompetenzen der einzelnen Redakteurinnen und
Redakteure und die Themenführerschaft des gesamten Verlages gefestigt werden. Zum anderen ging es um die Erwartung, dass die journalistische Arbeit bedeutend mehr Freude
macht, wenn Qualität und Engagement im Vordergrund stehen.

Aus diesem Grund führte im Jahr 2011 die ehemalige Mitarbeiterin Christina Andetsberger, damals stellvertretende Chefredakteurin der Fachzeitschrift „KFZ Wirtschaft", im Zuge ihrer unveröffentlichten Diplomarbeit eine interne Online-Befragung unter allen 54 Redaktionsmitgliedern zum Thema Trennungsgrundsatz und journalistische Praxis durch. Diese Umfrage fand somit vor der Entwicklung und Einführung der Maßnahmen zur Selbstregulierung (siehe Anhang) statt.

5.2   Ergebnisse 2011

Zu Beginn der Online-Umfrage wurden generelle Recherchequellen und die Verwertbarkeit von PR-Meldungen abgefragt. Knapp vier Fünftel der befragten Redakteurinnen und Redakteure nutzen als Recherchequelle immer das Internet, ein Fünftel häufig. Persönliche Gespräche mit PR-Verantwortlichen nennen drei Viertel der Befragten als häufig verwendete Quelle, ein Viertel bezieht sich in seiner Recherche immer auf persönliche Gespräche mit PR-Verantwortlichen. Expertengespräche stehen für etwas mehr als ein Drittel der Redaktionsmitglieder immer an erster Stelle, zwei Drittel wenden sich häufig an Experten in Bezug auf ihre Fragen. Hingegen werden Nachrichtendienste, Sachbücher sowie Archive von anderen Fachmedien seltener bei der Recherche genutzt (12,5 % der Befragten).

Neben dem Internet sind also Informationen von PR-Fachleuten sowie Expertinnen und Experten eines Unternehmens für Fachjournalistinnen und Fachjournalisten des Österreichischen Wirtschaftsverlages als essenzielle Recherchequelle anzusehen. Während die Wichtigkeit in der Informationsbereitstellung durch PR bewiesen ist, zeichnen sich PR-Meldungen in ihrer Fülle meist als nicht oder nur schwer verwertbar aus. Etwas mehr als die Hälfte der Redakteurinnen und Redakteure erhalten pro Tag zwischen zehn und 40 Emails von Pressestellen oder PR-Agenturen, etwa ein Zehntel der Befragten geben an, mehr als 100 von PR-Fachleuten in ihrem Posteingang zu haben. Die Mehrheit der Befragten (70,8 %) gibt dabei an, dass nur knapp zehn Prozent der Meldungen verwertbar seien.

Insgesamt ein Viertel der Befragten stimmt zu, dass es ohne PR-Material Probleme gibt, das jeweilige Fachmagazin füllen zu können, und für 75 Prozent ist PR-Material im Fachmedienbereich als essenzielle Ergänzung im Redaktionsalltag anzusehen. Für 41,7 Prozent wird die journalistische Arbeit durch den Einfluss von PR erleichtert, für 20,8 Prozent ist der Einfluss im Redaktionsalltag allerdings eher hinderlich.

Der persönliche Kontakt zu den Pressesprecherinnen und Pressesprechern ist dabei mitunter sehr wichtig. Allerdings übernehmen 38 Prozent der Redaktionsmitglieder PR-Material unter keinen Umständen unverändert. Weitere 45 Prozent geben an, PR-Material selten unverändert zu übernehmen, und 17 Prozent sprechen von einer häufigen Übernahme. Im Schnitt kann somit davon ausgegangen werden, dass die Hälfte der Befragten keine Zeit aufwendet, um Informationen zu redigieren. Ein Fünftel der befragten Journalistinnen und Journalisten bekennt sich zu einer Übernahme aufgrund von Zeitdruck. Mehr als 90 Prozent der Befragten sehen aber den Trennungsgrundsatz als klare Unterscheidungsmöglichkeit zwischen Anzeigen und Redaktion bzw. als essenziellen journalistischen Grundsatz an.

Anhand der Ergebnisse lässt sich erkennen, dass sich Journalistinnen und Journalisten des Österreichischen Wirtschaftsverlags in der Einhaltung des Trennungsgrundsatzes innerbetrieblich zu großen Teilen nicht unterstützt fühlen. Darüber hinaus sind es vor allem zeitliche Umstände sowie wirtschaftlicher Druck, die mitunter die Einhaltung des Trennungsgrundsatzes negativ beeinflussen. Mehr als 60 Prozent der Befragten bestätigen mit ihrer Antwort auch die Aussage, die Anzeigenabteilung verspreche den Unternehmen redaktionelle Berichterstattung im Heft ohne Absprache mit der Redaktion. Wiederum 60 Prozent der Redakteurinnen und Redakteure geben an, dass der Trennungsgrundsatz vom Anzeigenmarketing aufgrund des zu niedrigen Interesses an der Qualität des eigenen Mediums nicht unterstützt werden kann.

6 Ableitung von Ethikrichtlinien und deren Einführung (Etablierung)

Die Umfrageergebnisse einerseits und die eigenen, internen Ansprüche an Qualitätsjournalismus andererseits, nebst zahlreichen Gesprächen, Diskussionen und vorbereitenden Meetings, haben dazu geführt, Maßnahmen zum Trennungsgrundsatz im Unternehmen zu ergreifen. Dies betrifft etwa den Umstand, dass redaktionelle Flächen weder verkaufbar noch disponierbar sind. Die Redaktion genießt die alleinige Text-, Bild-, Format- und Terminhoheit. Dem Verkauf ist es untersagt, im Zuge von Verkaufsgesprächen redaktionelle Leistungen zu vereinbaren. Dem zuwiderhandelnd angebotene Flächen sind indirekt bezahlt und daher Advertorials.

Um den Maßnahmen und deren Umsetzung angemessenes Gewicht zu verleihen und Missverständnissen oder Missinterpretationen entgegenzuwirken, wurden Redaktionsstatuten formuliert und verabschiedet (siehe Anhang). Dabei wurde der Ehrenkodex der Österreichischen Presse als Basis verwendet. Die mit 1. Jänner 2013 im Österreichischen Wirtschaftsverlag in Kraft getretenen Redaktionsstatuten sind auf http://www.die-wirtschaft.at/csr/ethik-der-medienpraxis-125644 veröffentlicht.

7 Evaluierung und zweite Befragung

Im Jahr 2015 wurde die erste Befragung aus 2011 größtenteils repliziert, um Einstellungsveränderungen der Mitarbeiterinnen und Mitarbeiter mit Blick auf die seit 2013 eingeführten Redaktionsstatuten zu erheben. Insgesamt wurden 26 Fragen und eine Anmerkungsmöglichkeit mittels Online-Fragebogen an 30 Redakteurinnen und Redakteure ausgeschickt. 16 Fragen wurden von der Umfrage aus dem Jahr 2011 übernommen, um vergleichbare Ergebnisse zu haben, zehn Fragen wurden im Jahr 2015 neu formuliert. 23 Fragebögen wurden verwertbar ausgefüllt.

Die neu formulierten Fragen bezogen sich auf die Wahrnehmung der Mitarbeiterinnen und Mitarbeiter zur Veränderung aufgrund der eingeführten Redaktionsstatuten und dahingehende Prozesse. So gaben 14 Mitarbeiterinnen und Mitarbeiter an, dass sich die Rahmenbedingungen zur Einhaltung des Trennungsgrundsatzes in ihrem Arbeitsalltag seit 2011 verbessert haben. Acht Personen waren der Meinung, die Situation sei gleich geblieben, und eine Person nahm laut Umfrage eine Verschlechterung der Situation wahr. Als bedeutsam zeigt sich hier die Unterstützung durch die direkte Vorgesetzte bzw. den direkten Vorgesetzten sowie durch das Verlagsmanagement. Zwar fühlten sich bereits im Jahr 2011 mehr als die Hälfte (65 %) der Befragten von ihrer Vorgesetzten bzw. ihrem Vorgesetzten gut (trifft sehr zu/trifft eher zu) unterstützt, doch drei Jahre später ist dies bei 19 von 23 Personen der Fall. Insbesondere auf der Ebene des Verlagsmanagements hat sich seit der Einführung der Redaktionsstatuten einiges zum Positiven für die Mitarbeiterinnen und Mitarbeiter entwickelt. Gerade einmal 17 Prozent der Befragten vertraten 2011 die Ansicht, vom Verlagsmanagement beim Thema Ethik im Allgemeinen und dem Trennungsgrundsatz im Besonderen Unterstützung zu erfahren; 2015 traf dies für die Hälfte der Redakteurinnen und Redakteure zu. Für 15 Personen zeigt sich, dass die Trennung bzw. klare Kennzeichnung von bezahlten und nicht bezahlten Inhalten heute Teil der Unternehmenskultur des Österreichischen Wirtschaftsverlages ist. Für drei Personen traf dies nicht zu, fünf Personen enthielten sich. Fast alle Befragten (21 Personen) stimmten der Aussage zu, dass PR-Material in ihrem Medium keinesfalls ungeprüft und unredigiert übernommen wird.

Die Umfrageergebnisse alleine zeichnen ein deutliches Bild: Die Maßnahmen sind in den Redaktionen bereits tief verwurzelt, den Qualitätsanstieg und Motivationsschub beschreibt eine befragte Person wie folgt: „Ich bin froh, dass wir den Prozess haben, ihn so intensiv durchgekaut, diskutiert und kommuniziert haben, weil es wichtig ist, unsere Leserinnen und Leser und deren Interessen ernst zu nehmen und zu wahren, weil wir als seriöser, kompetenter Fachverlag ernst genommen werden und weil ich keine billigen PR-Hefte produzieren will." Laut 14 Mitarbeiterinnen und Mitarbeitern hat sich der redaktionelle Aufwand seit der Einführung der neuen Praxis nicht wesentlich verändert. Von einem Mehraufwand sprachen fünf Personen, vier Personen machten keine Angaben.

In der Praxis sind die Mitarbeiterinnen und Mitarbeiter dennoch nach wie vor mit teils schwierigen Verhältnissen konfrontiert, die oft extern, manchmal aber auch intern begründet liegen. Diejenigen, die kritisieren, unterstreichen zwar die Relevanz des Trennungsgrundsatzes, geben aber die Anzeigenabhängigkeit und die eher unmögliche Umsetzung zu bedenken:

> „Ich glaube nicht, dass wir ernsthaft davon reden können, dass wir die journalistische Trennung schaffen. Schlussendlich gibt es viel zu viele Graubereiche, in denen wir uns bewegen. Würden wir strikt trennen, so wie es sich gehört, und auch dementsprechend unabhängiger schreiben, dann würden wir einen großen Teil unserer Anzeigenkunden verlieren. Wir machen im Redaktionsalltag oft aus schlechten Meldungen noch relativ viel, für unsere Kundinnen und Kunden, nicht für unsere Leserinnen und Leser. Daher: Für mich ist der Trennungsgrundsatz richtig und wichtig, leider gibt es ihn bei uns fast nicht."

Kundinnen und Kunden drohen noch immer mit Etatkürzungen. Die befragten Mitarbeiterinnen und Mitarbeiter sehen hier kaum Unterschiede zwischen der Zeit vor der Einführung der Redaktionsstatuten und der Zeit danach. Auf die Frage nach Etatkürzungen durch Kundinnen und Kunden, wenn deren Inhalte nicht 1 zu 1 übernommen werden, antworteten zwölf Prozent der Redakteurinnen und Redakteure im Jahr 2011 mit „trifft sehr zu" und 42 Prozent mit „trifft eher zu". Auch 2015 sind es insgesamt knapp über die Hälfte der Befragten, die dieser Meinung sind, allerdings ist der externe Druck auf die Redaktionen noch gestiegen. Mittlerweile vertreten 22 Prozent der Mitarbeiterinnen und Mitarbeiter die Ansicht, dies treffe sehr zu, und 30 Prozent, dass dies eher der Fall sei.

Zusammenfassend kann gesagt werden, dass nach den eingeführten Redaktionsstatuten 14 von 23 Redakteurinnen und Redakteure finden, dass sich die Situation zum Thema Trennungsgrundsatz für sie insgesamt verbessert hat. Bereits 15 der befragten Mitarbeiterinnen und Mitarbeiter sehen die gesetzten Maßnahmen und Strategien mittlerweile als Bestandteil der Unternehmenskultur im Verlag an. Immerhin knapp über die Hälfte berichten, dass es aufgrund der Bemühungen einfacher geworden ist, sowohl gegenüber den Kundinnen und Kunden als auch den Kolleginnen und Kollegen vom Anzeigenverkauf Argumente ins Treffen zu führen bzw. sich auf die Redaktionsstatuten zu berufen und keine verkaufte Redaktion oder nicht gekennzeichnete Werbetexte in den Magazinen abzudrucken. Darauf aufbauend geben fast alle Redakteurinnen und Redakteure an, keine unredigierten Texte in den Publikationen zu verwenden.

Ein besonders spannendes Ergebnis unterstreicht die Aussage von zehn Mitarbeiterinnen und Mitarbeitern, die angeben, dass sich die Qualität der Medien aufgrund der Maßnahmen verbessert hat. Der Frage, ob die Redaktionen bereits vor den Bemühungen von der Qualität ihrer Medien überzeugt waren bzw. aus welchen Gründen mehr als die Hälfte keine Qualitätsverbesserung wahrnimmt, sollte zukünftig noch im Detail nachgegangen werden.

8   Fazit und Ausblick

Die Frage, warum sich ein großes Verlagshaus mit der Thematik Ethik in der Medienpraxis auseinandersetzt und es sich selber nicht gerade leichter macht, wurde intern wie extern mehrfach gestellt. Doch die Auswirkungen, die diese Maßnahmen mit sich bringen, haben aufgrund ihres Mehrwerts überzeugt. Auf Mitarbeiterinnen- und Mitarbeiterseite hat sich gezeigt, dass die klare Trennung zwischen werblichen und inhaltlichen Beiträgen zu einer besseren Zusammenarbeit zwischen Redaktion und Anzeigenverkauf im internen Arbeitsablauf geführt hat, da die Aufgabengebiete und Kompetenzen eindeutig verteilt sind. Als Auswirkung ist vor allem der Reputationsgewinn zu nennen, der einhergeht mit einer deutlichen Abgrenzung zum Mitbewerb. Qualitativ hochwertigen Journalismus zu betreiben und entsprechende redaktionelle Inhalte zu liefern, sind für Leserinnen und Leser entscheidende Kaufargumente und in weiterer Folge entscheidende Verkaufsargumente für den Anzeigenverkauf. Diese Erfolge führen wiederum zu einer verbesserten Arbeitssituation – der Wirtschaftsverlag wird also diese Strategie unbedingt weiterverfolgen.

Anhang

Redaktionsstatuten des Österreichischen Wirtschaftsverlags

Präambel

§ 1 Unternehmen

(1) Der Österreichische Wirtschaftsverlag (ÖWV) ist ein politisch unabhängiger Verlag.

(2) Die Fachpublikationen des Wirtschaftsverlages dienen der Wissensvermittlung vorwiegend auf Berufsebene („business to business"). Dabei geht es um technisches Wissen, Wissen über Entwicklungen von Märkten und Branchen sowie Wissen über Angebote von für die Branche relevanten Produkten, Lösungen und Dienstleistungen. Zusätzlich transportiert der Wirtschaftsverlag Serviceinformationen für Unternehmer sowie branchenrelevante Reportagen, Hintergründe und Zusammenhänge. Als modernes Medienhaus publiziert der Wirtschaftsverlag in Print und Digital. Der Wirtschaftsverlag bietet darüber hinaus redaktionelle Dienstleistungen an und produziert Auftragsmedien (Corporate Publishing). Auftragsmedien sind nicht an diese Redaktionsstatuten gebunden.

§ 2 Qualität

(1) Der Wirtschaftsverlag ist ein unabhängiger Qualitätsfachverlag. Die Medien des Wirtschaftsverlages sind Qualitätsfachmedien. Qualitätsfachmedien werden von Qualitätsfachjournalisten gemacht.

(2) Die Qualität der Medienangebote steht an oberster Stelle. Für die Redaktionen bedeutet das vor allem journalistische Qualität. Die Qualität der Medienangebote erkennt man am Grad der Relevanz der Inhalte, am Grad der Professionalität ihrer Aufbereitung, an der Relevanz der Medien selbst und an der Relevanz ihrer Repräsentanten, also der Redakteurinnen und Redakteure für eine Branche.

§ 3 Tradition

(1) Der Wirtschaftsverlag wurde 1945 vom späteren Bundeskanzler Julius Raab gegründet. Seit seiner Gründung leistet der Wirtschaftsverlag einen wertvollen Beitrag zur Entwicklung der publizistischen Kultur des Landes. Die Tradition verpflichtet uns, Verantwortung zu übernehmen, für die Qualität unserer Produkte, für die Nachhaltigkeit unseres Wirtschaftens und für die prosperierende Weiterentwicklung des Verlages.

§ 4 Vertrauen

(1) Ein Großteil der Leserinnen und Leser unserer Medien sind Unternehmer, Inhaberinnen und Inhaber oder Managerinnen und Manager in Klein- und Mittelbetrieben oder haben eine Stellung als Fachkraft mit Entscheidungskompetenz. Ihr Vertrauen in unsere Medien ist eine Grundlage für unseren unternehmerischen Erfolg.

(2) Den Redakteurinnen und Redakteuren des Wirtschaftsverlages ist bewusst, dass ihnen
     durch die Beschreibung von Angeboten, Produkten, Dienstleistungen und Lösungen
     eine sehr hohe Verantwortung gegenüber dem Leser erwächst. Berichte in Fachmedien
     können zu Investitionsentscheidungen führen oder diese beeinflussen. Deshalb sind
     Fachredakteurinnen und Fachredakteure zu besonderer Sorgfalt und Ausgewogenheit
     angehalten. Sie müssen ihre Quellen prüfen, ihre Fachkompetenz und ihr Netzwerk
     ständig erweitern, um die Qualität der Berichterstattung zu garantieren und das Ver-
     trauen der Leserinnen und Leser zu erhalten.

Statuten entlang des Ehrenkodex

§ 8 Genauigkeit

(1) „Gewissenhaftigkeit und Korrektheit in Recherche und Wiedergabe von Nachrichten und
     Kommentaren sind oberste Verpflichtung von Journalisten." (Ehrenkodex Presse 2.1)
(2) Das trifft besonders auf Fachjournalisten zu, da es sich meist um überprüfbare Inhalte
     handelt, um Wissen, das vom Leser zur Anwendung gebracht wird. Daraus erwächst
     eine besondere Verantwortung.

§ 9 Unterscheidbarkeit

(1) „Für die Leserinnen und Leser muss klar sein, ob es sich bei einer journalistischen
     Darstellung um einen Tatsachenbericht oder die Wiedergabe von Fremdmeinung(en)
     oder um einen Kommentar handelt." (Ehrenkodex Presse 3.1)
(2) Zur Wiedergabe von Fremdmeinungen zählt auch die Veröffentlichung von Texten,
     die von PR-Agenturen oder Pressestellen angeboten werden. Diese Texte werden im
     Wirtschaftsverlag immer von der Redaktion überprüft und redigiert und mit
     Klarnamen oder Namenskürzel der Redakteurin/des Redakteurs oder Angabe der
     Textquelle gekennzeichnet. Textteile oder Aussagen, die den Eindruck einer objekti-
     ven Beurteilung, etwa eines Produktes oder eines Unternehmens, erwecken könnten
     und nicht von der Redaktion überprüft wurden, werden entweder entfernt oder als
     Zitat geführt oder klar als Aussage einer Quelle zuordenbar gemacht („… wie das
     Unternehmen XY in einer Aussendung bekannt gibt…" o. Ä.).

§ 10 Einflussnahmen

(1) „Eine Einflussnahme Außenstehender auf Inhalt oder Form eines redaktionellen Bei-
     trags ist unzulässig." (Ehrenkodex Presse 4.1)
(2) Das regelt auch die ÖWV-Richtlinie zum Umgang mit „§ 26 MedienG". Dort heißt
     es: „Die Redaktion genießt Text-, Bild-, Format- und Terminhoheit" (siehe Anhang
     „Merkblatt Paragraph_26").
(3) Die Redaktionen des ÖWV verwehren sich auch gegen Einflussnahme von Innungen,
     Kammern, Verbänden und Interessenvertretungen. Auch wenn Zeitschriften sogenannte
     „Innungsteile" beinhalten oder als offizielles Organ geführt werden, gelten diese

Redaktionsstatuten, solange der Wirtschaftsverlag der Herausgeber ist. Auch wenn sich oftmals die Meinung von Interessenvertreterinnen und Interessenvertretern mit der Blattlinie decken mag: Eine kritische Überprüfung der Inhalte im Sinne der Leserinnen und Leser ist verpflichtend, eine abweichende Meinung ist selbstverständlich erlaubt und eine Einflussnahme unzulässig.

Anmerkung: Laut Mediengesetz ist Medieninhaber (Verleger), „wer ein Medienunternehmen oder einen Mediendienst betreibt oder sonst das Erscheinen von Medienwerken durch Inverkehrbringen der Medienstücke besorgt", und Herausgeber ist „wer die grundlegende Richtung des periodischen Mediums bestimmt".

§ 11 Compliance

(1) „Unzulässige Beeinflussungsversuche sind nicht nur Interventionen und Pressionen, sondern auch die Zuwendung persönlicher Vorteile, die über den Bereich unmittelbarer beruflicher Tätigkeit hinausgehen." (Ehrenkodex Presse 4.2)

(2) Die Journalistinnen und Journalisten des Wirtschaftsverlages weisen in geeigneter Form darauf hin, wenn die Berichterstattung aufgrund von Einladungen erfolgt ist oder teure Produkte zu Testzwecken zur Verfügung gestellt wurden. Geschenke, die den Eindruck persönlicher Vorteilnahme erwecken, werden von den Journalistinnen und Journalisten des Wirtschaftsverlages grundsätzlich nicht angenommen. Davon ausgenommen sind Kleinmaterialien (Kugelschreiber, Datenträger, Kalender etc.) oder geringwertige Aufmerksamkeiten (Weihnachtsstollen, Flasche Wein, o. Ä.), wenn deren geschätzter Wert insgesamt 100 Euro nicht übersteigt.

(3) Essenseinladungen, die über freundliche Gesten hinausgehen und den Charakter einer Unverhältnismäßigkeit oder Vorteilsnahme haben, dürfen nicht angenommen werden. Einladungen im Zusammenhang mit einer Dienstreise werden mit der/dem Vorgesetzten besprochen. Diese Einladungen dürfen nicht den Eindruck der Unverhältnismäßigkeit oder Vorteilsnahme erwecken. Bei Einladungen zu Reisen entsteht der Gastgeberin bzw. dem Gastgeber kein Anspruch auf eine bestimmte Form der redaktionellen Berichterstattung. Auch hier gilt: Die Redaktion genießt Text-, Bild-, Format- und Terminhoheit. Bei redaktioneller Berichterstattung, die durch eine Einladung einer Kundin bzw. eines Kunden zustande gekommen ist, wird im Text an geeigneter Stelle auf den Umstand der Einladung hingewiesen.

§ 12 Redaktionelle Spezialbereiche

(1) „Reise- und Tourismusberichte sollen in geeigneter Weise auch auf soziale und politische Rahmenbedingungen und Hintergründe (z. B. gravierende Menschenrechtsverletzungen) verweisen." (Ehrenkodex Presse 9.1)

(2) „Umwelt-, verkehrs- und energiepolitischen Zusammenhängen soll auch im Autoteil Rechnung getragen werden." (Ehrenkodex Presse 9.2)

(3) Journalistinnen und Journalisten des Wirtschaftsverlages blicken über den Tellerrand und beschreiben Zusammenhänge, auch dann, wenn der Grund für eine Reportage vorwiegend fachlicher Natur ist. Das ist besonders dann wichtig, wenn die Reportage

aufgrund einer Reiseeinladung erfolgt. Einseitige Berichterstattung ist zu vermeiden. Es ist nicht alles Gold, was glänzt. Jede Medaille hat zwei Seiten. Wir hinterfragen kritisch und beleuchten alle Aspekte eines Themas. In den Medien des Wirtschaftsverlages ist Platz für Meinungsvielfalt. Die Meinung von Autorinnen und Autoren sowie Redakteurinnen und Redakteuren kann dabei auch im Widerspruch zum Mainstream einer Branche stehen.

(4) „Tourismus-, Auto- und Gastronomieberichte sollen wie alle Bewertungen von Konsumgütern und Dienstleistungen nachvollziehbaren Kriterien folgen sowie von journalistisch qualifizierten Personen verfasst werden." (Ehrenkodex Presse 9.3)

(5) Im Wirtschaftsverlag arbeiten Fachjournalistinnen und Fachjournalisten, die in der Lage sind, Güter und Dienstleistungen von Unternehmen zu bewerten. Deshalb versuchen sie, einen möglichst genauen Eindruck von diesen Angeboten zu bekommen, indem sie sich auf Fachmessen und direkt bei Herstellerinnen und Herstellern sowie Anwenderinnen und Anwendern informieren und wenn möglich Produkte selbst testen. Aufgrund ihrer fachlichen Kompetenz können die Journalistinnen und Journalisten des Österreichischen Wirtschaftsverlages Produkte und Dienstleistungen auch anhand von technischen Daten beurteilen. Der Umstand einer nicht überprüften Aussage ist der Leserin bzw. dem Leser bekannt zu machen, etwa durch Verwendung des Konjunktiv oder Textbausteinen wie „laut Herstellerangaben" o. Ä. Die Journalisten des Wirtschaftsverlages vermeiden die unreflektierte Übernahme von bewertenden Texten. Sie entfernen Textteile, die den Eindruck einer gemachten Erfahrung erwecken oder die den Anspruch einer objektiven Beurteilung erheben. Dies gilt insbesondere für Aussendungen von PR-Agenturen und Pressestellen. Diese werden redigiert und von werblicher Sprache befreit, zugunsten von überprüfbaren Fakten und technischen Daten (siehe auch § 9).

(6) Journalistinnen und Journalisten des Wirtschaftsverlages sind verpflichtet, Interessenkonflikte zwischen eigenem Wertpapierbesitz und journalistischer Tätigkeit zu vermeiden. Der Besitz an unternehmensrelevanten Wertpapieren ist der Chefredaktion unter Zusicherung der Vertraulichkeit und ohne Angabe der Anzahl zu melden.

Literatur

Bundesgesetz gegen den unlauteren Wettbewerb 1984 (UWG) (1984). *BGBl. Nr. 448/1984* (WV), in der Fassung von BGBl. I Nr. 49/2015. Abgerufen unter: https://www.ris.bka.gv.at/Dokumente/ BgblPdf/1984_448_0/1984_448_0.pdf; https://www.ris.bka.gv.at/Dokumente/BgblAuth/ BGBLA_2015_I_49/BGBLA_2015_I_49.pdf [07.09.2015].
Bundesgesetz vom 12. Juni 1981 über die Presse und andere publizistische Medien (Mediengesetz – MedienG) (1981). *BGBl. Nr. 314/1981*, in der Fassung von BGBl. I Nr. 101/2014. Abgerufen unter: https://www.ris.bka.gv.at/Dokumente/BgblPdf/1981_314_0/1981_314_0.pdf; https:// www.ris.bka.gv.at/Dokumente/BgblAuth/BGBLA_2014_I_101/BGBLA_2014_I_101.pdf [07.09.2015].

Stefan Böck Chefredakteur von „Der Wirtschaftsverlag"/Österreichischer Wirtschaftsverlag GmbH, Grünbergstraße 15/Stiege 1, 1120 Wien, Österreich
E-Mail: s.boeck@wirtschaftsverlag.at

Diana Danbauer Redakteurin „Der Wirtschaftsverlag"/Österreichischer Wirtschaftsverlag GmbH, Grünbergstraße 15/Stiege 1, 1120 Wien, Österreich
E-Mail: d.danbauer@wirtschaftsverlag.at

Teil V

Nachwort

Schöner Verschwimmen. Oder: Der Trost der Grenzüberschreitung

Harald Fidler

Gekaufte Berichte, beauftragte Medien, geköderte Journalisten: Wie man der ewigen und doch immer brennenderen Debatte über verschwimmende Grenzen zwischen Werbung, PR und Journalismus auch eine schöne Seite abgewinnen kann. Schön für den Journalismus und journalistische Medien.

1   Mediale Härten

Die Story, das Video gleich auf Facebook, statt zunächst aufs eigene Portal, und die Werbeeinnahmen um die Story darf das Medium sogar behalten, wenn es sie selbst vermarktet. Dafür ist die Story viel schneller, viel schöner und viel kommoder bei Mark Zuckerbergs Milliardenpublikum. Und Medien verabschieden sich ein Stück weiter von ihrer Schlüsselfunktion als komplette Plattform für jene Inhalte, die es aus ihrer Sicht zu wissen, zu kennen, zu erfahren lohnt.

Die klassischen, meist (zumindest auch) journalistischen Medien fördern zum Beispiel mit diesen „Instant Articles" die Spekulationen über ihr baldiges Ableben, das Medientage um Medientage alle Jahre wieder traurig diskutieren, mit Bestemm in Abrede stellen, um dann über die Medienpolitik und die bösen digitalen Weltmarktbeherrscher zu klagen.

Natürlich geht es da nicht allein um Facebook, natürlich muss (und mit einigem Recht) beklagt werden, dass Google die Inhalte von Medien zwar auffindbar macht, zugleich aber

H. Fidler (✉)
Ressortleiter Medien „Der Standard" und „derStandard.at/Etat". Lehrbeauftragter
am Institut für Journalismus & Medienmanagement an der FHWien der WKW.
Vordere Zollamtsstr. 13, 1030 Wien, Österreich
E-Mail: fid@diemedien.at

© Springer Fachmedien Wiesbaden GmbH 2017
N. Gonser, U. Rußmann (Hrsg.), *Verschwimmende Grenzen zwischen Journalismus, Public Relations, Werbung und Marketing*, Forschung und Praxis an der FHWien der WKW.
DOI 10.1007/978-3-658-13578-2_11

am liebsten selbst zu Werbegeld. Natürlich ist das ein parasitärer Zug, der es journalisti-schen (und anderen) Medien nicht leichter macht, Online-Journalismus (oder auch -unter-haltung) über Werbung zu finanzieren. Und natürlich klingt es ein wenig nach kalter Erpressung, wenn Google Medieninhalte etwa aus Spanien einfach nicht mehr auswirft, weil ein relativ neues Gesetz dafür Leistungsschutzabgaben verlangt, und das möglichst ohne Hintertüren.

Da wären natürlich noch die YouTubes dieser Welt, die das Fernsehen oder das Radio Nutzungszeit und Useraugen und -ohren kosten, die Spotifys und Pandoras, die Netflixe. Und sind da nicht noch die Twitterati, die Facebook-Publizisten, die Blogger und Aktivisten, die ohnehin längst viel schneller, viel authentischer, viel akkurater als die klassischen Medien berichten? Dieser Schwarm, der da und dort durchaus seine Intelligenz ausspielt?

Während digitale Werbung wächst, oder das jedenfalls über die letzten Jahre tat, nahmen etwa die Buchungen in gedruckten Medien die Gegenrichtung. Auch und ganz besonders die Job-, Wohn- und Stelleninserate, für manche ältere Medien bisher Grundpfeiler ihrer Existenz. Wir könnten noch einen Schritt weiter gehen und über den Betrug mit Werbekontakten reden, von dem etwa „Business Week" 2015 in einer ausführlichen Recherche berichtete – übrigens greifen demnach, jedenfalls in den USA, durchaus auch traditionsreiche Medienkonzerne zu solchen Tricks. Da geht es, nur zum Beispiel, um Clips, die gern unbemerkt in einem Fenster hinter dem im Vordergrund ablaufen und zählen. Oder, noch ein gutes Stück skurriler, um nur pixelgroße Fenster mit Werbung – die aber als ausgespielt abgerechnet wird.

Wenn wir schon beim Wehklagen sind, wollen wir jene Portale und Plattformen nicht vergessen, die vor allem Inhalte anderer Medien maximal klickgerecht wiederaufbereiten, gekonnt und teils fantasievoll pimpen und vermarkten. Und selbst wenn wir auf neue Portale und Medien stoßen, die selbst journalistische Inhalte generieren, und das gern auch in erfrischend rücksichtsloser Manier, dann sind das gern auch Medien, die zugleich sehr offensiv Inhalte an Werbekunden vermarkten. „Vice" wird da als Beispiel gern herangezo-gen, inzwischen ein Weltjugendmedienkonzern, an dem sich die großen Fische der alten Medienwelt von Murdoch bis Disney gern beteiligen.

2   Aufweichungen

Aber waren die Medien denn bisher so keusch? Begannen die Grenzen zwischen Jour-nalismus, PR, Werbung denn erst 2015 dermaßen zu verschwimmen, dass eine Fachkonferenz an der FHWien der WKW angezeigt war? Natürlich nicht. Aber die Sitten wurden nicht besser. Und natürlich, man kann den Blick nicht oft genug auf diese Phänomene richten.

Zu leicht werden sie übersehen – wie die winzigen Hinweise auf „bezahlte Einschaltungen" oder „powered by" – und gern vergessen Medienhäuser auch gleich ganz auf diese Hinweise. Sie werden übersehen wie das seltsame, gewiss rein zufällige Zusammenspiel von Inse-ratenaufträgen und geradezu huldigender Berichterstattung in manchen Publikationen. Oder das gewiss ebenso zufällige, aber noch weit schwieriger zu erkennende Zusammenspiel zwischen im geforderten Umfang verweigerter Buchung und Verriss oder Kampagne. Nur manche Branchenmagazinverleger beschweren sich gleich offen in Editorials über Abfuhren, bevor sie sich an große Kampagnen gegen den Verweigerer machen.

Ein namhafter Teil jener 200 Millionen Euro in Österreich, die öffentliche Institutionen, also Ministerien, Länder, Firmen, Verbände, Jahr für Jahr in Werbung investieren, ist wohl der Hoffnung auf Huldigung oder zumindest Schonung geschuldet. Das ist ebenso wenig neu wie die besonderen Geschäftspraktiken mancher Verleger – aber seit 2012 müssen öffentliche Institutionen zumindest einen wesentlichen Teil ihrer Buchungen auch öffentlich zugänglich machen.

Und diese Praxis – lieber zahlen als Ärger – trifft auch die private(re) Wirtschaft und ihre Werbung. Und diese Praxis befeuert auch die Erwartungen der Werbetreibenden. Verlage wie „Der Standard", für den ich arbeite, haben schon durchaus Magazine eingestellt, weil sie diese Erwartungen nicht erfüllen wollten. Erwartungen, dass eine gebuchte Seite schon mit einer (freundlichen) redaktionellen Seite zu begleiten wäre. Die Grenzen zwischen PR und Journalismus verschwammen stets besonders gerne in den Auto- und Reiseteilen von Medien aller Art. Es brauchte Jahrzehnte, bis zumindest manche Medien die Einlader offenlegten. Sie verschwammen stets schon in Sonderteilen, die nur zu oft den redaktionellen Produkten möglichst täuschend ähnlich sehen. Sie drohten stets in sogenannten Medienpartnerschaften etwa mit Veranstaltern zu verschwimmen – so unabhängig und journalistisch schließlich die Kritiken und Berichte über die Veranstaltungen ausfielen. Sie verschwimmen ein Stück weit in Auftragsmedien, die journalistisch getriebene Medienhäuser nebenbei produzieren und die sie nebenbei mitfinanzieren. Nicht immer waren (und sind da und dort) die Autoren und Teams der beiden Felder – hier Journalismus, dort Corporate Publishing – gründlich genug getrennt. Sie verschwimmen in Produktionskostenzuschüssen, Placements und anderen Kostenbeiträgen für Fernsehproduktionen. 2016 etwa sollen Österreichs Gemeinden ihren Teil dazu beitragen, dass ihre Schönheiten und Besonderheiten in drei Stunden Frühfernsehen der Nation präsentiert werden. Natürlich, wie in allen anderen der vielen Schwimmübungen hier, ganz ohne Einfluss auf redaktionelle Entscheidungen.

All diese Grenzen verschwimmen natürlich auch digital munter und vielleicht noch ein Stück munterer – die digitale Welt bietet eben auch viele neue Möglichkeiten, gestalterisch, aber etwa auch im gezielten Adressieren, im Abstimmen des Gezeigten auf das Userverhalten. Native Advertising ist ein Beispiel dafür, sozusagen Embedded Advertising, wenn man auf die Truppen begleitenden Kriegsberichterstatter anspielen möchte.

Natürlich versichern von der „New York Times" abwärts alle Medienhäuser, dass sie diese Werbung in redaktioneller Gestalt eindeutig und klar kennzeichnen, von ihren Journalisten und Newsrooms klar abgrenzen. Und natürlich wird das bei der „New York Times" immerhin noch ausführlich diskutiert, ausführlicher wohl als bei „Heute" oder „Österreich" oder vielleicht auch „Vice". Die Federal Trade Commission in den USA fühlte sich dennoch gerade bemüßigt, ein ausführliches Regelwerk für Native Advertising und seine Kennzeichnung aufzulegen.

3   Das Gute

Und wo bleibt das Gute bei all diesen Entwicklungen, die man doch bestenfalls als unschön, treffender freilich als ziemlich grauenhaft einordnet?

Hier: Wenn Redaktionen und journalistische Medien langsam aus der Mode kommen. Wenn jeder User und jede Userin ihre eigene Geschichte schreiben. Wenn man doch nur noch Facebook braucht und nicht die „New York Times" oder „CNN" – weil einen doch Nachrichten ohnehin erreichen, wenn sie nur wichtig genug sind. Wenn neue Stars wie „Vice" alte Regeln und Traditionen von Medienhäusern hinter sich lassen und dafür von diesen Medienhäusern hofiert, bezahlt und beschäftigt werden. Wenn Adwords bei Google doch viel billiger und effizienter und kontrollierbarer sind als ein Inserat oder ein TV-Spot. Wenn ein Pre-roll auf „YouTube" viel günstiger ist als ein Werbefilm vor dem Hauptabendfilm. Wenn (angeblich) keiner mehr lineares Fernsehen konsumieren will oder Radio, seit es „Netflix" oder „Spotify" gibt.

Wenn also diese alten, diese (oft auch) journalistischen Medien wirklich schon so tot sind – oder zumindest schon recht übel riechen: Warum wirbt etwa „Netflix" so gern und teuer im Fernsehen? Warum will ein so ultrahippes, revolutionäres Medienhaus wie „Vice" unbedingt ins klassische Fernsehen? Und vor allem: Warum wollen dann Manager von Wirtschaftsunternehmen, warum wollen dann Politiker, also zwei Berufsgruppen, denen man nicht grundsätzlich völlige Verblödung unterstellen sollte, und warum wollen dann ihre Werbe- und PR-Agenturen sich und ihre Botschaften partout am allerallerliebsten so transportieren, dass sie wie journalistische Medieninhalte wirken?

Das ist doch schon einmal ein Quantum Trost für einen nicht mehr ganz jungen Redakteur für alte Medien.

Harald Fidler   Ressortleiter Medien „Der Standard" und „derStandard.at/Etat". Lehrbeauftragter am Institut für Journalismus & Medienmanagement an der FHWien der WKW. E-Mail: fid@diemedien.at

The manufacturer's authorised representative in the EU is Springer
Nature Customer Service Centre GmbH, Europaplatz 3, 69115 Heidelberg,
Germany. If you have any concerns regarding our products, please
contact ProductSafety@springernature.com

Printed and bound by CPI Group (UK) Ltd, Croydon, CR0 4YY
29/04/2026
02099965-0006